Christian Wintersteller, Bernhard Kopf (Hg.)

Hier wohnt Salzburg

Impressum

Bibliografische Information der Deutschen Nationalbibliothek
Die Deutsche Nationalbibliothek verzeichnet diese Publikation
in der Deutschen Nationalbibliografie; detaillierte bibliografische
Daten sind im Internet über http://dnb.d-nb.de abrufbar.

Lektorat: Dorothea Forster
Grafik und Produktion: Nadine Löbel
Coverfoto: Christian Strasser
Druck: Druckerei Theiss, St. Stefan im Lavanttal
Gedruckt in Österreich

ISBN 978-3-7025-0760-2

www.pustet.at

Bildnachweis:
Archiv der Erzabtei St. Peter: 34; Archiv der gswb: 93, 102–103, 107, 113, 115, 134, 176; Archiv der gswb/Christian Strasser (Repro): 74; Fotosammlung Anny Madner/Stadtarchiv Salzburg: 42; Gernot Fuschlberger/Stadtarchiv Salzburg: 70; Margarete Greil/Christian Strasser (Repro): 19; Peter Köck: 154; Franz Neumayr/SB/Archiv der gswb: 110; Paul Ott/Archiv der gswb: 105, 144; Leonhard Santner: 11, 136, 142–145, 147, 149–153; SN/Ratzer: 96; SN/Walkner: 96; Stadtarchiv Salzburg, Fotosammlung: 13, 23, 41,53–56, 59–60, 71, 77–78, 82, 84, 93; Christian Strasser: 4–7, 20, 26, 27, 29–31, 33, 37–38, 64, 77–78, 86, 89–90, 96, 111; SWG/Christian Strasser (Repro): 66; Thomas Bernhard Nachlassverwaltung: 50; Laszlo Vuray, Salzburger Landesarchiv: 84

Christian Wintersteller,
Bernhard Kopf (Hg.)

Hier wohnt Salzburg

Die Geschichte der Gemeinnützigen Salzburger Wohnbaugesellschaft

VERLAG ANTON PUSTET

INHALTSVERZEICHNIS

Vorwort

Die Entwicklung der gswb zum größten Wohnbauunternehmen des Landes Salzburg ist außergewöhnlich und einzigartig: Wann immer man die Geburtsstunde der Gesellschaft ansetzen möchte – im Jahr 1939, als die beiden Vorläufergesellschaften „Gemeinnützige Wohnungs- und Siedlungsgesellschaft m.b.H. Neue Heimat" und die „Salzburger Wohnsiedlungs-Gesellschaft m.b.H" zur Unterbringung der Südtiroler „Volksgenossen" gegründet wurden, oder im Jahr 1964, als diese Firmen miteinander verschmolzen – die gswb war immer dort zur Stelle, wenn es darum ging, rasch und günstig Wohnraum für Menschen zu schaffen: für Südtiroler, die unter falschen Versprechungen aus ihrer Heimat gelockt wurden, für Flüchtlinge aus dem Osten Europas, die oft nur mit den Kleidern am Leib in Salzburg strandeten, für Bombenopfer, deren Wohnhäuser in Schutt und Asche lagen, und für Barackenbewohner, deren rattenverseuchte Quartiere vom Hochwasser fortgerissen worden waren. Diese heute dramatisch klingende Bedürfnisdeckung der Ärmsten prägte die ersten zwei Jahrzehnte des Unternehmens. Der Wohndruck wurde auch in den folgenden Jahren nicht geringer, ausgelöst durch Wirtschaftswunder, das Erbe der US-Truppen und die Schönheit des Landes. Erinnert werden soll nicht nur an zweckmäßige Quartiere der Fünfziger- und Sechzigerjahre, in denen sich immer mehr der Mittelstand der Salzburger Gesellschaft wiederfand, sondern auch an die außerordentlichen Leistungen der Männer und Frauen, ob an den Schaltstellen des Unternehmens oder auf den Baustellen, wo bei Wind und Wetter, oft im Akkord, oft unter Einsatz des Lebens geschuftet wurde, um die Grundlage für den wirtschaftlichen Aufstieg des Landes zu schaffen: ein wohnliches Zuhause für die Salzburger, für die Keimzelle der Gesellschaft, die Familie.

In der zweiten Hälfte der Unternehmensgeschichte begann die Besinnung auf die Qualität des Bauens, darauf, in welchem einzigartigen architektonischen Ambiente man sich befand, die Einbeziehung der Wünsche der Eigentümer und Mieter und schließlich die Ausrichtung auf spezielle Zielgruppen – von alleinerziehenden Müttern bis zum Generationenwohnen.

Wohnbau ist im Laufe der Zeit zu einer komplexen Materie geworden, geregelt, wenn nicht überreguliert durch über 6 000 Baugesetze, Vorschriften und Önormen, unter Druck gesetzt von limitierten Bau- und hohen Grundstückskosten, geforder von der Politik, Interessensgruppen, Bewohnern, Anrainern und Bürgerinitiativen.

Gemeinnütziges Bauen heute muss so viele Gegensätze vereinen – höchste Wohnqualität und Sparsamkeit, maximale Ausnutzung der Fläche und menschliches Maß, Interaktion der Bewohner und Ermöglichen von Privatheit, das Zusammenleben von Einheimischen und Menschen verschiedenster Nationen, und vieles mehr.

Dieses Buch dokumentiert erstmals die Geschichte des Unternehmens aus der Sicht der gswb und versammelt Experten, die verschiedene Facetten des Unternehmens, unter anderem auch die große wirtschaftliche Bedeutung, dokumentieren. In manchen Städten Salzburgs wohnt jeder dritte Bewohner in einem von der gswb errichteten oder verwalteten Haus. So ist es nicht übertrieben zu sagen: gswb – Hier wohnt Salzburg!

Die Herausgeber Bernhard Kopf und Christian Wintersteller

Die gswb und die Geschichte des gemeinnützigen Wohnbaus in Salzburg (1939–2014)

Christian Strasser

Gründung der gswb als „Neue Heimat" (1939–1945)

Wohnen ist eines der wichtigsten Grundbedürfnisse, ein Grundrecht jedes Menschen. Das sagen auch Art. 25 der UN-Menschenrechtserklärung und die EU-Grundrechtecharta. Nicht immer in der neueren Geschichte Salzburgs standen jedem Menschen eine menschenwürdige Unterkunft, ein Dach über dem Kopf zur Verfügung. Heute ist das fast nicht zu glauben: Der Gedanke der sozialen Fürsorge, der öffentlichen Bereitstellung von Wohnraum, ist kaum mehr als 100 Jahre alt. Viele andere Grundrechte, das Recht auf Entfaltung des Familienlebens und die Achtung seiner Wohnung (Art. 8 der Europäischen Menschenrechtskonvention), die Freiheit der Erwerbstätigkeit, das allen Grundrechten zugrunde liegende Recht auf Selbstbestimmung und Selbstverwirklichung, hängen vom Recht auf Wohnen ab. Die Elendsquartiere – noch im Salzburg der Zwanzigerjahre präsent – sind Geschichte, aber Spekulation und Bevölkerungszuwachs machen erschwinglichen Wohnraum in Ballungszentren in ganz Europa immer teurer. Damit hat geförderter Wohnbau, haben Wohnbaugenossenschaften ihre Berechtigung. Sie sind die Grundlagen sozialen Wohnens, nicht nur für die Armen und Wenigverdiener, sondern zunehmend auch für den Mittelstand.

Dies ist die Geschichte des Wohnbauunternehmens gswb, das aus dem Zusammenschluss zweier 1939 gegründeter Vorläuferunternehmen hervorging. Infolge des 1964 unterzeichneten Verschmelzungsvertrages wird das Unternehmen im Jahr 2014 50 Jahre, unter Einbeziehung der Geschichte der ursprünglichen Firmen 75 Jahre alt.
Um den Kontrast zum Heute, zu warmen und sauberen Wohnungen, besser einschätzen zu können, kehren wir zurück in die dunklen, feuchten, unsicheren Quartiere Salzburgs vor knapp mehr als 100 Jahren:
Die Angliederung an Österreich und die Herabstufung zur Kreisstadt brachten Salzburg, der ehemaligen Residenzstadt des Heiligen Römischen Reiches, das Hinabgleiten in die Provinzialität. Dementsprechend zwiespältig waren die Reisebeschreibungen – die wunderschöne Kulisse, „Vereinigungspunkt aller Naturschönheiten" (Schulte), wurde gelobt, die Wohnqualität, „kaltes trauriges Mauerwerk" (Sartori), wurde aber kritisch beurteilt.[1] Diese Doppelgesichtigkeit – schöne Fassade, aber trauriges Dahinter – zog sich durch das gesamte 19. Jahrhundert, noch verstärkt durch die wirtschaftliche und politische Stagnation: „Betteldorf mit leeren Palästen" – so urteilten die Salzburger über sich selbst.[2] In der Stadt lebten in der zweiten Hälfte des 19. Jahrhunderts nur mehr 15 000 Menschen. Vor 1900 gab es überhaupt keine Wohnbautätigkeit der öffentlichen Hand, die Wohnungen wurden nur von privaten Bauträgern für wohlhabende Gesellschaftsschichten errichtet („Faberhäuser").[3]

Ein Beispiel für frühe Wohnbauten der Zwanzigerjahre ist das Objekt an der Rudolf-Biebl-Straße 44–48/ Ecke Esshaverstraße (1927/28). Bis 1914 erfolgte die „Wohnungsproduktion" in Salzburg fast ausschließlich durch private Unternehmen.

Mit dem Erbauer der Kaiserin-Elisabeth-Bahn, die Salzburg mit Wien verband, dem Bauunternehmer Karl Schwarz, schritten die Beseitigung der alten Wehrbauten und der Ausbau der rechten Altstadt bis zum Bahnhof voran.[4] Anfang der Zwanzigerjahre entstand in dessen Nähe eine Wohnanlage mit 68 Wohnungen („Hirschenwiese" an der Plainstraße).[5]
Zwischen 1869 und 1910 hatte sich der Bevölkerungsstand der Stadt verdoppelt. Dadurch wurde das Wohnangebot sehr reduziert – vor allem für untere Gesellschaftsschichten.[6] In purer Not entschieden sich Arbeiter oft nur für die Miete eines Bettes statt eines Zimmers – die sogenannten „Bettgeher". Proletarierfamilien lebten in den Zehner- und Zwanzigerjahren in An- und Zubauten, schliefen auf dem Fußboden, in geteilten Wohnungen, auf zugigen Dachböden, in denen es ins Bett hereinregnete, Möbel standen oft auf der Straße, wenn der willfährige Vermieter nicht mehr wollte, Sickergruben liefen über, TBC und Rachitis, Ratten und Ungeziefer breiteten sich aus, Delogierte begingen Selbstmord. Szenen, über die die sozialdemokratische „Salzburger Wacht" berichtete: „Der erst kürzlich zum Hausbesitzer avanzierte Heizhausarbeiter Andeßer warf eine Familie, die trotz eifriger Bemühungen keine Wohnung fand, mit 5 Kindern und einer leidenden Frau auf die Straße in den Schnee. Das ist der Gipfel der Herzlosigkeit."[7] Bestenfalls ignorant zeigten sich Stadtbehörden und der Bürgermeister, vor dem Obdachsuchende teilweise auf Knien vorsprachen. Der Bau von Arbeiterhäusern wurde nur sehr vereinzelt getätigt. Erst 1919 ließ sich der

Salzburger Gemeinderat dazu herbei, ein Wohnungsamt zu etablieren, gab ihm vorerst aber keinerlei gesetzliche Handhabe zur Requirierung leer stehender Wohnungen in die Hand.[8] Ein 1910 beschlossenes Gesetz zur Errichtung eines Wohnungsfürsorgefonds schuf die Voraussetzungen zur Etablierung von Baugenossenschaften, in Salzburg waren dies die ab 1912 sogenannte „Wohnungsfürsorge" (gegr. 1909), die „Kleinwohnhaus" (gegr. 1911, 1941 durch die Wohnheim übernommen) und die „Gartenstadt" (gegr. 1912, 1943 übernommen durch die Wohnheim).[9] Während des Krieges kam es zu so gut wie keiner Bautätigkeit. Flüchtlinge verschärften die Wohnungssituation nach Kriegsende. Mieter waren der Willkür der Vermieter ausgesetzt, erst 1917 schaffte ein Gesetz rudimentäre Möglichkeiten des Mieterschutzes.
Erst 1924 entstanden – aus der „Schweizer Anleihe" – Gemeindewohnungen am Aiglhof, in der Elisabeth-Vorstadt und in der Plainstraße, noch vor dem berühmten „Gemeindebau" des „Roten Wien". Die Bautätigkeit der Gemeinde gründete sich auf den „Heimatschutz-Stil" und dessen Architekten – bald lebte jeder achte Stadt-Salzburger in einer städtischen Wohnung.[10] Auch in den damaligen Nachbargemeinden Itzling und Maxglan – heute längst zu Stadtteilen geworden – entstanden städtische Wohnungen. Daneben kam es zu genossenschaftlichen Bauten der „Gemeinnützigen Ein- und Mehrfamilienbaugenossenschaft der Eisenbahner" (Itzling, 1923). 1930 waren privater und kommunaler Wohnbau ebenbürtig.[11] Die Dreißigerjahre waren wegen der Weltwirtschaftskrise und der Ära Schuschnigg – die bäuerliches Leben bevorzugte – in Salzburg von Stagnation geprägt. Lediglich in den eingemeindeten Nachbarorten der Stadt entstanden Randsiedlungen, etwa in Maxglan. Mitte der Dreißigerjahre spielten vor allem die durch Wohnbaugenossenschaften errichteten Randsiedlerstellen eine große Rolle, insgesamt waren es 307, in Maxglan, Lehen, Siezenheim-Liefering, Leopoldskron, Itzling, Morzg und Aigen.[12] Die Siedlungen hießen „Kanzler-Dollfuß-Siedlung" in Maxglan oder „Dr.-Franz-Rehrl-Siedlung" in Kleßheim.[13] Randsiedler bewohnten Gebäude mit magerer Ausstattung, aber größeren Grundstücksflächen zum landwirtschaftlichen Nebenerwerb. Dieser staatlich geförderte Siedlungstyp der Randsiedler stand in scharfem Gegensatz zur Bausparkasse Wüstenrot, die das Ansparen für den privaten Eigenheimbau forcierte und fast gänzlich kontrollierte und als Hort illegaler Nationalsozialisten verdächtigt wird.[14] Mit der Eingemeindung von Randgemeinden verdreifachte sich das Stadtgebiet auf 25 Quadratkilometer, 1939 kamen neun weitere Gemeinden hinzu – die Stadtfläche betrug nun 67 Quadratkilometer.
Nach dem „Anschluss" 1938 sollten repräsentative Baulichkeiten die Aufwertung der Stadt Salzburg zur „Gauhauptstadt" und als überregionales Zentrum für Militär und SS, aufgrund der Nähe zum Obersalzberg, sowie die kulturelle Bedeutung der Festspiele widerspiegeln. Der Krieg verhinderte die Realisierung hochfliegender Baupläne in der „Neugestaltungsstadt des Führers", wie einer „Gauhalle", von Parteigebäuden, einer „NS-Akropolis" auf dem Kapuzinerberg, des Armeekommandos auf dem Kapuzinerberg und einer „Gauburg" anstelle des Franziskischlössls, die im Modell- und Planungsstadium verblieben. Realisiert wurden lediglich ein Teil der Reichsautobahn und anderer Hauptverbindungen, der Ausbau der Flughafen-Landepiste und von Repräsentativ- und Kasernenbauten (Kleßheim) sowie die hier erwähnten Wohnbauten. Mit der bereits erwähnten Eingemeindung von Randgemeinden durch die Nazis Anfang 1939 wurde das Stadtgebiet noch einmal beträchtlich vergrößert.

Die „Option" und die erzwungene Auswanderung der Südtiroler nach Salzburg

Im Jahr 1939 waren die deutschsprachigen Südtiroler der Frage ausgesetzt, entweder die Option für Deutschland abzugeben – also ihre Heimat zu verlassen und ins Deutsche Reich zu übersiedeln – oder dazubleiben und ihre deutsche Sprache, Kultur und Schulbildung zu verlieren. Die Aussiedlungen nach Salzburg waren Anlass für die Gründung der „Neuen Heimat" als Vorläuferorganisation der heutigen gswb.

Grundlage dafür war das „Hitler-Mussolini-Abkommen" (eine Absprache ohne Protokoll) vom 21. Oktober 1939 zur Umsiedlung der deutschen und ladinischen Minderheiten in Südtirol und anderen Provinzen wie Trient, Verona und Udine.

Die deutschsprachigen Südtiroler wurden damit zum Opfer von Adolf Hitlers Expansionspolitik. In der für Hitler wichtigen Achse Berlin–Rom war die Südtirol-Frage zunehmend zum Störfaktor geworden. Bereits seit den Zwanzigerjahren verfolgte Rom in Südtirol die Politik der Italianisierung. Hitler legte sich schon früh auf die Brennergrenze fest (1922) und bekräftigte dies auch noch einmal 1938 anlässlich des Anschlusses von Österreich an Deutschland, als unter den deutschsprachigen Südtirolern Hoffnungen auf eine Wiedervereinigung von Nord- und Südtirol aufkeimten.[15] Die Zwangsumsiedlung erfüllte auch wirtschaftliche Interessen der beiden Staaten.

Die Südtiroler Tragödie hatte 1919 begonnen, als das Gebiet als Dank und „Kriegsbeute" für seinen Frontwechsel im Ersten Weltkrieg Italien zugeschlagen wurde. 1921 fand als unheilvoller Vorbote der kommenden Geschehnisse der blutige Überfall auf einen Trachtenumzug in Bozen statt, 1923 wurde Italienisch als Unterrichtssprache eingeführt, deutsche Tageszeitungen und Vereine wurden verboten, Familiennamen italianisiert, Höfe enteignet und landwirtschaftliche Flächen zerstört, um Industriezonen zu schaffen.[16] Am effektvollsten aber war die brutale Nationalisierung durch den forcierten Zuzug von Italienern, die 1910 nur 3 % der Bevölkerung stellten – Stichwort: „Unterwanderung durch Zuwanderung". Wenn sich die Deutschsprachigen nicht zu Italienern machen wollten, dann werde man die Mehrheit zur Minderheit umfunktionieren. Federführend für die „volkliche Flurbereinigung" von deutscher Seite war SS-Reichsführer Heinrich Himmler, der auch für die Umsiedlung und Germanisierung Ost- und Südosteuropas verantwortlich war. 800 000–900 000 Volksdeutsche wurden zwischen 1939 und 1943 in allen Teilen Europas umgesiedelt.

Die Abgabe der Option – terminisiert auf den 31.12.1939 – spaltete ein ganzes Volk und viele Familien der 250 000 Betroffenen. Die Folge waren Bestürzung und Verzweiflung. Die Interessen des Einzelnen sollten nach dem „germanischen Opfergedanken" dem „Volksganzen" untergeordnet werden. Denen, die gingen, wurde neben der deutschen Staatsbürgerschaft ein geschlossenes Siedlungsgebiet zuerst im Burgund, dann in Polen und an der Krim, also in Gebieten, die von der Wehrmacht erst erobert werden mussten, in Aussicht gestellt. Stimmberechtigt waren nur die männlichen Familienoberhäupter, um Familien nicht auseinanderzureißen. Denen, die blieben, drohte die deutsche Propaganda mit einer Zwangsumsiedlung in den kargen Süden Italiens („Sizilianische Legende"). Unsicher war die Zukunft für beide, egal wie man sich entschied. Die Propaganda – „Hinaus oder hinunter!" – verfehlte ihre Wirkung nicht, etwa 86 % entschieden sich für eine Umsiedlung.[17] Eine kleinere Zahl optierte für keine der Möglichkeiten. Mit einem derartig überwältigenden Ergebnis hatte keine der beiden Seiten gerechnet. 75 000 Personen waren es schließlich, die bis 1942 das Land verließen, darunter viele Besitzlose, aber wenige Bauern.[18] Dennoch war es meist nur Propagandagetöse, sodass viele „Geher" feststellen mussten, dass nicht für jeden – die Flugblätter sprachen sogar von einem eigenen Hof bis zum viertgeborenen männlichen Nachwuchs – in der „Neuen Heimat" ein eigener Hof vorhanden war.[19] Noch illusorischer war der „spiegelgleiche" Aufbau des Landes im Ausland, gelockt wurde mit „Musterdörfern" und einem gigantischen Wohnbauprogramm für die Umsiedler.[20] Ein geschlossenes Siedlungsgebiet war schließlich nicht vorhanden. Vielen Südtirolern war die Autonomie genommen und ihre Heimat entfremdet worden, sodass sie ihre Wünsche auf eine Heimat in der Fremde projizierten. Das bedeutet aber nicht, dass sich alle mit den Idealen des Nationalsozialismus identifizierten.

Jeder Optant sollte nach Deutschland übersiedeln können, die Behörden behielten sich aber die rassische und politische Überprüfung vor.[21] In der Praxis stieß der enge Zeitplan der faktischen Übersiedlung und der Bereitstellung von Transportmöglichkeiten an seine Grenzen. Schließlich hatte jeder Siedler das Recht, sein gesamtes bewegliches Vermögen mitzunehmen. Bis zum 31.12.1942 hätten über 210 000 Optanten abwandern müssen, nicht einmal ein Drittel war seiner Entscheidung auch gefolgt, darunter viele „leichtbewegliche", also besitzlose, ledige und lohnabhängige Personen.[22] 1945 waren immer noch 95 % des Bodens in Südtiroler Hand verblieben.[23] Der Kriegsverlauf ab 1942 verzögerte die Umsiedlung zusätzlich. Die deutsche Besetzung Südtirols im September 1943, nach dem Sturz Mussolinis, beendete die Umsiedlungspolitik – und ließ ein letztes Mal die Hoffnung hochkommen, Südtirol könnte wie Österreich „heim ins Reich geholt werden": NS-Gegner und „Bleiber" wurden nun verfolgt.

Etwa zwei Drittel der Abwanderer waren berufstätig, vorwiegend Handelsangestellte, Industriearbeiter und Landarbeiter, weniger Handwerker, Bauern und Kaufleute.[24]

Wo landeten die meisten Umsiedler?

Drei Viertel sind in Österreich, vor allem in Nordtirol und in Vorarlberg, angesiedelt worden.[25] Eine gewisse Rolle spielte dabei der Gauleiter von Tirol und Vorarlberg, Franz Hofer, der seinen schwach besiedelten Gauverband bevölkerungsmäßig „aufforsten" wollte und ein Bau- und Beschäftigungsprogramm initiierte.[26] In Städten in Tirol und Vorarlberg, die etwa 11 000 Umsiedler aufnahmen, aber auch in Salzburg entstanden sogenannte „Südtirolersiedlungen" – von Einheimischen oft in abschätzigem Tonfall ausgesprochen. Der größte Teil der Auswanderer blieb in Tirol (51,5 %), wesentlich kleinere Fraktionen in den anderen Bundesländern. In Salzburg landeten 5,2 % der Südtiroler, rund 4 100 Personen. Im Deutschen Alt-Reich ließen sich 14,5 % der Menschen nieder. All diese Zahlen sind mit Vorsicht zu betrachten.[27] Der Verband der Südtiroler spricht von 5 700 Personen in Salzburg.[28] Rund die Hälfte sollte nach 1945 in die alte Heimat zurückkehren.

Koordiniert wurden Umsiedlung und Unterbringung in Berlin vom „Reichskommissariat für die Festigung deutschen Volkstums" mit der „Leitstelle für Ein- und Rückwanderung" (SS-Obergruppenführer Ulrich Greifelt). In Berlin, Innsbruck und Bozen saß die „Deutsche Umsiedlungs- und Treuhandgesellschaft" (DUT), ein von der SS überwachtes Bankenkonsortium für den Transfer der Südtiroler Vermögen. Die DAG (Deutsche Ansiedlungsgesellschaft) sollte durch Vertreibung in Fremdgebieten freie Landwirtschaften vermitteln, die DUS (Dienststelle Umsiedlung Südtirol) regelte die Einbürgerung und Finanzielles. Die tatsächliche Durchführung übernahm die ADERST (Amtliche Deutsche Ein- und Rückwanderungsstellen) mit fast 600 Mitarbeitern.[29] Dieser Gesellschaft unterstellt war die ADO, die „Arbeitsgemeinschaft der Optanten für Deutschland", gegründet 1940. Die ADO sollte die Optanten betreuen und beraten und wurde politisch immer bedeutender. Sie trat der NSDAP und SS bei. Ihre Kader – rund 2000 Südtiroler – nahmen an Schulungskursen unter anderem auf den NS-Ordensburgen wie Schloss Hohenwerfen im Salzburger Pongau teil. Die derart im Sinn der nationalsozialistischen Weltanschauung Gestählten sollten den politischen Führungskern der Südtiroler in der Fremde bilden.[30]

In Salzburg lebten die meisten der Südtiroler – vor Fertigstellung der Objekte meist in Ersatzquartieren – in den Siedlungsbrennpunkten Salzburg, Hallein und Bischofshofen. Kleinere Ansammlungen waren in Mattsee, Neumarkt am Wallersee, Seekirchen, Burgau (Gemeinde St. Gilgen) und Kuchl sowie im Lungau.[31] In Mühlbach am Hochkönig landeten Bergleute aus dem Pfitschtal (einem Seitental bei Sterzing), die im örtlichen Kupferbergbau Arbeit fanden. Im Krieg war Kupfer Mangelware, und so nahm die „Studiengesellschaft Deutscher Kupferbergbau" den Montanbetrieb auf, bereits 1942 wurden Kupfererze produziert.[32]

In St. Johann trafen Südtiroler im Frühjahr 1940 ein – und mussten bis zu einem Jahr in Wirtshäusern Quartier nehmen. Sie zeigten sich enttäuscht darüber, dass die versprochenen Höfe nicht vorhanden waren. Erst im Oktober fand das Richtfest für die ersten neun Häuser der „Südtirolersiedlung" (35 Einheiten) statt, die 1942 noch im Rohbau waren, also nicht beziehbar.[33]

Südtiroler Umsiedler im Zeitzeugengespräch

Zu den ersten „Kunden" der „Neuen Heimat" zählten Südtiroler Umsiedler. Mittels der „Oral History"-Methode bat der Autor Zeitzeugen und Nachkommen der Südtiroler Umsiedler zu einem Zeitzeugengespräch. Es handelte sich dabei um etwas mehr als 20 Personen, viele davon Mitglieder des 150 Personen zählenden „Verbandes der Südtiroler in Salzburg-Stadt". Fast alle hatten als „Optanten" oder als Familienmitglieder von Optanten die ersten Neubauten in Salzburg, vor allem in Aiglhof I und Liefering, bezogen. Einige wenige wohnten immer noch – seit über 72 Jahren – in der Wohnung, in die sie etwa um 1940 eingezogen waren.[34]

Mehrere der Diskussionsteilnehmer hatten Fotos und Dokumente, etwa die für die Einreise notwendigen Ahnenpässe, mitgebracht. Deren Schilderungen werden hier auszugsweise abgedruckt, woraus sich ein differenzierteres Bild ergibt, als es die oft glatte Geschichtsschreibung vorspiegelt. Dieser Methode ist aber auch eigen, dass die Schilderungen subjektive Empfindungen und Wahrnehmungen wiedergeben und im Einzelnen meist nicht auf ihren „Wahrheitsgehalt" überprüft oder mit allfälligen schriftlichen Quellen verglichen werden können. Auf einzelne, bereits im Gespräch auftretende Widersprüche wurde seitens des Autors sofort aufmerksam gemacht und diese durch Nachfragen aufgehellt.

Eine der wenigen lebenden Zeitzeugen, die als Erwachsene auswanderten, ist Carolina Obkircher (geb. 1920), die älteste Teilnehmerin der Runde. Sie verließ Südtirol am 26.11.1941. Heute ist sie der Überzeugung, dass sie Südtirol verlassen „musste", da sie bei italienischen

Dienstgebern angestellt war und aufgrund des Arbeitermangels in Deutschland keine andere Wahl hatte. Ihre Dienstgeber waren die Betreiber des Bahnhofrestaurants Meran gewesen, sie arbeitete nach Absolvierung der Lehre als Kellnerin. Ihr Vater Peter Hell optierte für die Auswanderung, blieb aber mit seiner Frau Anna selbst in Südtirol. So musste Carolina Obkircher alleine, ohne Familie, die Heimat verlassen. Ihren späteren Mann, den sie am 16.9.1944 heiratete (und der 2011 mit 99 Jahren starb), lernte sie acht Tage vor dem Auswanderungstermin in Meran kennen. Auch er wollte nach Salzburg. Das Arbeitsamt Salzburg vermittelte ihr zwei Stellen: Jene als Speisenträgerin im Hotel Pitter trat sie am 8.12.1941 an. Der Einzug in die „Südtirolersiedlung" wurde ihr lange verweigert, da die spätere Ehe kinderlos war (später bekam das Paar doch noch zwei Kinder). Erst 1954 durfte sie in der „Neue Heimat"-Siedlung eine 47 m² große Wohnung – die klassische Schlafzimmer-Kabinett-Wohnküche-Bad- Kombination – beziehen (Radetzkystraße). Unmittelbar nach dem Krieg wollte sie wieder nach Südtirol zurückkehren, die unsichere Lage der Südtiroler vor Ort ließ sie ihre Pläne ändern. 1950 gelangte sie erstmals nach dem Krieg illegal in ihre Heimat, erst 1955 erfolgten dann „legale" Besuche. Ihre Heimat Südtirol betrachtet sie als verloren; auch als ihr Salzburg bereits zur zweiten Heimat geworden war, dachte sie über Südtirol: *„Heimat ist Heimat."* Sie war politischen Umständen zum Opfer gefallen. Erinnerlich ist ihr die konsequente Italianisierung vor 1939, als sie heimlich deutschsprachigen Unterricht besuchte, da ihre offiziellen Lehrerinnen nur Italienisch sprachen und kein Wort Deutsch verstanden oder verstehen wollten.
Auch Walter Kathriner ist der Meinung, dass seine Eltern keine wirkliche Wahl hatten. Sein Vater verlor Arbeit und Wohnung. Das Heimweh sei groß gewesen, aber das Verlangen zurückzukehren wurde dadurch gebremst, dass Bozen, Heimat seiner Eltern, bereits völlig italianisiert war. Mit seinem Bruder schlief er in der „Neue Heimat"-Siedlung in der Danklstraße im Kabinett der 47-m²-Wohnung. *„Alles war sehr klein und provisorisch, es gab nur eine Kochnische, zum Baden und Wäschewaschen musste man in den Keller gehen, wo sich ein Betonbecken befand."* Auf die Wohnung musste die Familie in Ersatzquartieren in München und Prien/Chiemsee zwei Jahre lang warten (1939–1941). Die Bauqualität der Häuser beurteilt Walter Kathriner als

„schlecht, schon nach wenigen Jahren waren die Häuser desolat, Putz fiel von den Wänden. Am Material war kriegsbedingt gespart worden, die Holzjalousien hatten große Astlöcher. Aus Kostengründen durften die Wege nicht gepflastert, sondern nur geschottert werden."

Die Häuser hatten aber auch ihre guten Seiten, so waren die Anlagen großzügig mit viel Grün in den Innenhöfen ausgelegt worden, die Anlage *„sehr kinderfreundlich"*. Sein Vater, ein Standesbeamter, setzte sich nach dem Krieg als Mitarbeiter des Verbandes für die Anliegen der Südtiroler ein, übernahm die Korrespondenzen mit den italienischen Behörden usw. Dadurch sind ihm viele Schicksale geläufig, die sein Vater zu lindern versuchte.
Kathriners Vater hatte als einer der Ersten ein Telefon in der Siedlung. Dem Nachbarn signalisierte man ein ihn betreffendes Telefongespräch dadurch, dass man mit der Faust mehrmals gegen die Wand schlug. Die hellhörigen Wände trugen den Schall weiter und es war nicht nötig, den Betreffenden zu rufen. Im Keller des „Neue Heimat"-Hauses befindet sich

[auch heute noch, Anm. des Autors] ein provisorischer Luftschutzraum mit luftdichten Eisentüren, der aber nur ein einziges Mal benutzt wurde. Die Bewohner trauten dem Bauwerk nicht und flüchteten in der Reichenhallerstraße in den Mönchsbergstollen, der einmal – infolge Sauerstoffentzuges durch eine vor der Tür explodierte Bombe – für einige Menschen zur Todesfalle wurde. Es sei eine extrem schwierige Zeit für seine Mutter gewesen, die mit ihm – und seinem 1941 geborenen Bruder – im harten Winter 1945 an hohen Schneewänden entlang zum Bunker lief. Das Areal vom Mönchsberg bis zur Aiglhofsiedlung sei 1945 noch nicht so verbaut gewesen wie heute. Auf dem historischen Krankenhausareal um die Anstaltskirche befanden sich lediglich weitläufige Klostergärten und Wiesen sowie eine Siedlung für Wehrmachtsangehörige in der Auffenbergstraße. 1945 sei ihre Wohnung vorübergehend für einen hohen US-Offizier requiriert worden.

Im selben Jahr, in dem seine Eltern auswanderten – 1940 –, kam Kurt Taschler zur Welt. Seine Eltern befolgten Warnungen, nicht in die Südtirolersiedlung zu ziehen, da *„Siedlungen immer zuerst von Bomben getroffen werden"*. Ironie des Schicksals war es, dass ausgerechnet ihr kleines Haus in Parsch etwa sechs Monate nach der Übersiedlung in den Aiglhof (1944) von einer Fliegerbombe *„restlos beseitigt wurde"*. Im Aiglhof lebten zwar einige Südtiroler, aber bei Weitem nicht nur Volksgenossen aus dem Süden – in der schmucken Anlage hatten sich auch Armeeangehörige und „Parteibonzen" breitgemacht.

Seine alte Heimat verlor der 1939 geborene und 1940 ausgewanderte Adolf Munter durch eine Landnahmetaktik der Italiener,

Südtiroler in Aiglhof: Margarete Greil mit ihrer Mutter vor dem Haus Römergasse 28, ca. 1946, und mit ihrem Fahrrad in Salzburg-Aiglhof. Horst Sparber vor Nr. 28.

Zeitzeugengespräch mit Südtiroler Umsiedlern.

die günstige Kredite an Bauern vergaben und dann plötzlich fällig stellten. Seine zehnköpfige Familie musste auch aus finanziellen Gründen ihre kleine Landwirtschaft in Theis/Villis im Bezirk Klausen verlassen.
Sein damaliges Quartier in der Aiglhof-Siedlung (Danklstraße) schätzt Wolfgang Aichner rückblickend als recht komfortabel ein.
„Wir hatten ein eigenes Bad mit Badewanne, wofür wir von vielen beneidet wurden. Allerdings war es im Winter schwierig, mit dem kleinen Warmwasserofen und dem Öfchen in der Küche halbwegs akzeptable Raumtemperaturen zu erzielen."

Seine Eltern sprachen im Streit Italienisch, brachten ihren Kindern die Sprache aber nicht bei. Verächtlich wurde über die Italiener von den *„walischen/welschen Facken (Schweinen)"* gesprochen. In der Südtirolersiedlung *„wäre die Hölle losgewesen, hätte einer ein italienisches Wort öffentlich ausgesprochen".*
Dieses „Italienisch-Verbot" in der Siedlung bestätigt auch der Bozener Herrmann Ulpmer (Tegetthoffstraße). Der Vater fiel an der russischen Front, seine Mutter war mit fünf Kindern allein.
„Es hieß immer: Wir sind Deutsche ... Eines Tages hielt ein Wagen, der Gauleiter überbrachte die Todesnachricht. Meine Mutter brach in Tränen aus, wir Kinder verstanden nichts und spielten weiter, als ob nichts wäre."

Dabei war es trotz dieses Schicksals, das Millionen traf, gar nicht einfach für die siebenköpfige Familie – es war auch noch der Großvater dabei – eine 47-m^2-Aiglhofwohnung zu bekommen:
„Die Behörden stellten die Wohnung in Aussicht, zogen aber immer wieder andere vor. Einem Bekannten, der SS-Angehöriger war, schilderte meine Mutter ihr Leid. Der schlug auf der Behörde einen gehörigen Wirbel und wenig später war die Wohnung da."

Das Schicksal seiner Familie hält Helmut Molling in Händen: Sein Vater, ein „ladinischer Hotelportier", schrieb ein Buch über sein wechselvolles Leben.[35] Helmut Molling selbst schildert die schwierige Anpassung der Südtiroler an ihre Salzburger Wahlheimat:
„Meine Mutter wollte hier nicht heimisch werden. Salzburg interessierte sie nicht, sie ging nirgends hin. Wenn wir Südtiroler Weihnachten mit den alten Liedern aus der Heimat feierten, flossen bei den Erwachsenen viele Tränen. Man war der Meinung, Hitler hätte zu viel versprochen. Mein Vater sagte: Wenn wir den Krieg gewonnen hätten, wären wir heute in Kiew auf einem großen Bauernhof. So war alles ein Schwindel."

Eine Mahnung sei ihnen gewesen, dass Bekannte ein Hotel in Tschechien gekauft hatten, es dann wieder aufgeben und nach Cortina zurück mussten: *„Die wurden mit Spott übergossen und waren nicht willkommen."* Sein Vater, der Salzburger Nachtportier Anton Molling, stammte aus der kleinsten Bevölkerungsgruppe Südtirols, den Ladinern. Er heiratete 1940, Optanten wurden im Tourismus aber nicht mehr beschäftigt. Der Portier war somit zur Ausreise gezwungen:

„Nun kam auch an uns die große Arbeit heran, man musste sich entscheiden, welche Möbel man mitnimmt, (diese) wurden nummeriert und beschriftet. [...] Mitnehmen durfte man nur einige Stücke, (etwas) aufgeben und Handgepäck. Geld: 200 RM per Person. Das übrige Geld musste man in der Bank hinterlegen. Dann hieß es: Mit dem Geld werden draußen Wohnungen gebaut."[36]

Über den obligaten Verteilknoten Innsbruck landete Molling in der Touristenstadt Salzburg, nach Zwischenquartieren in der Römergasse (Aiglhof-Siedlung).

Ein anderer Teil der Südtiroler kam nach Liefering, unter anderem in die Buchenländerstraße, wie etwa Amelia Schweighofer. Die Gemeinde Liefering wurde 1939 in die Stadt Salzburg eingemeindet und 1940 um die Bessarabierstraße eine „Volkswohnsiedlung" errichtet. Schweighofer musste 1940 als Zehnjährige zu Fuß über den Brenner gehen, ihre Zieheltern nahmen sie auf deutscher Seite wieder in Empfang. In Salzburg vergingen zwei Jahre, bis die Familie in der Buchenländerstraße Wohnung beziehen konnte, eine Zeit, *„in der Mutter viel weinte, weil sie nicht wusste, wohin".* In Sterzing hatte sie eine Staatsanstellung zurückgelassen, in Salzburg bot ihr das Amt eine Position als Klofrau an. Da es kaum Arbeit gab, gingen Mutter und Tochter gemeinsam putzen. Das Siedlungsleben bezeichnet sie heute als *„armselig".* Es gab kaum Mobiliar. Auch eine Rückkehr war unmöglich, da sich die Italiener alles unter den Nagel gerissen hatten. Eine Ausnahme bestand nur bei Berg- und Weinbauern, da die mit Landwirtschaft nicht vertrauten Italiener oft nicht wussten, wie sie die Höfe bewirtschaften sollten, und vieles „verluderte".

Sigrid Mayr, die in der Banaterstraße in Liefering zur Welt kam, bringt zum Gespräch ein Foto mit, das sie im Badezuber auf einer Wiese vor dem Haus zeigt. Hygiene war damals Luxus:

„Wir hatten eine Wohnküche mit Kabinett ohne Bad. Säubern musste man sich im Waschbecken in der Küche. Wir waren stolz darauf, dass wir eine eigene Toilette hatten. Gebadet und geschrubbt wurden wir nur einmal im Monat, in der allen gemeinsamen Waschküche."

Ihre Mutter stammte aus Laas im Vinschgau. Die Wohnung erhielten sie per Zufall: Die Mutter sprach am Wohnungsamt vor, als ein Brief einer Wohnzusage unbeantwortet zurückkam und der Beamte sagte: *„Na gut, dann bekommen Sie halt die Wohnung."* In der Siedlung lebten viele Kriegswitwen wie ihre Mutter. Mayr bilanziert ihre Kindheit trotz des Mangels als *„wunderschön, uns wurde nie das Gefühl gegeben, dass wir Zugereiste seien".*

Einen Sonderfall stellte die Mutter von Johanna Böckl (Jg. 1930) dar, eine Italienerin aus Cagliari in Sardinien, die einen Südtiroler aus Bruneck heiratete. Ihre Mutter lernte auch in ihrer zweiten Heimat Salzburg (Banaterstraße in Liefering) nie Deutsch und sprach ausschließlich Italienisch. Zu Weihnachten 1940 zog die achtköpfige Familie aus Rom in eine Wohnung in Salzburg ein. Die Kinder – auch sie beherrschten die deutsche Sprache nicht – schliefen zu zweit in ihren Bettchen, zwei Brüder mit dem Vater im elterlichen Schlafzimmer, die Mutter mit drei Töchtern im Kabinett, ein Bruder nächtigte in der Küche auf der Bank. Böckl: *„In sechs Wohnungen waren wir 21 Kinder."* Das Siedlungsleben beschreibt Böckl als harmonisch: *„Die Frauen saßen hinter dem Haus und strickten, die Kinder spielten rundherum. Es war ein offenes Klima der Nachbarschaftshilfe, man half sich gegenseitig. Wenn eine Mutter im Krankenhaus war, lebten die Kinder einfach in dieser Zeit bei einer anderen Familie."*

Auch in dem Salzburger Stadtteil Parsch, in der Weichselbaumhofsiedlung, fanden Vertriebene Unterschlupf. Hilde Maria Holzschmid, geb. Gasser, wurde 1937 in Meran geboren und landete über mehrere Stationen 1943 in Salzburg. Ihr neu gebautes Heim war in der Fadingerstraße in Parsch, unweit des Bahndamms. 1944 kam ihr Bruder zur Welt – während eines Fliegeralarms. Mit dem Säugling im Arm verschanzte sich die Familie mit der Hebamme im Luftschutzkeller. Auf der anderen Seite des Damms standen zu Kriegsende Baracken mit jüdischen DP's (displaced persons, Flüchtlinge). *„Die hatten mehr zu essen als wir, den einen oder anderen Goldring meiner Mutter haben wir im Lager gegen Zucker und Mehl eingetauscht."* In der Fadingerstraße 22 nahmen US-Soldaten Quartier.
Zu den Auswanderern aus Südtirol zählt auch der spätere ORF-Fernsehstar Sepp Forcher, der 1930 in Rom zur Welt kam und aus einer armen Südtiroler Familie stammt. Er kam 1940 nach Salzburg.[37] Zu den Bewohnern der Aiglhof-Siedlung zählten auch die Schriftsteller Karl-Markus Gauß und Thomas Bernhard, die ihre Jugenderinnerungen literarisch verewigten.[38]
Ende September 1944 wurde die „Dienststelle des Gaubeauftragten für die Umsiedlung Südtirol, Salzburg" (Dreifaltigkeitsgasse 19) aufgelassen und die Agenden an den Höheren SS- und Polizeiführer, „Beauftragter des Reichskommissars für die Festigung des deutschen Volkstums", übertragen.[39]

Die Wohnungsgenossenschaften der Deutschen Arbeitsfront

Die Deutsche Arbeitsfront (DAF) gliederte 1933 in Deutschland als nationalsozialistische Einheitsorganisation von Arbeitgebern und Arbeitnehmern die gemeinnützigen Wohnungs- und Baugenossenschaften in ihre zahlreichen Unterorganisationen ein. Die DAF wurde im Mai 1933 gegründet, nachdem Schlägertrupps der SA und die „Nationalsozialistische Betriebszellenorganisation" (NSBO) die Gewerkschaftshäuser besetzt und die Arbeit der Gewerkschaftsbewegung schlagartig beendet hatten. Aus ihr sollte die mit 25 Millionen Mitgliedern (1942) stärkste NS-Organisation hervorgehen.[40] In der DAF wurden 18 Wirtschaftszweige – Banken, Versicherungen, Bau- und Wohnungswesen, Handel, Auto- und Schiffsbau sowie Verlage – gesammelt. Die DAF war somit ein Großkonzern mit enormer Machtfülle.[41] Eigentlich war die DAF ein Dienstleister für alle und ein auf kapitalistischer Basis arbeitendes Parteiunternehmen („Gemeinnutz vor Eigennutz"). Geleitet wurde die DAF von Robert Ley, zugleich NSDAP-Reichsorganisationsleiter. Ab 1939 schwand Leys Einfluss durch Einflussnahmen von Reichsminister Fritz Todt und dessen Nachfolger Albert Speer.
Führend blieb Ley, beschrieben als ein großmäuliger, machtbesessener Fanatiker, lediglich im Bereich des Wohnungswesens. Im November 1940 wurde er von Adolf Hitler zum

Die „Neue Heimat" war Teil der „Deutschen Arbeitsfront" in Salzburg.

„Reichskommissar für den sozialen Wohnungsbau" ernannt.[42] Seine Kompetenzen wurden 1942 mit der Verleihung des Titels „Reichswohnungskommissar" bedeutend erweitert. Mit der von Hitler unterzeichneten Verordnung vom 24.10.1934 wurde die DAF als „Arbeits- und Leistungsgemeinschaft aller Deutschen" etabliert und ihr das Vermögen der Gewerkschaft und der Arbeiterparteien zugeschlagen.[43] Für die DAF galten die Prinzipien der NSDAP, somit auch das „Führerprinzip" und antisemitische und rassische Kriterien, da Juden oder andere Völker der „deutschen Volksgemeinschaft" nicht angehörten. Die bürgerlichen Wohnbaugenossenschaften waren von der Konzentration der DAF nicht erfasst, sondern im „Reichsverband der deutschen Wohnungsfürsorgegesellschaften" versammelt. Die sozialistisch angehauchten Bauvereine und Wohngenossenschaften wurden mit dem „Gesetz zur Sicherung der Gemeinnützigkeit im Wohnungswesen" vom 14. Juli 1934 gleichgeschaltet, die bisherigen Leiter zum Rücktritt gezwungen.[44] Bald erließen die „umgefärbten" Genossenschaften Satzungen, die Juden von der Mitgliedschaft, aber auch von der Haupt- und Untermiete ausschlossen und somit dem „Gesetz über die Mietverhältnisse der Juden" vom 30. April 1939 weit vorgriffen.[45]

Innerhalb der DAF war das Reichsheimstättenamt für den Wohnungsbau zuständig. Wie Hachtmann feststellt, blieb die Wohnbautätigkeit ab 1933 hinter jener der Weimarer Republik zurück.[46] Während sich die Rüstungsausgaben von 1932 auf 1938 fast verdreifachten (auf 70 % der öffentlichen Ausgaben), sanken die Ausgaben des Staates für den Wohnbau von 5,8 % (1933) auf weniger als 1,2 % (1938).[47] Die Mittel für die Wohnbauprogramme wurden hauptsächlich über die Arbeitsbeschaffungsprogramme aufgebracht. Zu erwartender Nebeneffekt der Vollbeschäftigung war, dass die Nachfrage auf dem Wohnungsmarkt erheblich anstieg.

Die Ziele der Wohnungspolitik hingegen waren es, die Volksgesundheit zu fördern – indem der „erbgesunden" deutschen Familie ein Brutplatz eingerichtet wurde, um der Überalterung entgegenzuwirken. Die Elendsviertel in der Großstadt, wo „verbrecherische Gesinnungen" blühten, sollten hingegen ausgeräuchert werden. Die Schwerpunkte der Bautätigkeit schwankten mehrfach; so waren die Verantwortlichen der Ansicht, privaten Hausbesitz in Eigenheimsiedlungen am Stadtrand mit Kleingärten für Arbeiterfamilien zu fördern, ohne die Tatsache zu verkennen, dass nach wie vor mehrstöckige Wohnungsbauten notwendig waren. Die Bedeutung des Wohnungsbaus für die Partei interpretierte Ley 1938 so:
„Im Heim schöpft das Volk Kraft für die Arbeit in der Fabrik, im Büro und auf dem Felde. [...] Mindestens fünfzig Prozent der deutschen Arbeit hat sich mit der Wohnung zu beschäftigen. Sie ist das A und O jeder Gemeinschaft."[48]

Nach einigen Korruptionsskandalen und Fehlbesetzungen an der Spitze organisierte die DAF die Wohnungsbaugesellschaften als regionale „Neue Heimat"-Gesellschaften neu.[49] Die Neuorganisation Anfang 1939 hatte mehrere Ziele: Die alte genossenschaftliche Ordnung war endgültig beseitigt und es galt das „Führerprinzip". Die „Neue Heimat"-Gesellschaften waren zum Teil auch an die Partei gebunden und ihr unterstellt. Ab 1937 kam es zu einer entscheidenden Änderung: Statt des Siedlungsbaus wurden – infolge des Vierjahresplans von 1936 – Geschosswohnungen forciert, um Arbeitskräfte für die Rüstung freizuspielen.[50]
Trotz der teils imposanten Zahlen darf der Anteil der DAF-Wohnungen am reprivatisierten Wohnungsneubau nicht überschätzt werden – er lag bei lediglich 2–3 %, weit unter der Quote des früheren gewerkschaftlichen Wohnungsbaues der Weimarer Republik.[51]
Mit der Steigerung der Bevölkerungszahl – 1940 hatte man noch den nahen „Endsieg" vor Augen – sollte der Wohnbau Schritt halten. Am 15.11.1940 unterzeichnete Hitler den „Führererlass zur Vorbereitung des deutschen Wohnungsbaues nach dem Kriege". Durch gezielten Geburtenzuwachs sollten die Lücken geschlossen werden, „die der Krieg dem Volkskörper geschlagen hat".[52] Hunderttausende Wohnungen sollten nach dem Krieg pro Jahr entstehen, alle Bauformen seien gleichberechtigt, Baulandrichtpreise und Förderungen sollten die Mieten regulieren. Für die ersten zehn Jahre nach dem Krieg war der Bedarf auf 6 Millionen Wohnungen, der Fehlbestand auf 1,5 Mio. Wohnungen geschätzt worden.[53]
Ab 1941 durften ohnehin nur Bauten begonnen werden, die als „kriegswichtig" galten, also für Rüstungsarbeiter oder Südtiroler Umsiedler.[54] 1940 wurden zwei wichtige Gesetze zur „Wohnungsgemeinnützigkeit" (WGG) erlassen, die diese Rechtsmaterien bündelten. 1943 kam die Neubautätigkeit kriegsbedingt jedoch fast ganz zum Erliegen.
1941 sollten die Gauwohnungskommissare Richtsatzmieten von 0,5–0,8 RM/m^2 festlegen. Ley setzte sechs „Erprobungstypen" für Mietwohnungen auf, wobei die meisten Typen Vierraumwohnungen für Vierkinder-Normalfamilien darstellten.[55] Die Bauten sollten massenhaft und industriell, wie vom Band laufende „Volkswagen", erzeugt werden.
Selbst um die Inneneinteilung machte sich Hitler laut Ley eigene Gedanken: *„Eine große Wohnküche, drei Schlafzimmer, eine Speisekammer, ein Bad und ein Balkon."*[56] Auch über den Balkon und das Bad sinnierte Hobbyarchitekt Hitler: Es darf keine Badewanne sein, da Hitler fürchtete, eine Mutter würde ihre Kinder im selben Badewasser baden. Bei einer Dusche

konnte sie das nicht. Geplant waren diese Wohnungen als Vierraumwohnungen mit 72 m². *„Wer dem Volk Kinder schenkt"*, solle nur 20 RM für vier Kinder zahlen, wer keine hat, solle 70 RM zahlen. Nach sechs Jahren sollten Kinderlose die Wohnung räumen und in eine der Millionen Kleinstwohnungen ziehen – künftig Sammelbecken der im Nazijargon „kinderlosen und bevölkerungspolitischen Blindgänger".[57]
Nach innen hin war die DAF genötigt, beim Bodenaufschluss zu sparen, also Siedlungen möglichst rationell anzulegen, und trotz der Normung Eintönigkeit zu vermeiden. Als Gestaltungsmaxime sollten „Siedlungskörper" organisch und überschaubar aufgebaut, die Stadt klar funktional gegliedert werden – Arbeit und Wohnen getrennt, das Stadtgefüge aber mit Grün aufgelockert. Als weiteren Vorteil sah man an, dass durch großzügigere Bebauung mögliche Bombenschäden gemindert würden.[58] Das NS-Regime forcierte den „braunen Kollektivismus", einen totalitären Sozialstaat, der die „Volksgemeinschaft" in jedem Moment des Daseins kontrollieren und erziehen wollte. Diese Ziele waren auf die zentralistische DAF zugeschnitten.
Nach außen war die deutsche Wohn- und Siedlungspolitik zur „Erweiterung der deutschen Herrenrasse" auf 250 Millionen Deutsche bis ins Jahr 2040 bis weit in den Osten Russlands geplant.[59] Im „totalen Krieg" war davon keine Rede mehr. Vielmehr war es nun notwendig, provisorische Ersatzbauten für die Millionen Bombengeschädigten zu schaffen. Ab 1943 ging es nur mehr um die Erbauung von Baracken für Ausgebombte, lediglich Militärs fantasierten noch von der „luftunempfindlichen" Stadt.[60] Am Ende waren etwa vier Millionen Wohnungen in Deutschland total zerstört.[61] Um den Mangel an Wohnraum provisorisch zu beheben, ermöglichte die „Wohnraumlenkungsverordnung" (1943) die Einweisung von „Bevorrechtigten" in leer stehende oder frei werdende Wohnungen.[62]

Die „Neue Heimat" in Salzburg – Wohnungsbau als Machtinstrument

Am 27. Oktober 1939 – nur sechs Tage nach dem Hitler-Mussolini-Abkommen zur Umsiedlung der Südtiroler – wurde die „Gemeinnützige Wohnungs- und Siedlungsgesellschaft m.b.H. Neue Heimat" der „Deutschen Arbeitsfront im Gau Salzburg" gegründet. Bis dahin war der Geschäftsbereich Salzburg von der „Neuen Heimat Tirol und Vorarlberg" mit Sitz in Innsbruck verwaltet worden.[63] Deutschland war bereits im Krieg – am 1. September hatte Hitler Polen überfallen, was den Beginn des Zweiten Weltkriegs bedeutete. Von vornherein war klar, dass diese Gesellschaft ein Teil einer staatlich gelenkten Wohnungswirtschaft war, um die vom DAF-Heimstättenamt festgesetzten Planungen in die Realität umzusetzen. Als Vorteil wurde gesehen, dass die Salzburger Firma Teil eines zentralistisch geführten Wohnbauimperiums war, unabhängig von den lokalen Interessen von Stadt und Land Salzburg. Durch die kapitalgesellschaftliche Strukturierung war, im Gegensatz zu genossenschaftlichen, eine leichtere Lenkung im Sinne des totalitären Herrschaftssystems möglich.
Das Stammkapital der Zweiggesellschaft, die im Eigentum der Treuhandgesellschaft und der Vermögensverwaltung der DAF war, betrug 250 000 Reichsmark. Der Gründungsakt wurde in Berlin von den Vermögensverwaltern der DAF vollzogen, im Beisein des Leiters des Salzburger Gauheimstättenamtes, Dr. Franz Krotsch, und des Gaubeauftragten der

Deutschen Arbeitsfront in Salzburg, Anton Resch. Seitens der DAF war unter anderen Hans Strauch Unterzeichner, Amtsleiter der DAF und ab 1941 Vorsitzender des Verwaltungsrates des Reichsverbandes des deutschen gemeinnützigen Wohnungswesens.[64]
Die DAF in Salzburg war am 1. Juni 1938 eingerichtet worden, geleitet vom ehemaligen sozialdemokratischen Werkmeister Anton Resch.[65] Ende 1938 waren bereits 150 hauptamtliche Mitarbeiter in der Organisation beschäftigt. Ebenfalls 1938 wurde das „Gauheimstättenamt" von der DAF in Salzburg gegründet. Dieses Amt sollte die Zahl der benötigten Wohnungen ermitteln, die Ortsplanung betreiben und hinsichtlich Bauart und -ausführung beraten.[66] Beheimatet war das Amt an der Adresse Mozartplatz 10. Zur Wohnungsbewirtschaftung gesellten sich noch die „Wohnwirtschaftsstelle", die Hausbesitzer und Mieter beraten sollte,[67] und das städtische „Wohnungsamt", das Mietzinse festzusetzen und zu überwachen hatte.[68]
Ins Salzburger Handelsregister wurden eingetragen: Als Geschäftsführer Alfred Katschthaler (Eintragung am 14.12.1939), als Einzelprokurist folgte der Bau- und Siedlungskaufmann Julius Müller Worgt (10.02.1940). Katschthaler war auch der Geschäftsführer des Gauheimstättenamtes des Gaues Salzburg (mit Sitz in der „Strasse der SA" 1, heute Auerspergstraße 13 in Salzburg). Später folgten als Geschäftsführer die „Reichsdeutschen" Georg Herrschaft (27.09.1940) mit Wohnsitz im „Hotel Pitter", Heinz Duhme (25.10.1941) und Wilhelm Niedballa (16.12.1943) nach.
Mit Stichtag 31. Dezember 1938 verfügte die DAF über 34 Gesellschaften im Deutschen Reich, auf dem Boden des ehemaligen Österreich waren deren drei – die „Neue Heimat Ostmark" (gegr. 1.7.1938) mit 17 Mitarbeitern in der Verwaltung und einem Bauvorhaben von 4 000 Wohnungen, die „Neue Heimat Oberdonau" (gegr. 6.2.1939) und die „Neue Heimat Tirol-Vorarlberg" (gegr. 7.2.1939).[69]
Der Gründungsgedanke wurde von zwei Notwendigkeiten getrieben: Es musste dringend Wohnraum für die Südtiroler Familien geschaffen werden. Zum anderen waren Industriebetriebe entstanden, die als „kriegswichtig" eingestuft wurden. Aber nicht nur Südtiroler waren in Massen nach Salzburg gekommen – sondern 1941 auch über 12 000 „Volksdeutsche" aus der Bukowina („Buchenland" in Rumänien), aus anderen Teilen Rumäniens (Banat und Siebenbürgen, 1944) und deutsche Siedler Bessarabiens (heute Moldawien). Allerdings war die „Neue Heimat" nicht die einzige Gesellschaft, die Wohnbauten für Südtiroler in Salzburg errichtete – neben der „Salzburger Wohnsiedlungs-Gesellschaft" baute auch die „Alpenländische Heimstätte" mit Sitz in Innsbruck 1942 Wohnungen für Umsiedler auf (enteignetem) Grund.[70]
Nicht zu unterschätzen ist der ideologische Grund für die Zunahme des Wohnbedarfs, nach dem jede Familie für ausreichend Nachwuchs – mindestens vier Kinder – zu

Die erste Büroadresse der „Neuen Heimat" war die „Römerstraße 26" in Aiglhof.

sorgen hatte. Die Absicherung in Form eines Eigenheims oder einer eigenen Wohnung sollte auch noch die Verbindung zwischen Staat und Individuum stärken.

Briefkopf der „Neuen Heimat".

Wie liefen die Wohnbaumaßnahmen organisatorisch ab? Den gesetzlichen Rahmen spannte der „Reichskommissar für den sozialen Wohnungsbau", Ley. Die Durchführung besorgten die Gauleiter, die zu „Reichswohnungskommissaren" bestellt wurden.

Im Land Salzburg bestimmten die Partei und der Gaubeauftragte der Deutschen Arbeitsfront das Geschehen mit. Mit dem eigentlich zuständigen Gauleiter war somit eine gewisse Konkurrenzsituation gegeben; eine im Reich nicht unübliche Praxis, um den „Wettbewerb" zwischen den Stellen zu fördern. Die eigentliche Durchführung der Bauten oblag den sozialen Wohnungsbauunternehmen. Eine wichtige Rolle spielten auch die Gemeinden, die Wohnbedarfsmeldungen abgaben (aus denen wiederum die Gauwohnungsprogramme resultierten), die Bebauungspläne, Grunderwerb und Erschließung desselben, und schließlich – die Besetzung der neuen Wohnungen, in Abstimmung mit der NSDAP.[71] Und diese hatte in allen Belangen ein Wörtchen mitzureden. Durch diesen engen Konnex konnten Parteigenossen bevorzugt werden.

Schon 1940 herrschte eine große Wohnungsnot – trotz hektischer Baumaßnahmen der Gesellschaften. Im September waren 3 000 Namen vorgemerkt sowie 250 Südtiroler Umsiedler.[72] Um den Engpass durch vermehrte Bautätigkeit beseitigen zu können, wurden in der „Neuen Heimat" in Salzburg die Geschäftseinlagen aufgestockt – von 250 000 RM auf 1 Mio. RM.[73]

Nicht erst im „totalen Krieg", sondern bereits ab 1939 mussten Baustoffe eingespart werden. Dennoch profitierten die Bauwirtschaft sowie die Baustoffindustrie stark von der Bautätigkeit in Salzburg, vom Bau der Reichsautobahn, der Tauernkraftwerke, der Kasernen und Wohnungen.[74] Mit November 1939 war der Wohnbau endgültig in die Kriegswirtschaft einbezogen worden. Parallel zum gedrosselten Wohnungsbau mussten kriegswichtige Industriebauten hochgezogen werden. Wohnungsnot wurde als volksbiologischer Hemmschuh für eine starke Bevölkerungsentwicklung betrachtet. Der GB-Bau oblagen die Ressourcenverwaltung, die Einsparungen und Findung von Ersatzbaustoffen.

Am 9. März 1940, vier Monate nach Gründung der „Neuen Heimat" in Salzburg, erließ der Landeshauptmann ein „Neubauverbot" entsprechend Görings „9. Anordnung v. 16.2.1940".[75] Und das zu einer Zeit, in der – 1940 – nach Erhebungen des Deutschen Reichsbauamtes bei 64 500 Wohnungen mit 260 000 darin lebenden Menschen der Wohnungsfehlbestand fast 29 % betrug – 18 600 Wohnungen gab es zu wenig.[76]

Ein Zeitzeuge, der spätere Direktor der gswb, Helmut Till (Jahrgang 1923), kann im Gespräch mit dem Autor über Alltag und Tätigkeit der „Neuen Heimat" berichten.

Über seine Anstellung in der „Neuen Heimat":

„Ich besuchte 1941 die Staatsgewerbeschule, die spätere HTL, in Salzburg und war damals schon ein guter Statiker. Bereits im Februar 1939 war ein reichsoffener Wettbewerb nach dem

4

AIGLHOF-
SIEDLUNG
gswb
Matousch

Reichsgemeinnützigkeitsgesetz ausgeschrieben worden, zur Erlangung von Normgrundrissen für verschiedene Wohneinheiten. Mein Professor für Bauentwurfslehre namens Medicus forderte mich zur Teilnahme auf. Der Prof. Spalt (der spätere Architekt), Schraml und ich haben uns für Doppelhäuser entschieden und damit den ersten Preis gewonnen. Nach der Matura habe ich im Juni 1941 ein Schreiben von der DAF bekommen mit dem Wortlaut: ‚Sie haben sich am 1. Juli 1941 um 8 Uhr früh zum Dienstantritt einzufinden.' Meine monatliche Vergütung betrug 200 RM."

Über seine Tätigkeit in der „Neuen Heimat":

„Ich habe aber nicht wie erhofft zu Beginn in der Planungsabteilung 5a arbeiten können, sondern in der 5b –‚Ausschreibung und Vergabe'. 5c war die ‚Bauleitung'. Der Ing. Frank hat mich gleich vereinnahmt und in der 5b eingesetzt. Es hat damals kein Mitarbeiter einem anderen etwas erklärt, jeder wollte ja unabkömmlich sein, um ja nicht an die Front einrücken zu müssen. Man sagte zu mir: ‚Heute kommt der Baumeister Hager aus Grödig, machen Sie einen Vertrag mit ihm.' Ich hatte keine Ahnung, wie man so etwas macht, und fragen getraute ich mich auch nicht. Im Büro sah ich einen Ordner mit der Aufschrift ‚Bauverträge'. Ich hab den dann auf die Toilette mitgenommen und heimlich durchgesehen und den Vertrag nach den Mustern nachgeschrieben. So ging das dann weiter. Beim Bauvorhaben in Grödig war ich dann auf einmal Bauleiter, da musste man – von Sanitär bis zum Blitzableiter – über alles Bescheid wissen. Meine weiteren Baustellen waren in Mauterndorf, Tamsweg und Oberndorf."

Über die Art des Bauens:

„Zu Kriegszeiten wurde trotz der drohenden Strafen viel gestohlen. Ich habe den Schwund dann in die Kalkulationen eingerechnet. Vom DAF aus Berlin hieß es dann: ‚Unterlassen Sie das, das ist Verschwendung von Volkseigentum.' An allen Ecken und Enden musste Material gespart werden. Es hieß immer: ‚Was können wir weglassen?' Balkone waren etwa Luxus und fielen weg. In Grödig brach uns beim Betonieren der Beton weg, das war sogenannter ‚Romanzement'. Und im Aiglhof, in der Radetzkystraße, ließ der Bundtram aus und das Mauerwerk hing über einen Meter heraus. Das Material war nicht immer geeignet. Die Arbeiter waren hauptsächlich Slowaken, von Fremdarbeitern habe ich nichts bemerkt.
Für die Südtiroler war das Leben in der neuen Siedlung eine große Umstellung. Einige haben zum ersten Mal in ihrem Leben eine Badewanne gesehen. Und an eine Szene in der Radetzkystraße kann ich mich erinnern, da schaute zum Gelächter der Passanten eine Ziegen-Geiß bei einem Fenster heraus. Die Wohnungen hatten 24 m² Wohnfläche für Wohnzimmer und Küche, 16 m² Wohnzimmer und 10 m² Kabinett."

Seite 29–31: Die „Südtirolersiedlungen" entstanden im gesamten Bundesland Salzburg – Impressionen einer typischen Architektur aus Bruck, Grödig, Aiglhof, Bischofshofen, Kaprun, Schwarzach/St. Veit, Bischofshofen und Aiglhof.

Über das Arbeitsklima in der „Neuen Heimat“:

„Die ‚Neue Heimat‘ hatte zu Beginn ihrer Tätigkeit ihren Sitz in der Römergasse 26 in Maxglan. Es waren zwischen 15 und 20 Mitarbeiter dauernd im Büro beschäftigt. Dazu kamen noch vier tschechische Techniker. Der Geschäftsführer Alfred Katschthaler war Südtiroler und ein richtiger Nationalsozialist. Georg Herrschaft hingegen war etwas ‚rot angehaucht‘. Heinz Duhme, ein weiterer Geschäftsführer, war Parteigenosse und trug das goldene Parteiabzeichen am Revers. Im Unternehmen wurde aber nicht ‚politisiert‘. In der Abteilung Technik grüßten sich – mit einer Ausnahme – alle mit ‚Grüß Gott‘, nicht mit ‚Heil Hitler‘.“[77]

Der Doyen des gemeinnützigen Wohnbaus, Helmut Till, vor einem von ihm errichteten Wohngebäude in Salzburg-Taxham.

Trotz des Mangels an Material und Fachkräften konnte die Salzburger „Neue Heimat“ bis 1945 – eigentlich nur bis 1944 – 185 Häuser mit 855 Wohnungen errichten – „nur um 64 Wohnungen weniger, als nach den ursprünglichen Plänen projektiert worden waren“, wie ein Rechenschaftsbericht nach 1945 anmerkt.[78] Die meisten Objekte fanden sich in der Stadt Salzburg (231).[79]
Mit der Niederlage von Stalingrad Anfang 1943 war der „Endsieg“ in weiter Ferne. Anstelle des Wohnungsneubaues trat der „kriegsmäßige Behelfswohnungsbau“, vor allem durch die DAF, aber auch die Stadt und Private.[80]
1944 waren bereits mehr als 15 000 Flüchtlinge in der Stadt Salzburg aufhältig.
In die Gesamtbilanz der Errichtung von Wohnraum in der Zeit zwischen 1938 und 1945 sind weiters private Wohnbauten, „Volkswohnungen“, Wohnungen für Heeresangehörige und Beamte sowie die Behelfsbauten aufzunehmen.
Ab 1939 entstanden die genannten Volkswohnungen in der Stadt Salzburg.[81] Anderenorts schossen Offiziers- und Beamtenwohnungen aus dem Boden.[82] Nicht zu vergessen sind neben den Offiziers- und Beamtenwohnugen Dienstwohnungen für Eisenbahner in der Weiserhofstraße am Bahnhof.

Über die 1939 in Hallein von der „Neuen Heimat“ errichteten 79 Volkswohnungen tobte ein Streit in der Gemeindestube: „Mit RM 40 sind die Mieten viel zu hoch und unerschwinglich.“[83] 1941 kamen dort 38 weitere Einheiten dazu.

Enteignungen durch die „Neue Heimat" am Beispiel „Aiglhof"

Die Kompromisslosigkeit, mit der das NS-Regime die Rechtslage zu seinen Gunsten beugte, zeigte sich auch im Bereich des Wohnungswesens. Auch hier mussten die Interessen Einzelner, etwa das Recht auf eigenen Grund und Boden, zurücktreten hinter dem „Volksganzen" – und die Bevölkerungspolitik, und damit die Land- und Wohnraumbeschaffung, war eines der Kernziele des Nationalsozialismus. Kennzeichnend war jedoch, dass alle Zwangsmaßnahmen einen scheinlegalen Anstrich hatten: Der Entzug von Eigentum geschah nicht entschädigungslos, sondern mit oft lächerlichen Beträgen und mittels „Kaufverträgen". Überraschend ist, wie früh bereits mit fremdem Eigentum spekuliert wurde. Bereits am 24.4.1939, fünf Monate vor Gründung der „Neuen Heimat", richtete der Finanzreferent des Landes, Erich Gebert, ein Schreiben an Gauleiter Friedrich Rainer:

... da ein ungeheurer ungedeckter Wohnungsbedarf besteht und baureifes Land im freien Verkehr nicht ausreichend zur Verfügung gestellt wird, halte ich die Ausnützung der gesetzlichen Möglichkeiten zur Zwangsbeschaffung von Baugrund für gerechtfertigt und unerlässlich. Finanzielle Belastungen für das Land treten nicht ein."[84]

Gegenstand der Erörterung waren damals Volkswohnungen und Kleinsiedlungen. Bereits im Juni 1939 waren Reichszuschüsse unter anderem für Wohnungen der „Wohnsiedlungsgesellschaft" im Land Salzburg und der „Neuen Heimat" (Standort Innsbruck) geplant.[85] Zur „Beseitigung von Elendswohnungen" und „Förderungen von Kleinsiedlerstellen" waren je 2,1 Mio. RM und 1,575 Mio. RM zur Errichtung von 600 Volkswohnungen und 450 Siedlerstellen im Gau beantragt. „Um die dringednste (sic) Wohnungsnot im Gau Salzburg zu beheben, (es gibt noch Familien, die in alten Eisenbahnwagen und Baraken (sic) aus der Kriegszeit wohnen)."[86]
Ohne das Druckmittel des Eigentumsentzugs per Zwang wäre die rasche Umsetzung des Groß-Bauvorhabens Aiglhof im Jahr 1940 nicht möglich gewesen. Erste Pläne der Errichtung einer Siedlung gingen auf das Jahr 1927 zurück, die Wiese im Besitz des Klosters St. Peter wurde erschlossen und südlich der Aiglhofstraße parzelliert.
Um sich die benötigten Grundstücke unter den Nagel zu reißen, setzten die Behörden auf eine Art „Zangenbewegung": Die Gestapo zermürbte mit Verboten und Durchsuchungen und schüchterte die Patres ein, während im Amt Enteignungsanträge eingebracht wurden. Am 27. November 1940 berichtete der Reichsstatthalter an die Preisbildungsstelle von einem am 21.5. und 16.11. eingebrachten Enteignungsantrag der „Neuen Heimat", betreffend die Aiglhofgründe in Salzburg-Maxglan, im Besitz der Erzabtei St. Peter, und bat um ein Gutachten *„hinsichtlich der Grundpreisangemessenheit"*, die daraufhin einen Schätzgutachter bestellte.[87]
Schon im November 1939 wurde das Stift St. Peter von der Gestapo besetzt und durchsucht. Der „Enteignungsgegner", das Benediktinerstift

Der Erzabt von St. Peter, Jakobus Reimer (Bild ca. 1932), kämpfte um die Besitztümer seines Stiftes – gegen die Wohnbaugesellschaften, den Gauleiter, die Gestapo – und nach dem Krieg um die Restitution.

St. Peter, brachte in der Gegenäußerung vor, dass die Stadt selbst genügend Gründe besitze und die rechtlichen Voraussetzungen einer Enteignung nicht gegeben seien, der Antrag somit abzuweisen sei.[88] Außerdem hätte man sich bereits im April 1940 mit dem „Neue Heimat"-Chef und Gauheimstättenamtsleiter Katschthaler auf 5 RM per Meter (für 20 000 m^2) geeinigt und könne nicht verstehen, dass die „Heimat" nun nur noch 1 RM für den aufgeschlossenen Baugrund zwischen Ganshofstraße und St.-Peter-Straße zahlen wolle. Diese hatte ihre Meinung geändert und war nun der Ansicht, dass die Wohnungen *„gut und den Anforderungen der Partei entsprechend gebaut werden müssten"* und für die *„Südtirol-Rückwanderer"* auch leistbar sein sollten.[89] Ohne weitere Verhandlung war die vorläufige Besitzeinweisung der „Neuen Heimat" in die gewünschte Parzelle erfolgt – und einiger weiterer Parzellen, von denen vorher nicht die Rede gewesen war.[90] Am 6.1.1941 wurde das Stiftsvermögen beschlagnahmt und in der Folge kommissarisch verwaltet.

Am 23. Oktober 1941 verkaufte das Stift schließlich die fragliche Wiese an die „Neue Heimat" um 48 713 RM zum Quadratmeterpreis von 2,50 RM, um darauf die Errichtung von Volkswohnungen zu ermöglichen. Verkäufer war aber kein Erzabt des Stiftes mehr, sondern der Gaukämmerer Robert Lippert als „kommissarischer Verwalter des Stiftes im Auftrag des Gauleiters".[91] Dieser Preis war in entsprechenden Gutachten als „angemessen" festgestellt worden. Die eingebrachte „Dienstaufsichtsbeschwerde" des Stiftes verlief im Sande. Das Stift hatte schon längst keine Verfügungsgewalt über seine Besitztümer mehr. Sobald der Reichsstatthalter die Verfügungsgewalt über den Stiftsbesitz errungen hatte, zog die „Neue Heimat" ihre Enteignungsanträge zurück und schloss die vorhin genannten Kaufverträge ab. Eine Enteignung war nicht mehr nötig, diese war bereits nach der Zermürbungstaktik der Gestapo und der Raubnahme durch das Land erfolgt.

Errichtet wurden „Volkswohnungen" in Vierfamilienhäusern für Bezieher höherer Einkommen (88 Vierfamilienhäuser, errichtet von der Wehrkreisverwaltung) und Volkswohnungen mit 39 m^2 in einer geschlossenen Hofbebauung.

Am 6. Januar 1942 – nach der „Verfügung der Einziehung des volks- und staatsfeindlichen Vermögens der Benediktinerabteien St. Peter und Michaelbeuern" durch die Gestapo – waren die bereits im Jahr zuvor beschlagnahmten Stiftsgebäude von den Brüdern zu räumen, der Orden im weltlichen Bereich wurde aufgelöst.[92] Die Besitztümer waren nach dem Führererlass vom 29.5.1941 dem Reichsstatthalter zur Verwertung übergeben worden.

Ein Schlaglicht auf die Requirierungspraxis der „Neuen Heimat" wirft ein Zeitzeugenbericht von Helmut Till, 1941 Mitarbeiter in der Abteilung „Ausschreibung und Vergabe", im Gespräch mit dem Autor:

„Direktor Katschthaler kam eines Tages zu mir ins Büro und sagte: ‚Till, wir fahren heute nach Bischofshofen, Grundstücke besorgen.' Mit einem Steyr 100, unserem Dienstwagen, fuhren wir dorthin. Katschthaler erklärte mir: ‚Ich habe einen Auftrag aus Berlin, 100 Wohnungen zu bauen.' Am Ortseingang blieben wir neben einer großen Wiese stehen. Katschthaler war Kaufmann und fragte mich als Techniker, ob es möglich sei, an dieser Stelle Wohnungen zu errichten. Ich bejahte. Wir fuhren daraufhin aufs Gemeindeamt, Katschthaler informierte den Bürgermeister, wie viel Hektar Grund wir bräuchten, und ich sichtete derweilen das Grundbuch. Dann hieß es: ‚Beim Ortseingang hat ein gewisser Bauer Schlaminger einen Grundbesitz, den nehmen wir.' Wir fuhren

sogleich zum Bauernhof und trafen den Bauern bei der Stallarbeit an. ‚Wir brauchen Ihren Grund für Wohnungen', sagte Katschthaler. Der Grundbesitzer protestierte und sagte: ‚Ich verkaufe aber nichts.' Katschthaler wischte den Einwand aber beiseite und sagte: ‚Wenn Sie nicht verkaufen, werden Sie enteignet und kriegen 50 Pfennig für den Meter.' So einfach ging das damals. Nach dem Krieg bekam der Bauer eine Entschädigung. Das Bauen ging damals aber viel leichter, weil der Grund überall nur 50 Pf. kostete, nur Kirchengrund kostete eine RM." [93]

Die Gründung der „Salzburger Wohnsiedlungsgesellschaft" („SWG")

Die Salzburger Wohnsiedlungsgesellschaft m.b.H. („SWG") wurde am 18.3.1939 als gaueigene Institution von Stadt und Land Salzburg gegründet. In den folgenden zehn Jahren sollten 15 000 neue Wohnungen errichtet werden. Stadt und Land Salzburg entrichteten 500 000 RM Einlage, 300 000 davon das Land.[94] Sitz der Gesellschaft war in der Salzburger Innenstadt, der Sigmund-Haffner-Gasse 3.

Als Geschäftsführer der ersten Stunde fungierten der Salzburger Volkswirt Friedrich Sigl und Stadtrat Franz Feichtner.[95] Im Aufsichtsrat saß Lokalprominenz der Nazi-Nomenklatura – der Rechtsanwalt Hermann Buchleitner als Aufsichtsratsvorsitzender, der Anifer Bauer und Wirt Michael Friesacher, Landesrat Erich Gebert, der bereits bei der Gründung der „Neuen Heimat" aktive Franz Krotsch vom Gauheimstättenamt, Architekt und SS-Mann Kurt Pletschacher und Stadtkämmerer Josef Girlinger. Das SS-Mitglied Gebert war „Gauwirtschaftsberater" und führend an den Arisierungen im Bundesland Salzburg beteiligt. Friesacher war NSDAP-Kreisbauernführer.[96] Reichsgaukämmerer Robert Lippert saß ab 1940 im Aufsichtsrat.

1939 erhielt Kurt Pletschacher die Prokura, im Juli 1942 die Geschäftsführung.[97] Der Diplomingenieur und Sturmmann der Waffen-SS, der für die SWG die Weichselbaumhofsiedlung in Parsch geplant und gebaut hatte, fiel am 6.12.1943 „im Osten" im Alter von 33 Jahren und „besiegelte seine Treue zu Führer und Reich mit dem Heldentod", wie eine Todesanzeige der SWG in einer Salzburger Zeitung vermeldete.[98]

1940 wurde das Gründungskapital auf 615 000 RM aufgestockt, im Jahr 1943 nochmals auf 1,029 000 RM.[99] Bis April 1945 errichtete die SWG 156 Häuser und 462 Wohnungen sowie 3 Geschäftslokale.[100]

Die SWG hatte 1940 ihren Sitz vom Alten Markt 7 in die Sigmund-Haffner-Gasse 3/V verlegt. 1941 schied Krotsch aus und machte Armand Feuerstein Platz, Leiter des Gauheimstättenamtes der NSDAP.

Bereits 1939 begann die SWG mit dem Bau von 64 Wohnungen auf ehemaligen Gründen des Stiftes St. Peter in Salzburg-Parsch im Ausmaß von 10 Hektar (Weichselbaumhof in der Stöcklstraße, Fadingerstraße, Gaißmayrstraße und Rettenpacherstraße) für den Reichsnährstand, dazu kamen noch Einfamilienhäuser mit Einliegerwohnungen (Fertigstellung bis 1943).[101] Insgesamt wurden 303 Wohneinheiten mit Eigenheimen für Beamte (100–150 m^2 Wohnfläche) und Volkswohnungen für „minderbemittelte" Volksgenossen errichtet.[102] Das Grundstück dafür wurde dem Stift St. Peter enteignet.

Weitere Bauvorhaben setzte die SWG in der Stadt, aber auch im Land Salzburg um.[103] Ende 1943 waren insgesamt 394 Wohnungen errichtet, davon 358 in Mietshäusern (1941: 143,

Wichtigstes Projekt der SWG im Krieg: Die Weichselbaumhofsiedlung.

1942: 136, 1943: 156). Die umfangreichsten Siedlungen waren in St. Johann (19 Häuser) und in Zell am See (Einödsiedlung, 17 Häuser) entstanden. 1944 gab es aufgrund des Krieges keine nennenswerte Bautätigkeit mehr. Die geplanten 200 „Volkswohnungen" in St. Johann wurden nicht mehr realisiert.[104] Es wurden lediglich 22 Wohnungen in Kaprun und 11 Wohnungen in Werfen im Laufe des Jahres fertiggestellt. Für 1946 waren zu diesem Zeitpunkt bereits einige Projekte in der Schublade.[105] Mit April 1945 hatte die SWG 156 Häuser und 462 Wohnungen mit 32 521 m² Wohnfläche in der Stadt Salzburg und in 13 Landgemeinden errichtet.

Die Einödsiedlung an einem steilen Abhang der Schmittenhöhe in Zell am See war von der SWG 1939/40 errichtet worden. Koordiniert wurden die Vergabe und die interimistische Unterbringung von Südtirolern durch die Kreisamtsleitung der NSV („Nationalsozialistische Volkswohlfahrt"). Viele Zeller Einheimische wehrten sich aber erfolgreich gegen die Vergabe ihrer Ferienwohnungen an Wohnungslose.[106] Der Gemeindechef antwortete, dass er trotz der Wohnungsnot keine legale Handhabe hätte, Wohnungen zu beschlagnahmen. Er führte die Not auf die Vervielfachung der Beamtenstellen zurück – ein Ort mit 4 000–5 000 Menschen könne nicht ohne Weiteres 300 zusätzliche Beamte plus Familien verdauen. Die exponierte Hanglage in der Einöd am Ufer des Zeller Sees hatte ihre Tücken – und rächte sich bei einem Unwetter im Juni 1966 bitter, als der Einödbach über die Ufer trat, die Siedlung

verwüstete und ein ganzes Haus in die Tiefe riss. Sechs Tote waren die Folge des Unglücks.
Auch die SWG ging den Weg, Wohnsiedlungen auf enteignetem Grund zu errichten.
Einige Beispiele sollen genauer beleuchtet werden. 1941 stand die Enteignung eines ca. 2 500 m^2 großen Grundstückes des f.e. Ordinariates in St. Veit im Pongau an. Es sollten Volkswohnbauten „im Rahmen der Südtiroler Maßnahmen" errichtet werden. Die Kirche lehnte den Verkauf ab. Daraufhin wurde das Enteignungsverfahren eingeleitet. Das „Dezernat für Wohnungs- und Siedlungswesen" holte bei der Preisbildungsstelle des Reichsstatthalters ein Schätzgutachten ein.[107] Der Gutachter kam zum Schluss, dass 3 RM pro Quadratmeter nicht zu hoch gegriffen seien. Das sonnige und mit Wasser und Strom erschlossene Grundstück war ein Obstgarten in der Ortsmitte, südöstlich der Kirche zwischen Hauptplatz und Dopplerweg. Das war auch der übliche Handelspreis in der Gegend. Aufgrund der erhöhten Transportkosten von Baumaterial durch die Höhenlage und der „mangelnden Verdienstmöglichkeiten im Ort" (?) erachtete Ziviltechniker Paul Geppert aber auch eine Herabsetzung auf RM 1,50 als *„gerechtfertigt und angemessen"*.[108] Trotz des niedrigen Preises stand sein Gutachten aber in starkem Gegensatz zu einem Gutachten der Landesregierung, Unterabteilung Va, die lediglich 50 Pfennig als durchschnittlichen Einheitspreis annahm.[109] Am 18. September kam die Preisbildungsstelle zu der Erkenntnis in Form eines Enteignungsbescheides, der RM 0,70 vorsah.[110] Das Grundstück war bescheidgemäß drei Tage nach Einlangen des Entschädigungsbetrages zu übergeben, mit dem Bau war sofort zu beginnen.
Etwas günstiger für den Enteignungsgegner – als schwacher Trost im Rahmen einer Zwangsmaßnahme – entschied die Landesregierung im Fall einer Enteignung auf Antrag der SWG in Großarl, auf dem Grundstück des Privaten Michael Toferer.[111]
Bereits am 30.6.1939, kurz nach ihrer Gründung, hatte die SWG den Antrag zuerkannt bekommen, dem Stift St. Peter zahlreiche Parzellen in Salzburg-Aigen, den sogenannten „Weichselbaumhof", zu enteignen. Die SWG plante Bauvorhaben größeren Ausmaßes. Am 4. Dezember legte die SWG weitere Grundstücke nach, um statt der Kleinsiedlung eine Großsiedlung zu errichten.[112] Am 25. Jänner 1941 konnte der Reichsstatthalter dem Gaukämmerer Lippert als staatlich eingesetztem Verwalter des Stiftsvermögens bereits berichten:
„Die Enteignung ist vollzogen. Das Stift hat die Entschädigung 70 Rpf. Per qm als zu gering angefochten. Akten mit einer Aufsichtsbeschwerde des Stiftes dem Reichsarbeitsminister in Berlin vorgelegt."[113]
Nach Gutachten sei der Preis als *„angemessen"* anzusehen, konnte der Reichsstatthalter wenig später erfreut vermelden.[114] Auch die Gauhauptstadt griff im Ausmaß von 10 ha für „Siedlungsbauten" nach den „vorhandenen Restgrundstücken" des Weichselbaumhofes.[115]
Ein Großteil dieser Geschäfte wurde nach dem Krieg angefochten, um höhere Entschädigungen zu erhalten. Es bleibt die Erkenntnis, dass das Unrecht, das Hitler den Südtirolern durch die Zwangsumsiedlung zugefügt hatte, durch neues Unrecht, die Beschlagnahme von Grundbesitz von Kirche, Kloster und Privaten, „ausgeglichen" wurde. Damit nicht genug: Dazu kommt, wie unten zu lesen ist, der Einsatz von Zwangsarbeitern und Kriegsgefangenen auf den teils stacheldrahtumzäunten Baustellen für die „Neue Heimat" und die „SWG".

Die Einödsiedlung in Zell am See, land- und
seeseitig gesehen (2013), mit erkennbaren Neubauten.

Arisierungen der „Neuen Heimat" oder der „SWG"?

Es liegen nach meinen Nachforschungen keine Unterlagen vor, die beweisen, dass die „Neue Heimat" oder die „Salzburger Wohnsiedlungsgesellschaft" an der „Arisierung" beteiligt gewesen seien oder von dieser profitiert hätten. Unter „Arisierung" versteht man den Raub von Eigentum von jüdischen Mitbürgern im Deutschen Reich zwischen 1933 und 1945 zugunsten von „arischen" Bürgern oder Unternehmen. In den maßgeblichen Aufarbeitungen der „Arisierung" in Salzburg kommen diese Unternehmen nur am Rande vor.[116] Die Beteiligung an der „Arisierung" war insofern für die beiden Wohnbauunternehmen unbedeutend, da die Konfiszierung durch staatliche Stellen leicht gemacht wurde und man an vorhandenen Wohnobjekten von jüdischen Privatpersonen kein Interesse hatte. Außerdem waren die beiden Gesellschaften nur an großen, schnell bebaubaren Flächen interessiert. Die „Neue Heimat" kommt lediglich ein Mal in einer Liste von Grundstücksübertragungen zwischen 1938 und 1945 vor, die 1946 erstellt worden ist und ehemalige jüdische Mitbürger wie Reinhardt und Hofmannsthal anführt.[117] Der genannte Vorgang betrifft Siedlungshäuser im Zeller Stadtteil Bruckberg, die durch Kaufvertrag von der Gemeinde Zell am See (23.10.1940) und von Herrn Josef Seiwald (Kaufvertrag v. 1.10.1942) erworben wurden.[118] Eine „Salzburger Wohnungsgesellschaft" (es ist nicht anzunehmen, dass es bei der Bezeichnung zu einer Verwechslung mit der „Salzburger Wohnsiedlungsgesellschaft" kam) ist im Rahmen einer 1939 übertragenen Liegenschaft in Bad Hofgastein aktenkundig geworden. Dieses Beispiel zeigt jedoch anschaulich, wie Enteignungen jüdischer Grundbesitzer in der Regel abliefen: Die Einzahlung im Rahmen eines Hauskaufes erfolgte auf ein Sperrkonto, das die Bezeichnung „Judenerlös" trug.[119] Das Anwesen war dem Wiener Facharzt Dr. Julius Lewith abgenommen worden, das dieser im Oktober 1937 erworben hatte. Das Devisenfahndungsamt trug eine „Sicherungssperre" am 4. August 1938 ins Grundbuch ein. Die Gemeinde Bad Hofgastein fungierte nur als Zwischenkäufer, der das Objekt von der Vermögensverkehrsstelle freigegeben erhielt. Zwei Monate später veräußerte die Gemeinde, Komplize dieser Arisierung, mit Kaufvertrag vom 19. August 1939 die um 2300 RM gekaufte Liegenschaft um 2755 RM an eine „Salzburger Wohnungsgesellschaft m.b.H." weiter und machte auch noch einen Schnitt damit.

In einzelne arisierte Liegenschaften, vor allem in jene, die auch noch über landwirtschaftliche Flächen verfügten – etwa in den „Berghof" in Unterburgau in der Gemeinde St. Gilgen –, wurden vorübergehend Südtiroler Umsiedler eingewiesen, die später in eine der Siedlungen von „SWG" und „Neue Heimat" weiterzogen.[120]

Bomben auf Salzburg – Vernichtung von Menschenleben und Wohnraum

Lange Zeit waren die Salzburger der Meinung, die Stadt würde vor dem Luftkrieg und vor Bombardierungen verschont bleiben. Solange Salzburg außerhalb der Bomberreichweite lag, war diese Hoffnung auch begründet. Ab Mitte 1944 konnten die US-Luftstreitkräfte aber von Süditalien aus auch Angriffsziele nördlich der Alpen erreichen. Ab Mitte 1943 wurde mit dem Bau von Luftschutzstollen in der Stadt Salzburg begonnen. Geplant waren Anlagen für 80000 Personen, im Prinzip für die gesamte Stadtbevölkerung.[121] Bis Kriegsende wurden 22 Stollen gegraben, errichtet von beauftragten Baufirmen wie Bruck, Kiefer, Heuberger und

Altmann unter Heranziehung von über 200 Kriegsgefangenen – vor allem Russen und Franzosen – sowie einigen Strafgefangenen.[122] Am 16. Oktober 1944 folgte der erste von insgesamt 15 Bombenangriffen, der mit 245 Toten und 129 zerstörten Wohngebäuden endete.[123] 2362 Menschen verloren ihre Wohnung. Die Zahl der Opfer war auch deswegen so hoch, weil nach vielen Fehlalarmen etliche Bewohner die Sirenentöne ignorierten. Das war nun vorbei. Fast 80000 Menschen drängten sich bei den folgenden Angriffen in den Stollen der Stadtberge. Aufgrund der hohen Flughöhe, der Vernebelung und der mangelnden Erfahrung der jugendlichen Flugzeugbesatzung gingen viele Bomben daneben – statt Bahn- und Militäranlagen trafen sie Wohngebäude, Kinos, den Dom, Museen, Kirchen und Schulen. Manche Stadtviertel boten ein Bild der totalen Verwüstung. Groß war der Schrecken auch in der Bevölkerung, dass der Krieg mit seiner zerstörerischen Kraft nun auch im heimatlichen Salzburg angekommen war. Der Mann an der Front, jeden Tag Luftalarm, bis zu 13 Stunden im stickigen Stollen, den Tod vor Augen – vor allem Frauen und Kinder waren mit den Nerven am Ende.

Insgesamt wurden von den Alliierten in den Jahren 1940 bis 1945 fast 2 Mio. Tonnen Bombenlast abgeworfen, was im Reichsgebiet geschätzte 410000 Bombentote nach sich zog, dazu kamen Hunderttausende Vermisste. 3,6 Mio. Häuser wurden zerstört, 7,5 Mio. Menschen obdachlos. Mehr als die Hälfte der Bomben hatte Wohngebiete getroffen.[124]

Bombenruinen in der Stadt Salzburg (1944).

Im Vergleich zu deutschen Städten wie Dresden oder solchen im Ruhrgebiet, die bis zu 90 % dem Erdboden gleichgemacht worden waren, war Salzburg trotz aller Schrecken und Zerstörung relativ glimpflich davongekommen.[125] Jahrelang mahnte die zerstörte Domkuppel an die Verwüstungen in der Stadt. Der Wiederaufbau sollte insgesamt 15 Jahre in Anspruch nehmen.

1946 sah die Bilanz der Gebäudeschäden in der Stadt so aus: Von den 7 000 Häusern war fast die Hälfte (3 180) beschädigt worden. Und zwar 423 Häuser total (807 Wohnungen), 608 Häuser schwer (1 101) und 2 149 leichter (5 692). Dadurch standen 14 463 Menschen ohne Obdach da.[126] Zum Vergleich: Zwischen 1938 und 1945 waren etwa 1 500 Wohnungen neu errichtet worden. Der Zugewinn an Wohnfläche war somit im Bombenkrieg fast verloren gegangen. Schäden gab es auch in Grödig, Hallein, Bischofshofen und Schwarzach.

Nur wenige konnten die nur vereinzelt errichteten behelfsmäßigen Bauten des „Deutschen Wohnungshilfswerks im Reichsgau Salzburg" nutzen, deren Pläne vom Reichsstatthalter bereits 1943 freigegeben worden waren. Die Zeichnungen zeigten einfache, eingeschossige Hütten („Behelfsheime") mit getrenntem Wohn- und Schlafraum und etwas Grund für Gemüse- und Obstgarten sowie einem Kleintierstall, was eine teilweise Selbstversorgung sicherstellen sollte.[127]

Zwangsarbeiter und Kriegsgefangene im Einsatz für „Neue Heimat" und „SWG"

Mit Fortschreiten des Krieges wurden immer mehr „Ostarbeiter" („fremdvölkische Zivilarbeiter"), also Zwangsarbeiter, und Kriegsgefangene nicht nur in praktisch allen Straßenbau-, Wasserbau-, Staudammbau-, Hoch- und Tiefbauprojekten im Land Salzburg eingesetzt, sondern auch bei der Entschärfung von Blindgängern, Aufräumarbeiten nach Bombenschäden beziehungsweise der mühevollen Arbeit des Grabens von Luftschutzstollen in den Stadtbergen.

Griffen auch die „Neue Heimat" und „SWG" auf Zwangsarbeiter zurück? Aus einem an sich unverdächtigen Akt der Landesregierung – „Überprüfung von Schlüsselzahlen für ein Bauvorhaben" der „Neuen Heimat" für das Projekt „Hallein III" – lässt sich herauslesen, dass für dieses Projekt im Jahr 1943 bei einem mittleren Arbeiterstand von 18 Arbeitern drei Fremdarbeiter („2 Italiener, 1 Tscheche" mit kalkulierten 4 011 Arbeitstagen, die im Quartal ein Mal heimreisen durften) und vier Kriegsgefangene (mit kalkulierten 5 348 Arbeitstagen zu „Selbstkosten je Tag" von je 0,74 RM) verwendet wurden.[128]

Unverblümt und zeitüblich mit *‚Heil Hitler!'* grüßend, bietet der Baumeister und Zivilingenieur Ferdinand Sperl der SWG für die Wohnsiedlung St. Veit am 11.2.1943 die „Selbstkosten eines franz. Kriegsgefangenen je Stunde" unter Einrechnung der Steuer für das „STALAG", der Verpflegung eines Wachpostens beim „Metzgerwirt" zu je 0,74 RM per Stunde an, als handle es sich um die Lieferung von Bauholz.[129]

Unter „STALAG" war das „Stammlager XVIII C(317)" im „Markt Pongau" (St. Johann), bestehend seit 1941, gemeint, in dem sich bis zu 30 000 Personen befanden, darunter zahlreiche Russen

Bombenbeschädigtes Wohnhaus in Itzling (1944).

und Franzosen. Bis zum Ende des Krieges starben etwa 4000 russische Kriegsgefangene durch Unterernährung, Erschöpfung oder Seuchen.[130] Die Todesrate betrug um die 40 Menschen pro Tag, Gefangene, die zum Teil auch vor den Augen der Bevölkerung erschossen wurden. Die Franzosen wurden etwas besser, im Sinne der „Genfer Konvention", behandelt. Die Bewachung oblag der Wehrmacht.

Auch im Mai 1943 – für das Bauvorhaben „Grödig" der „Neuen Heimat" – ist von „Mehraufwendungen je Wohneinheit für auswärtige Arbeitskräfte" die Rede, fest kalkulierbar wie Mauersand und Betonkies.[131] Dasselbe Vorgehen bei „Tamsweg II", der „Neuen Heimat" 1943,[132] „Altenmarkt"[133] und „Mauterndorf I und II"[134].

Architekt Till ist der Einsatz von „slowakischen" Arbeitern in der „Neuen Heimat" erinnerlich.[135] Diese waren aber durch zwischenstaatliche Abkommen mit dem „Protektorat Mähren" vermittelt worden und bezüglich Kost und Unterkunft deutschen Arbeitern gleichgestellt, rechtlich aber Ausländer.[136]

Zwangsarbeiter wurden von der Stadt Salzburg für Bauvorhaben eingesetzt, aber auch an Landgemeinden weitervermittelt („Durchgangslager"). Das größte befand sich am Mayburger Kai, direkt neben einem bereits bestehenden großen Lager, das die DAF betrieb.[137] Diese verfügte somit nicht nur über eigene Arbeiter in ihren Lagern, die sie an „Neue Heimat"-Baustellen weitervermittelte, sondern auch über die der von der „Neuen Heimat" beauftragten Baufirmen. So hatte die Hoch-/Tiefbaufirma „Rosenberger & Co" zwischen 1940 und 1945 über 500 ausländische Ostarbeiter im Einsatz.[138] Aber auch kleinere Firmen schlugen aus der Zwangsarbeit Profit. Auf der Baustelle der „Neuen Heimat" in Bischofshofen werkten Zwangsarbeiter für verschiedene Firmen Schulter an Schulter, unter anderem für die Baufirma „Adolf Simanke" (34 fremdvölkische Arbeitskräfte).[139]

Ein weiteres Arbeiter-Barackenlager (Innsbrucker Bundesstr. 36) betrieb die DAF ab 1939/40 im Stadtteil Aiglhof, ab 1940 ein Lager in Siezenheim. Ende April 1945 waren über 7 000 ausländische Personen in der Stadt Salzburg aufhältig, fast alle waren Zwangsarbeiter.[140] Es darf nicht vergessen werden, dass Zwangsarbeiter neben der harten Arbeit oft unmenschlicher Behandlung oder körperlicher Gewalt ausgesetzt waren, bei Verstößen gegen Regeln erfolgten harte Strafen, manchmal sogar die Einweisung in ein KZ und dort der Tod. Abhängig vom Einsatzort waren manche Arbeitsplätze mit den Umständen in einem Konzentrationslager gleichzusetzen. Es gab auch mehrere Außenlager des KZ Dachau in Salzburg, etwa in St. Gilgen, wo Häftlinge für den illegalen Bau eines Wohnhauses eines KZ-Kommandanten eingesetzt waren, und im KZ-Lager Hallein, wo ca. 2000 Häftlinge ab 1943 in einem Steinbruch arbeiteten und viele auch durch Erschießung ums Leben kamen. Eine direkte Verbindung des letzteren Lagers zu Wohnbautätigkeiten in Salzburg oder hinsichtlich der Verwendung des Materials bei solchen ist nicht gegeben. Zum Zeitpunkt der Errichtung dieses Lagers im September 1943 war der Wohnbau kriegsbedingt schon weitgehend zum Erliegen gekommen.[141]

Die „Neue Heimat": Kriegsende und katastrophale Wohnungsnot (1945–1955)

Der Zweite Weltkrieg hatte nicht nur mehr als 60 Millionen Tote gefordert, sondern auch unbeschreibliche Zerstörungen angerichtet und gigantische Flüchtlingsströme in Gang gesetzt. So wie viele andere Länder wurde Salzburg zur Auffang- und Durchgangsstation für Versprengte aller Art, was die Wohnungsnot noch mehr anheizte. Die Schaffung von Wohnraum gehörte bald zu den wichtigsten Forderungen und Leistungen des Staates und aller Landesregierungen, speziell in Salzburg.

Flüchtende vor den Auswirkungen des Krieges bzw. vor der Roten Armee hatten die Einwohnerzahl der Stadt und des Landes noch weiter ansteigen lassen. Die Zahl der Stadtbewohner hatte sich von 77 472 (1940) auf fast 100 000 zu Kriegsende gesteigert (98 530). Dazu kamen nun noch über 60 000 Flüchtlinge, darunter 27 000 Volksdeutsche, 2 100 Reichsdeutsche, 600 Juden, aber auch Bombenevakuierte aus dem „Altreich", ehemals Verbündete des Reiches aus dem Osten Europas, vor der Roten Armee geflohene Ostösterreicher, Staatenlose, Kollaborateure und abgerüstete Soldaten.[142] Die meisten Flüchtlinge waren in Lagern untergebracht, die sich an der Hellbrunner Allee, in der Lehenerkaserne, in Parsch und Glasenbach befanden. Kleinere Lager gab es auch in Itzling, beim Hotel Europa und in der Umgebung der Stadt Salzburg, etwa in Bergheim und Maria Sorg.[143] Rund 13 500 Menschen lebten in Splittergräben, Scheunen, Dachböden und Kellern.[144] Die Einwohnerzahl der Landeshauptstadt hatte sich seit 1938 fast verdreifacht. In der Riedenburgkaserne hatten sich in der „Stunde null" 18 000 Wehrmachtsoldaten versammelt. Stark vom Wohnungsmangel betroffen war im Bundesland vor allem auch der Pinzgau.

Denn im Land Salzburg war der Anstieg der Bevölkerung ähnlich – zwischen 1928 und 1947 waren zu den 223 000 Einwohnern 109 715 Bewohner dazugekommen, 18 % davon (56 070) waren Ausländer.[145] Da ständig Transporte eintrafen und wieder abgingen, war es unmöglich, alle aufhältigen Personen durch Zählung genau zu erfassen. Der Mangel an Wohnraum wurde noch weiter verschärft, als die Amerikaner öffentliche Gebäude, Villen und Wohnungen für eigene Wohnzwecke beschlagnahmten. Es handelte sich um ca. 700 Wohnungen – 4 % des Wohnraumes – für rund 7 500 amerikanische Soldaten. Erst das US-„Billeting Office" setzte dem unkontrollierten Beschlagnehmen ein Ende.[146]

Sorgen bereitete 1945 der herannahende Winter. Das noch aus der Nazizeit stammende „Reichsleistungsgesetz" legalisierte vorerst Beschlagnahmungen von Wohnraum für Obdachlose. Erst im September erließ die Bundesregierung das „Wohnraumanforderungsgesetz", das regelte, dass unbenutzte Wohnungen, Zweitwohnungen und überzähliger Wohnraum beschlagnahmt werden konnten, um dort Flüchtlinge einzuweisen. „Wer über die Eingriffe des Wohnungsamtes in seine Privatrechte klagt, muss ihm gesagt werden, dass er in einer Zeit wie dieser nicht das Recht hat, zu nörgeln und zu raunzen, sondern durch die Tat mithelfen muss, Frauen und Kinder aus ihrer entsetzlichen Lage zu befreien", tadelten die „Salzburger Nachrichten".[147] In der Praxis sah dies aber so aus, dass einer Familie mit Kindern zwei Räume zur Verfügung standen, in den dritten Raum kam aber eine ganze weitere

Familie. Alleinstehende Bewohnerinnen von Dreizimmerwohnungen mussten gleich zwei Familien aufnehmen. Immerhin verschaffte das Gesetz 1945 etwa 12 000 Personen Wohnraum, zu dem Preis oft heillos überbelegter Wohnungen. Erst 1955 lief das Gesetz aus. Bis 1948 wurden über 15 000 Einweisungen für ca. 30 000 Menschen vorgenommen, jeder zweite Haushalt in der Stadt musste seinen Raum mit Fremden teilen.[148] Bereits im August 1945 hatte die Stadt Salzburg eine totale Zuzugssperre ausgesprochen.

Eine Statistik aus 1946 weist für die Stadt Salzburg bereits 6 231 hierher geflüchtete Juden aus.[149] Die kleine jüdische Salzburger Gemeinde war von den Nazis zerschlagen, die Menschen vertrieben oder umgebracht worden. Nur wenige kehrten zurück. Als „Wohnraum" wurde einigen jüdischen displaced persons („Vertriebene", kurz DP's) der Sigmundstollen im Mönchsberg zugewiesen, andere nahmen im Augustiner-Bräustübl oder im Lager Riedenburg Quartier. Der Empfang für die ehemaligen Insassen der Konzentrationslager war alles andere als freundlich. Ihnen wurde die Salzach am Mayburgerkai als Platz „zum Waschen" zugewiesen, ein ehemaliger KZ-Häftling berichtete, dass er, dem „Todesmarsch" nach Stadelheim entkommen, vom Wohnungsamt in eine Wohnung eines ehemaligen Gestapomannes (Geheime Staatspolizei, Anm. d. Autors) eingewiesen werden sollte, nachdem sein Haus durch einen Bombentreffer zerstört worden war: *„Ringsherum waren Nazihäuser; wie zum Hohn waren alle unbeschädigt geblieben, und nur meines war total weg."*[150] Sein Gang von Tür zu Tür in der Hattingerstraße, wo „höhere Nazifunktionäre wohnten", war erfolglos geblieben. Ein US-Offizier hatte aber von dem Fall erfahren und teilte ihm die Wohnung des Gestapomannes zu, die dem KZ-Opfer Richard Schubert erst nach der Drohung, er werde die Möbel aus dem Fenster werfen, geräumt übergeben wurde. Der organisierten Entfernung von Nazis aus städtischen Wohnungen kam die Stadtverwaltung aber nur in Einzelfällen wie diesen nach.

Erstes Ziel der jüdischen DP's war die Auswanderung nach Palästina. Über das 1946 errichtete DP-Lager in Saalfelden gelangten einige Juden über den Krimmler Tauern illegal nach Italien und per Schiff nach Palästina.

Für die DP-Lager war die US-Besatzungsmacht zuständig, ab 1946 die UNRRA (United Nations Relief and Rehabilitation Administration) und ab 1947 die IRO (International Refugee Organization).[151] Die gestiegene Kriminalitätsrate wurde den „Ausländern" angelastet:

„... ist festzustellen, dass z. B. bei den strafbaren Tatbeständen Mord, Mordversuch bzw. öffentliche Gewalttätigkeit siebenmal mehr Ausländern, beim strafbaren Tatbestand Plünderung dreimal mehr Ausländern als Österreichern die Täterschaft nachgewiesen werden konnte",

berichtete Landeshauptmann-Stv. Schemel 1947 dem Landtag.[152] Durch die Anwesenheit von Tausenden Menschen, die so gut wie keiner Tätigkeit nachgingen, die aber von der US-Armee versorgt wurden, wuchsen Fremdenfeindlichkeit und antisemitisches Verhalten gegen die „landfremden Elemente".

Es war klar, dass die angespannte Wohnsituation nur durch Verbringung der Flüchtlinge in ihre Herkunftsländer oder, wenn dies aus politischen Gründen nicht möglich war, in Auswanderungsländer gelöst werden konnte. Relativ bald wurde 1946 mit „Repatriierungen" begonnen, was auch die Überstellung von Österreichern, die in Deutschland festsaßen, betraf. Zuständig dafür war die „Dienststelle für Rückführung" am Alten Markt 1 und das vorgesetzte „5th Ing. Regiment" der US Forces.[153] Weiters kamen laut einem Bericht des Landtages von den ca. 22 000 Salzburger Kriegsgefangenen im Ausland bis Ende 1946 fast 12 000 zurück.[154] Repatriiert wurden aber auch zahlreiche ehemalige Reichsdeutsche, die im NS-Verwaltungs- und Militärapparat in der Ostmark Stellung gefunden hatten, darunter sogar deren in Salzburg geborene Kinder, wie Horst Weilacher (1939):

„Am 2. Mai 1946 kam von der Landesregierung Salzburg ein Schreiben zur Repatriierung nach Deutschland. ‚Sie haben sich am 10. Mai 1946 8 Uhr früh am Hauptbahnhof Salzburg Gleis 19a, Zufahrt Lastenstraße einzufinden, Handgepäck kann mitgenommen werden. Einsprüche gegen diesen Bescheid können nicht entgegengenommen werden. Falls Sie diesem Bescheid nicht Folge leisten, wird die Staatspolizei Ihre Überführung ins Lager Laschinsky [muss Laschenskyhof heißen, Anm. d. Autors] *zwecks Repatriierung nach Deutschland veranlassen."*

Die Mietwohnung an der Lehener Brücke war zuvor als Eigentum der „Deutschen Reichsbahn" als „Deutsches Eigentum" beschlagnahmt worden.[155] Die Repatriierungen gestalteten sich zäh, viele Länder verweigerten die Aufnahme oder zeigten sich anspruchsvoll, noch 1955 waren fast 5 000 Flüchtlinge im Land.[156] Einige Volksgruppen blieben auch hier, etwa die Volksdeutschen, die eigene Wohnbauprogramme starteten (und 1956 für die österreichische Staatsbürgerschaft optieren konnten), und die Südtiroler, von denen sich nur wenige für die „Rückoption" nach Südtirol nach dem „Gruber-De-Gasperi-Abkommen" von Paris 1946, das unter anderem eine Revidierung der Staatsbürgerschaftsoptionen vorsah, entschieden.

Unfreiwillig von bis zu 8 000 Menschen „bewohnt" wurde das „Camp Marcus W. Orr", ein Internierungslager der US-Army in der Nähe des Ginzkeyplatzes. Ihre Haft bis zur Entnazifizierung bzw. bis zum Gerichtsverfahren warteten dort bis zum Jänner 1948 Sympathisanten des NS-Regimes, aber auch Schwerkriegsverbrecher ab.[157]

Trotz der Repatriierungsmaßnahmen sank die Zahl der Flüchtlinge nur langsam – 1948 waren es 29 000, 1951 nur mehr 18 000 Personen.[158]

Restitution des entzogenen Eigentums durch die „Neue Heimat"

Im Jahr 1946 startete Erzabt Jakobus Reimer vom Stift St. Peter den Rückerwerb der ersten beschlagnahmten, rund 82 000 m² großen Grundstücke im Aiglhof, die mittlerweile weitgehend verbaut waren und neue Besitzer hatten. Den Wert dieses kleineren Teils der Aiglhofgründe, verbaut von der „Neuen Heimat", setzte das Stift mit 205 000 S an.[159] Der Rückerwerb enteigneter Gründe nach dem „3. Rückstellungsgesetz" ging nur sehr langsam vor sich. Teilweise war das Stift von der „Rückführungsstelle für eingezogenes und beschlagnahmtes Vermögen bei der Landesregierung Salzburg" als Verwalter seines früheren Eigentums eingesetzt worden.[160] Im durch die „Neue Heimat" verbauten Aiglhof galt das nur für die Hausnummern Aiglhofstraße 22–28 samt Gründen, „soweit diese nicht von den Nazi weiter veräußert wurden, was erst geklärt werden muss".[161] Diese Vermögenseinziehung war aber im Grundbuch nicht durchgeführt, sondern lediglich die Beschlagnahme angemerkt worden. Am 12. März 1947 erbat das Stift die rasche Rückgabe des Besitzes bei der Finanzlandesdirektion.[162]

Die Rückstellung Aiglhof zog sich bis 1957 (!) hin.[163] Die Abtei weigerte sich, die seinerzeitigen Besitzübertragungen als „rechtsgültig" anzuerkennen. In erster Instanz ging für das Stift der Prozess verloren, die Rückstellungskommissionen beim OLG Linz und OGH Wien hoben das Urteil jedoch auf.
Am 3.2.1956 schlossen die Parteien vor einem neuerlichen Prozess vor der Rückstellungskommission einen Vergleich mit einer Ausgleichszahlung der „Neuen Heimat" an das Stift in Höhe von S 4,5 Mio.[164] Der Weg bis zu diesem Vergleich war aber sehr steinig: Die „Neue Heimat" wehrte sich gegen diese Zahlungen (von verbauten Gründen bzw. Rückstellung von unverbauten Grundstücken) nach Leibeskräften. Sie führte ins Treffen, dass die Beschlagnahme nicht auf das NS-Regime zurückzuführen sei, da Enteignungen im öffentlichen Interesse in jedem Rechtssystem vorkämen. Das Stift meinte, dass die Raumnot der NS-Jahre durch das „Umsiedlungskonzept Hitlers" entstanden sei.[165] Geschäftsführer Katschthaler hätte sich „drängend und drohend" auf das Regime berufen. In ihrer Taktik beriefe sich die „Neue Heimat" lediglich auf den Wortlaut der Kaufverträge, erwähne aber mit keinem Wort, dass diese auf Druck der Gestapo zustande gekommen wären:
„Oder will die ‚Neue Heimat' alle diese Vorgänge als nicht typisch und charakteristisch nationalsozialistisch erklären und nur mehr Karzet (gemeint ist „KZ", sic) *Gaskammern, Hinrichtungen, Krematorien als typisch nationalsozialistisch gelten lassen?"*

Das Stift war darüber verbittert, dass sein Fall vor der Kommission ohne Berücksichtigung der damaligen Umstände – Beschlagnahme des Vermögens, Aufhebung des Stiftes, Vertreibung der Mitglieder usw. – abgehandelt wurde. Jetzt solle der damalige Zustand mithilfe der Justiz zugunsten der „Neuen Heimat" im Jahre 1952 „anerkannt und verewigt" werden.[166]
„Die Erzabtei weiß, was sie ihrer mehr als tausendjährigen Geschichte schuldet, und läßt sich nicht von der ‚Neuen Heimat' als staats- und volksfeindlich werten und behandeln. Es ist unglaublich, dass die ‚Neue Heimat' in der Zeit, in der man von Entnazifizierung spricht, an der Rechtslage der extremsten Gestapo-Herrschaft festhalten [...] will ..."[167]

Im Februar 1950 hatte das Stift bereits einen Vergleichsvorschlag gemacht – und wollte sich die entzogenen und verbauten Grundstücke, die mindestens 5 RM pro m² wert waren, durch eine Ausgleichszahlung von 2,50 RM entgelten lassen. Der seinerzeit vereinbarte Kaufpreis war aber nicht dem Stift zugeflossen, sondern auf ein Sammelkonto eingezahlt worden, mit dem dann wertlose Reichsanleihen gezeichnet wurden. Eine Anrechnung der damaligen Enteignungsentschädigung musste daher gar nicht stattfinden. Da die „Neue Heimat" gar nicht in der Lage sei, den Betrag zu entrichten, würde ihr das Stift mit 15 S pro verbautem Quadratmeter entgegenkommen, hieß es.[168] Weil die Geschäftsanteile der „Neuen Heimat" in den Händen der Republik standen, musste das Stift auch gegen das zuständige Finanzministerium ankämpfen, das sich für die „Neue Heimat" ins Zeug legte. Die „Neue Heimat" könne die geforderte 1 Mio. S nicht bezahlen, da sie als gemeinnütziges Unternehmen ohne Gewinn arbeite und daher über keinerlei Rücklagen verfüge. Ein Bankdarlehen könne somit nur über erhöhte Mietzinse auf ca. 280 Wohnungen finanziert werden, was gerade einkommensschwache Bevölkerungskreise treffen würde. Da die „Neue Heimat" mit der Linderung der Wohnungsnot beschäftigt sei, könne sie auch dem Stift die unverbauten Grundstücke nicht zurückgeben. Die „Heimat" bot lediglich 240 000 S an.[169] Die „Neue Heimat" war verpflichtet, die Aiglhofgründe zurückzustellen. Da Gutachten den Wert der Grundstücke mit bis zu 6,3 Mio. S bewerteten, machte die „Neue Heimat" den Vorschlag, das Stift St. Peter könne die Grundstücke in natura, also verbaut und unverbaut, zurücknehmen. Das lehnte das Stift aber als ungesetzlichen Zwang ab.[170] Als Vergleichsvorschlag für den Rückstellungsbetrag in bar nannte das Stift die Summe von 4,5 Mio. S.[171]

Bis 1957 zogen sich weitere Rückstellungsverfahren gegen das Heer wegen Grundstückssachen in Aiglhof und Nonntal hin, weil mit dem Staatsvertrag die Zuständigkeit auf die Finanzlandesdirektion übergegangen war.[172] In der Bilanz von 1959 tauchte die Formulierung auf: „Aufgebracht wurden die Mittel von 4,846 900 durch die Wohnbaugesellschaft für Bundesbedienstete (BUWOG), wovon aber lediglich 2,614 300 für den Wohnungsbau und der Rest von 2,232 600 zum überwiegenden Teil für die Bereinigung eines Rechtsstreites mit der Erzabtei St. Peter erforderlich war."[173] Welche Maßnahme der „Neuen Heimat" diesen „Rechtsstreit" ausgelöst hatte, blieb unerwähnt.
Sogar in der gswb-Bilanz von 1983 tauchte noch einmal ein Enteignungsbescheid des Reichsstatthalters vom Juni 1942 (!) auf. Es handelte sich dabei um Liegenschaften in Grödig im Ausmaß von über 13 000 m^2 , die den seinerzeitigen Eigentümern enteignet und der „Neuen Heimat" zur Errichtung von Volkswohnbauten übertragen worden waren. Eine vergleichsweise Regelung über ein Restgrundstück war von den Eigentümern – der Familie Hagenauer – nicht angenommen worden. Der Antrag über die Aufhebung des Enteignungsbescheides der gesamten enteigneten Liegenschaften und die Sache landeten beim Verwaltungsgerichtshof.[174] Dieser wies den Antrag schließlich – erst im Jahr 1985 – ab, da die Sache verjährt sei.[175]

Kampf um die Rückgabe von entzogenem Eigentum von der „SWG"

Für die Rückgewinnung des entzogenen Eigentums musste sich das Stift St. Peter ebenfalls vor der Rückführungsstelle gegen die SWG verwenden. Am 16. August 1945 wurden die Weichselbaumhofgründe – sofern nicht verbaut – dem Stift zur Selbstverwaltung anvertraut.[176] Stadt und Land als Eigentümer der SWG wirkten auf Erzabt Reimer ein, auf ein Vergleichsanbot einzugehen.[177]
Der Landeshauptmann beeilte sich auch festzustellen, dass es ihm nicht angenehm sei, wenn die Sache an die Presse und somit an die Öffentlichkeit käme – die Angelegenheit müsse sich doch auch auf dem Vergleichsweg regeln lassen.
Zu diesem kam es auch schließlich – die Erzabtei überließ der SWG 38 000 m^2 Baugründe im Wert von mehr als 1,5 Mio. S gegen eine Entschädigung von 140 000 S. Bezüglich der verbauten Gründe hatte sich die Abtei mit den Siedlern auseinanderzusetzen, da die SWG das Stift auf die neuen Eigentümer verwies, weil diese ja den erhöhten Wert des Grundes im Eigentum hätten. Im Vergleich leisteten diese für die 31 000 m^2 nicht die ortsüblichen 40 S, sondern lediglich 15 S (467 190 statt 1,245 840, was einen Verzicht auf 778 630 S bedeutete). Unter der Einrechnung weiterer Gründe, die den Siedlern überlassen wurden,

Thomas Bernhard vor dem Haus Radetzkystraße 10, dem Wohnsitz der Familie Bernhard-Fabjan (1964).

hatte St. Peter auf fast 2 Mio. S zugunsten der Siedler verzichtet. Dabei hatten diese mit harten Bandagen gekämpft: Deren Vertreter hatte angekündigt, er werde die höchsten kirchlichen Stellen anrufen, damit das Stift zur Gänze auf seine Forderungen verzichte. Alternativ hatte er 30 Groschen für den Meter Bauland geboten, obwohl Baugründe in der Nähe um mehr als 100 S verkauft wurden. Das Stift dazu in einem internen Memo:

„Opfer sollten nicht nur vom beraubten St. Peter, das sich bis zum eigenen Ruin berauben lassen sollte, verlangt werden, sondern auch von Stadt und Land und Großindustrie und von Nutznießern der nationalsozialistischen Enteignungen."[178]

Als solchen betrachtete das Stift die Wohnbaugesellschaften „Neue Heimat" und „SWG", welche die Enteignung vorangetrieben hatten, um keinen marktgerechten Preis zahlen zu müssen. Alle Wege der Hinterlist seien gewählt worden, um dem Stift die Gründe zu entziehen. Wertvolles Baurohland sei als geringwertige landwirtschaftliche Fläche bezeichnet worden. Und selbst im NS-Enteignungsverfahren seien nur 140 000 RM gezahlt worden – Geld, das wohlgemerkt dem Stift nie zukam, weil es bereits aufgelöst war, obwohl das Weichselbaumhoflehen über 800 000 RM wert gewesen sei.[179]

Der angesprochene Vorstoß des Siedleranwaltes beim Heiligen Stuhl brachte nicht das erhoffte Ergebnis. Der apostolische Nuntius stellte sich auf die Seite der Abtei. Zumal die SWG den geringen Betrag von 140 490 S, den sie St. Peter bezahlt hatte, auf die Mieter überwälzt hatte und jeder Siedler 9,20 S pro m^2 bezahlen musste.[180] Aus der Sicht des Stiftes war es auch unverständlich, dass sowohl die Finanzlandesdirektion Salzburg als auch das Finanzministerium in Wien in Bescheiden zu dem Schluss kamen, dass die Beschlagnahmen mit dem NS-Regime nicht in einem ursächlichen, sondern höchstens in einem zeitlichen Zusammenhang standen. Und die „politische Verfolgung" des Stiftes bestritten.[181] Früher oder später, so das Ministerium,

„auch wenn die Besetzung Österreichs nicht erfolgt wäre, hätte man bei dem in Salzburg herrschenden Wohnraummangel auf diese Liegenschaften gegriffen".

Bitter konstatierte das Stift, dass demgemäß St. Peter

„nicht strafbar dafür (sei), dass sie die Enteignung ihrer Gründe, die zu Gunsten des Konzeptes Hitlers für die zu vertreibenden Deutschösterreicher Südtirols hätte freiwillig zur Verfügung stellen sollen, nicht förderte".[182]

In einer Beschwerde an den Verwaltungsgerichtshof in einer anderen Grundstückssache in der Nähe des strittigen Standortes führte das Stift aus, dass es deswegen zum Ziel der Enteignung geworden war, weil man an das Stift keine Entschädigung zu zahlen brauchte.[183] Der Tatbestand der „Vermögensentziehung" sei durch den Opferstatus des Stiftes, das unzweifelhaft politischer Verfolgung ausgesetzt war, erfüllt. Das Stift dürfe nicht die Beweislast dessen treffen.

Neue Siedlungen – Vertriebene helfen sich selbst

Unmittelbar nach dem Krieg war es das Ziel, zerstörten Wohnraum wieder instand zu setzen und neuen Wohnraum zu schaffen. Es grenzt an ein Wunder, dass es von 1946 bis 1948 trotz des Mangels an Baumaterialien gelang, pro Jahr ca. 300–400 Wohnungen in der Landeshauptstadt fertigzustellen. Diese Maßnahmen gingen erst 1949 durch die einsetzende Währungsreform zurück.[184] Als Bundesgesetz wurde 1948 das WWG – das „Wohnhaus-Wiederaufbaugesetz" – geschaffen, kurz danach, im selben Jahr, das „WEG" (Wohnungs-Eigentumsgesetz), das das Miteigentum regelte. Ein Wohnhaus-Wiederaufbaufonds wurde aus Budgetmitteln, aber auch aus Beiträgen von Eigentümern unzerstörter Häuser durch Abgaben auf Mieterlöse gefüllt. Die unverzinslichen Darlehen, die die vollen Wiederherstellungskosten abdeckten, waren zunächst auf 100 Jahre, d. h. nur zu 1 % der Darlehenssumme jährlich, zu tilgen. Erst später wurde diese lange Laufzeit reduziert.
1950 kam ein Wohnbauförderungsfonds des Landes Salzburg (SWFF) hinzu, eine Forderung, die die gemeinnützigen Wohnbaugesellschaften schon 1948 erhoben hatten. Ziel war eine quantitative und qualitative Verbesserung der Wohnsituation durch Hingabe eines niedrig verzinsten Darlehens an Grundstückseigentümer, aber auch Wohnbaugenossenschaften. Aufgrund der hohen Grundstückspreise in der Stadt und der fehlenden Förderung für den Grundstücksankauf bevorzugte das Gesetz vor allem Bauwerber am Land. Um die sozialen Ungleichgewichte auszutarieren, wurden 1953 „Mietzuschüsse" im Landtag beschlossen. Niedrigverdiener konnten sich von den gemeinnützigen Bauträgern ausbezahlte Mietzuschüsse gewähren lassen. Ein Großteil dieser Zuschüsse, nämlich zwei Drittel, entfiel 1955 auf die „SWG", beinahe der ganze Rest auf die „Neue Heimat".[185]

Bis in die Sechzigerjahre hinein prägten Barackenlager an der Peripherie der Stadt das Bild. Die Zahl der Wohnungssuchenden kletterte auf 10 000, bis 1955 auf die Marke von 15 000.[186] Insgesamt waren in Österreich bis 1955 über 1,5 Millionen Flüchtlinge registriert worden.[187] Die Barackenlager waren ehemalige RAD- („Reichsarbeitsdienst") und Wehrmachtsbaracken, Kriegsgefangenenlager, Kasernen, aber auch notdürftig aus „organisierten" Brettern, Planen und Wellblech zusammengenagelte Hütten. Im Land Salzburg waren Flüchtlinge vorwiegend privat untergebracht. Die Wege dazwischen waren unbefestigt, weshalb bei Regen und Schnee sich schnell Morast bildete. Die sozialen und gesundheitlichen Folgen des Barackenelends waren unabsehbar, als manche Bretterbuden zu Dauerprovisorien zu werden drohten. Salzburg sei keine „Barock-Stadt, sondern eine Barack-Stadt", unkten Zeitgenossen wie Karl Steinocher. Die sanitären Zustände spotteten oft jeder Beschreibung, unter den Bretterböden quietschten die Ratten.
Es war die vor allem in Baracken lebende Gruppe der Volksdeutschen, die ihre neue Heimat selbst gestalten wollte und ihr Schicksal in die Hand nahm. Mit dem Ruf „Raus aus den

Baracken" entstand im ehemaligen Wehrmachtssanitätspark (Paracelsusstr. 25) in Gemeinschaftsleistung der Donauschwäbischen Akademiker ein Behelfsheim für neun Familien.[188]
Als Pionierleistung galt die Caritas-Siedlung (Sankt-Peter-Straße in Elsbethen), errichtet unter anderem aus Mitteln der Schweizer Europahilfe. Die Gründe dafür hatte das Stift St. Peter günstig zur Verfügung gestellt. Oft waren kirchliche Stellen an Neubausiedlungen beteiligt. 1950 entstanden dort zwölf Ein- und Zweifamilienhäuser. Pro Wohneinheit waren 12 000 S Kredit von den dort wohnenden Donauschwaben, zum Teil auch von Sudetendeutschen zurückzuzahlen. In den folgenden Jahren wurde die Siedlung erheblich erweitert.[189]
Weitere Siedlungen der Heimatvertriebenen entstanden unter anderem in Bergheim (z.B. anstelle des ehemaligen Lagers), in Elixhausen, in der Stadt Salzburg etwa in Aigen, Langwied, in der Bessarabierstraße, in der Glansiedlung, Eichethof und Birkensiedlung sowie in Taxham. Auch am Salzachsee gründete sich eine Siedlung von Menschen aus dem Franztal bei Semlin (Novi Beograd). Im Siedlungsbau tat sich auch das „Landeskomitee für Flüchtlingshilfe" (gegr. 1952) des Regierungsrates und späteren Landeshauptmanns Hans Lechner hervor. Die größte geschlossene Siedlung der Siebenbürger Sachsen, „Sachsenheim", wurde 1955 in Elixhausen zu bauen begonnen. Deren schematische Gesamtabwicklung nach einem genormten Einfamilienhaus entlang schnurgerader Siedlungsstraßen, die man heute noch gut erkennen kann, oblag der Genossenschaft „Neusiedler", die von Heinrich Meder geführt wurde. Die Gesellschaft ging aus der im März 1950 in einem Pfarrsaal in Salzburg von Superintendent Emil Sturm gegründeten „Evangelischen Baugemeinde" hervor. Nicht weniger symbolisch war der Gründungsort der „Neusiedler" – der große Saal des Hotels „Europe" in Salzburg, eines Luxushotels, das bombenbeschädigt notdürftig als Flüchtlingsquartier adaptiert worden war. Diese Genossenschaft erhielt große Spendengelder der Evangelischen Kirche aus dem Ausland und konnte hier (u.a. auch in der Stadt Salzburg) und in anderen Ländern Wohnbauprojekte für evangelische Vertriebene entwickeln.[190]
UNRRA und IRO, die Hilfsorganisationen der Alliierten, hatten Hilfe für die Volksdeutschen dezidiert ausgeschlossen. Von politischer Seite gab es damals auch kritische Stimmen, dass die Kirche „beten, aber nicht bauen solle".[191] Die Anfänge waren bescheiden – eine Schreibmaschine, ein Schreibtisch und ein Bett in einer Baracke gegenüber dem Hauptbahnhof. 1955 übersiedelte die Kanzlei nach Wien. In Salzburg entstanden neben Wohnungen der Schwesternheimzubau, das „Trinkerheim" und das Pfarrhaus in Elixhausen. Weiters liquidierten die „Neusiedler" das Barackenlager („Schwabenlager") in Anif und errichteten später das „Norwegerhaus" für die Flüchtlinge des Ungarnaufstands (1956) mit 46 Wohnungen.
Für katholische Vertriebene wurde in Salzburg zur selben Zeit die gemeinnützige Wohnbaugesellschaft „Heimat Österreich" (1951) gegründet. Die Führung hatte von Beginn an Wilhelm Schließleder inne (1951–1976). Gründer war der spätere Erzbischof Karl Berg mit einigen Caritas-Verbänden.

Seite 53–55: Impressionen aus den von der Stadt Salzburg verwalteten Barackenlagern: Blick von einem erhöhten Standpunkt über die Siedlung Alpenstraße Richtung Norden, im Hintergrund die Remise der Verkehrsbetriebe (westlicher Teil des Lagers), 1957. Unten rechts: Barackenlager Lexenfeld.

Coca-Cola

OFF LIMITS

Wiederaufbau und Gründungswelle der „Gemeinnützigen“

Mit diesen beiden Wohnbaugenossenschaften war es aber noch nicht genug. Eine echte Gründungswelle erlebte auch das Bundesland Salzburg. Bausparkassen, Parteien, Versorgungsbetriebe setzten sich für die Errichtung von Wohnraum für ihr Klientel ein.

Die erste Neugründung nach 1945 war die „Bausparerheim“ (1948), gegründet von der Bausparkasse Wüstenrot. 1950 entstand das „Salzburger Siedlungswerk“, 1952 die „SAFE-Siedlung“, benannt nach dem damaligen Energieversorger, weiters die gemeinnützige Wohn- und Siedlungsgenossenschaft „die salzburg“ (1954).[192] Dazu kamen noch kleinere Gesellschaften, etwa der „Verein der Freunde des Wohnungseigentums“, der der ÖVP nahestand und Eigentumswohnungen errichtete, und SPÖ-nahe Vereinigungen, die den Mietwohnbau favorisierten. Auch in der größten Not zeigten sich die unterschiedlichen Positionen der großen Parteien. Ausschlaggebend für die Gründung derartig vieler Gesellschaften war die Schaffung von Wohnbaufonds, deren Mittel die Gesellschaften beanspruchen konnten.

1950 wurde der Salzburger Wohnbauförderungsfonds ins Leben gerufen, dessen Mittel auch für Heimatvertriebene ohne österreichische Staatsbürgerschaft zur Verfügung stand. Mit diesen Mitteln entstand beispielsweise die Eichethofsiedlung mit Häusern, die von den Eigentümern weitestgehend in Selbstbauweise zum Preis von 32 000 S hergestellt werden konnten. Die Ein- bis Zweifamilienhäuser maßen ca. 80 m^2 Wohnfläche.[193] Zudem waren die Siedler zu „Robotleistungen“ – etwa für die Herstellung von Hohlblockziegeln aus Schlackenstoffen der VOEST – bereit, um Gemeinschaftsheime zu errichten. Die dennoch nötigen Kredite wurden so verlässlich bedient, dass nur 0,5 % der Kreditnehmer gemahnt werden mussten.[194]

Der Wohnbauförderungsfonds des Landes ergänzte die niedrig dotierten Fondstöpfe des Bundes, der 10 % Eigenmittel vorsah (und ca. 11 000 Wohnungen im gesamten Bundesland finanzierte), und den „Wohnhaus-Wiederaufbaufonds“ aus 1948 zum Wiederaufbau von kriegszerstörtem Wohnraum, der zinsenlose Darlehen gab.[195] Eine weichenstellende Änderung ergab sich mit dem Bundes-„Wohnbauförderungsgesetz“ (1954), das erstmals Eigentumswohnungen mit öffentlichem Geld finanzierte. Die Vollziehung des Bundesgesetzes lag beim Land. Tatsächlich war die Wohnungsnot groß: Der Fehlstand betrug im Land ca. 15 700 Wohnungen, in der Stadt 8 000. Das Land war mit 18,4 % sogar an der Spitze der österreichischen Länder, in der Stadt war der Fehlstand in

Wohnbauten an der Siebenstädterstraße; Blick auf die Wohnanlage von oben, rechts im Hintergrund die damalige Scherzhauserfeldsiedlung, vor 1955.

Relation sogar bei knapp 30%![196] Salzburg litt daran, dass es chronisch unterdotiert war – wenig Bevölkerung, aber viel Wohnungsnot. Die Not an Wohnraum an sich war in Salzburg schon deswegen verschärft, da die bestehenden Wohnungen Anfang der Fünfziger zur Hälfte nur aus Küche und Zimmer bestanden – also der Bestand auch qualitativ schlecht war. Sollten Ersatzwohnungen für Baracken geschaffen werden, mussten Nachweise für den Abbruch der Baracken erbracht werden. In Salzburg wurde dieses Erfordernis aber oft nicht eingehalten und die Baracken an Nachmieter vergeben. Das war auch der Grund dafür, weshalb die „Barackenschande" in Salzburg so lang andauerte. 1959 legten die ÖVP – Landeshauptmann Lechner – und die SPÖ („Fellinger-Plan") gemeinsam einen 5-Jahres-Plan zur Barackenbeseitigung vor.
Der erwähnte Wohnbau-Förderungsfonds förderte zwischen 1950 und 1955 4048 Wohnungen, ein Drittel davon wurde von gemeinnützigen Wohnbaugesellschaften errichtet. Darüber hinaus wurden wie erwähnt Mietzinszuschüsse geleistet.[197] Mit den vier Wänden war es aber nicht getan – unter anderem war der Mangel an Installationsmaterial dafür verantwortlich, dass 1951 noch immer 18% der städtischen Wohnungen ohne Strom waren.[198] Ein Drittel der Stadtwohnungen war 1945 ohne Strom gewesen – hier wurde aber rasch Abhilfe geschaffen. In den späteren Fünfzigerjahren gab es zwar eine flächendeckende Versorgung, aufgrund von Überlastungen kam es aber immer wieder zu Stromabschaltungen. Die wirtschaftliche Stabilisierung einschließlich einer effektiven Wohnbautätigkeit ist im Jahr 1953 zu protokollieren. Verantwortlich dafür ist die Marshall-Plan-Hilfe, die in Form von ERP-Fonds („European Recovery Program") das Bundesland Salzburg überproportional bevorzugte. Vor allem durch den Wohnbau verdoppelte sich beinahe das Bauvolumen zwischen 1951 und 1955.[199]
Einen beträchtlichen Anteil am Wachstum hatte das Wohnbauprogramm der USFA (US Forces Austria). In Salzburg wurden mehrere hundert Wohneinheiten – in Liefering, Lehen, Saalfelden und St. Johann – errichtet, um USFA-Familien eine Wohnmöglichkeit zu bieten und die allgemeine Wohnungsnot zu lindern.
„Die Salzburger Siedlung [Liefering, Anm. des Autors] *ist die größte und umfasst 20 Blocks mit 272 Wohnungen. Mit ihren zwei Kaufhäusern, den Elektro-, Telephon-, Wasser- und sonstigen Anlagen ist sie eine kleine Stadt für sich ... Tatsache ist, dass die Besatzungsmacht als Bauherr ausschließlich heimische Firmen, österreichische Arbeiter beschäftigt und dadurch – handelt es sich doch um ein Schlüsselgewerbe – der Gemeinwirtschaft mächtige Impulse verleiht."*[200]

Weitere Wohnbauten befanden sich in der amerikanischen Kaserne „Camp Roeder", der heutigen Schwarzenbergkaserne, die nun den Kern der Walserfeldsiedlung bilden.
Der Preis dieses Wohnbaubooms war, dass die Bevölkerung an den Stadtrandgebieten zwischen 1951 und 1961 enorm zunahm, während sie im Stadtkern um ein Viertel zurückging.[201] Den Amerikanern ist zwischen 1951 und 1955 eine Wohnbautätigkeit mit dem Einsatz von über 560 Mio. S zu verdanken, fast die gleiche Summe – 500 Mio. S – rann in den Bau der Kaserne „Camp Roeder", was die heimische Bauwirtschaft beflügelte. [202]
Man darf aber auf der anderen Seite nicht vergessen, dass der Wohnungsbedarf der US-Army auch Mitverursacher der Wohnungsnot war. Allein in der Stadt versahen 7500

Soldaten Dienst, die Hunderte Familien delogierten, die wiederum keinen Anspruch auf Ersatzwohnraum hatten und von der Stadt in Ausweichquartieren untergebracht werden mussten. Salzburg war Sitz aller zentralen Militärverwaltungsbehörden der US-Zone in Österreich und einer der größten Arbeitgeber. Auf Stadtgebiet errichteten die Amerikaner 1950 eine umzäunte Wohnanlage mit 272 Wohnungen, benannt nach dem Generalleutnant und Hochkommissar Geoffrey Keyes, mit zwei Geschäften (PX-Shop) und einer Tankstelle. 37 Wohnhäuser mit 444 Wohneinheiten wurden bis 1955 unmittelbar neben dem Camp Roeder errichtet und nach Generalmajor William H. Arnold benannt. Weiters wurde eine Schule mit Internat für 660 Schüler erbaut. Insgesamt bestand der Stamm an Soldaten und Zivilpersonal in der US-Zone aus 18 000 Menschen sowie 3 600 Familien.[203] Eine weitere wichtige Stütze des Wiederaufbaus waren ERP-Mittel (European Recovery Program), von denen Salzburg mit 1,7 Mrd. S einen überproportional großen Anteil erhielt.[204] 1957 wurde auch noch eine Landes-Wohnbauanleihe aufgelegt.[205]
Dieser Flächenfraß an den Rändern der historischen Stadt Salzburg rief rasch die Kritiker auf den Plan: In Lehen, Taxham, in Herrnau waren Siedlungen entstanden, die weder „Stadt noch Land" seien, ohne historisch in einer Mischung aus Gewerbe, Handel und Wohnungen gewachsen zu sein. Es stelle sich die Frage, ob diese reinen „Wohnsiedlungen" sozial „lebensfähig" seien. Integrationsprobleme der „Stadtflüchtigen" könnten die Folge sein. Als ein Grund für diese „Streuverbauung" wurden die Barackensiedlungen gesehen, an deren Stelle unkoordiniert Wohnhäuser errichtet wurden. Bruno Oberläuter untersuchte 1961 unter anderem die „Alpensiedlung" im Süden Salzburgs, die aus massiven, teils aber auch aus provisorischen Militärgebäuden (1938/39) hervorgegangen war, und zeichnete damit ein Bild des ungehemmten Siedlungswachstums nach dem Krieg.[206] Der Spatenstich für die Großsiedlung in der Herrnau erfolgte 1949. Im selben Jahr feierte man Spatenstich in der Rudolf-Biebl-Straße, in Lehen, Liefering, Itzling und Schallmoos. Weiters die Salzachseesiedlung nordwestlich des Zentrums, die 1951–1958 von Siedlern in Eigenregie errichtet worden war. Die Häuser sind mit Fördergeldern unter Heranziehung eigener Ersparnisse und Einbringung massiver Eigenleistungen in langer Bauzeit bei unterdurchschnittlichem Lebensstandard erbaut worden. Die Hälfte der Siedler waren Donauschwaben aus dem ehemaligen Jugoslawien. Ab 1951 hatte die gemeinnützige Wohnbaugenossenschaft für Postbedienstete die sog. „Postsiedlung" südlich des Kommunalfriedhofes errichtet. Fast alle Bewohner der Einzel- und Reihenhäuser waren Mitarbeiter der Post- und Telegrafenverwaltung.
Drei Viertel deutschsprachiger Flüchtlinge aus Ex-Jugoslawien, Rumänien und der ehemaligen ČSSR bildeten das Aufkommen der Bewohner der Eichethofsiedlung im Stadtwesten, in Morzg. Die „Heimat Österreich" und die „Neusiedler" zeichneten für die Bebauung der Eichethofgründe westlich der Berchtesgadener Straße verantwortlich. Und schließlich ist die Siedlung Taxham am westlichen Stadtrand an der Autobahn zu nennen, die ab 1954 unter dem damaligen Landeshauptmann Josef Klaus auf den 480 000 m^2 großen landwirtschaftlichen Landesgründen erbaut wurde. Einmalig war Taxham nicht nur durch seine Größe, sondern auch durch den Umstand, dass das Land das Grundstück dem SWFF übertrug, der Parzellen an die Gemeinnützigen und Privaten weiterverkaufte. Ein Detail: Schon 1961 wurde dort über den Fluglärm des angrenzenden Flugfeldes geklagt. Unter der Landesförderung 1954

Übergabe des ersten Wohnhauses der USFA in Camp Roeder durch General William H. Arnold, Bgm. Stanislaus Pacher und LH Josef Klaus am 28.9.1954. Außenansicht des ersten Wohnhauses der USFA (1954). Nach Abzug der Amerikaner linderten diese Wohnhäuser die Wohnungsnot in Salzburg.

betätigten sich zahlreiche Wohnbaugenossenschaften, darunter auch die „Neue Heimat" und die „Salzburger Wohnsiedlungsgesellschaft".
Oberläuter kommt in seiner Studie zu dem Schluss, dass die Ansiedlung größerer Flüchtlingsgruppen in Siedlungsform gescheitert ist. Durch die Heterogenität der Herkunftsländer würde jedoch die Integration beschleunigt.[207] Durch Befragungen fand Oberläuter heraus, dass die Bewohner mit ihrer Wohnsituation zufrieden seien – nur ein Achtel, vorwiegend Mieter und nicht Eigentümer, seien unzufrieden gewesen. Wohndichte und Raumzahl seien günstig und überdurchschnittlich, die Ausstattung mit Technik und Fahrzeugen ausgezeichnet. Die „Stadtflucht" – eine Verminderung der Innenstadtbevölkerung von 12,5 auf 9 % (1957) ging mit einem gleichzeitigen Anstieg an den Rändern (Spitzenreiter waren Morzg und Gneis von 5,4 auf 8,9 %)[208] einher.
Probleme des Wucherns kämen deutlich zutage – außer in Lehen würden aufgrund des „wilden Bauens" keine Sekundärzentren entstehen. Die Verkehrsanbindung wäre nicht überall ausgebaut. Die Entwicklung der Grundpreise würde eine großzügige Stadtplanung behindern. Zur Folge hätte dies, dass Anfang der Sechziger sozial nicht lebensfähige, wohnfunktionelle „Enklaven" ohne vernünftige Anbindung an ein Oberzentrum entstanden seien. Infrastrukturelle Maßnahmen wie Geschäftszeilen hätte man größtenteils, Kinderspielplätze völlig vergessen. Dementsprechend schrieb auch der Schriftsteller Peter Handke über den Stadtteil, in den es
„schwierig war, hineinzufinden, und noch schwieriger, ob zu Fuß oder mit dem Auto, da wieder hinaus": „Hineingebaut in dieses Transportliniendreieck, zu erreichen fast nur auf weitkurvigen, umständlichen Wegen und durch Unterführungen, erschien Taxham nicht nur auf den ersten Blick als eine Enklave. Enklave wovon? Wozu gehörig? Es war wohl, entschieden augenfälliger als sonstwo bei Salzburg, eine Kolonie von Kriegsflüchtlingen, Vertriebenen, Aussiedlern ..."[209]

Obwohl bereits 1947 ein „Generalregulierungsplan" für das Stadtgebiet im Gemeinderat beschlossen worden war, konnte er den Wucherungen kaum Einhalt gebieten. Erst das im April 1956 beschlossene neue „Salzburger Raumordnungsgesetz" löste das veraltete „Wohnsiedlungsgesetz" von 1935 ab. Aber auch dieses musste ständig den Anforderungen entsprechend adaptiert werden.
Zwischen Taxham und Lehen lief auch eine ideologische Grenze: Die ÖVP förderte den Eigentumserwerb und forcierte die „Mustersiedlung Taxham", die SPÖ hingegen propagierte den Mietwohnbau und platzierte sich ideologisch in Lehen. In diesem Jahrzehnt – 1945 bis 1955 – hatte die Wohnbevölkerung der Stadt um fast 20 000 Menschen zugenommen – ein Wachstum an der Belastungsgrenze. Bürgermeister Pachers Wunsch – beim Spatenstich der Großanlage Taxham nicht nur *„mit dem Verstand, sondern auch mit dem Herzen zu planen"*, *da die Anlagen „einen nüchternen Zug"* aufwiesen und einen *„das Herz und das Gemüt ansprechenden Baugedanken früherer Zeiten vermissen ließen"*, das *„Stadtbild aber für Generationen [damit] festgelegt sei"*, verhallte ungehört.[210]

oben: Großsiedlung Lehen mit Schule,
unten: Obuskehre Nelkenstraße (1958–1961).

Beitrag der „Neuen Heimat" und der „Wohnsiedlungsgesellschaft" zum Wiederaufbau

Vor dem Neubeginn musste erst einmal reiner Tisch gemacht werden: Mit Schreiben vom 17. Mai 1945 setzte Bürgermeister Hildmann Ing. Richard Frank (Radetzkystr. 10) zum kommissarischen Leiter der gemeinnützigen Wohnbaugesellschaften ein, somit auch für die „Neue Heimat" und den Bauhof der ehemaligen DAF (beide nun in Aiglhofstr. 20).[211] Beide Firmen wurden von der US-Regierung der Bundesregierung treuhändisch zur Verwaltung übertragen.[212] Die US-Militärregierung hatte die Gesellschaft zunächst als „Deutsches Eigentum" ihrer Kontrolle unterworfen und die Verwaltung in die Aiglhofstraße verlegt. Ein Drittel des Bestandes – 274 Wohnungen – wurde von den Amerikanern beschlagnahmt.[213]

Eine von Franks ersten Handlungen war, ehemalige Nazis bzw. Deutsche aus dem Altreich – in diesem Fall die Geschäftsführer Wilhelm Niedballa und Heinz Duhme – abzuberufen. Die Landesregierung hatte Frank aufgefordert, zur „Sicherstellung aller Vermögenswerte" alle „Ausländer, Reichsdeutschen und politisch belasteten österreichischen Nationalsozialisten" aus ihren Ämtern zu entfernen. Frank ließ die beiden Reichsdeutschen aus dem Handelsregister löschen.[214]

Frank musste sich weiters bemühen, die aufgrund des Verbotsgesetzes zugunsten der Republik verfallenen Stammeinlagen (2 Mio. RM bzw. S) wieder zu erhalten. Am 9. März 1948 wurden NR Johann Böhm und MR Franz Latzka zu Verwaltern des Vermögens der aufgelösten DAF bestellt.[215] Vorübergehend wurde die „Neue Heimat" zu einer österreichischen Gesellschaft mit der Republik als einzigem Gesellschafter – am 11. April 1949.[216]

Im Oktober 1945 erteilte Frank dem Baumeister Heinrich Urban (er starb bereits 1949) und der Kassierin Rosa Hantschel die Prokura über die nunmehr „Gemeinnützige Wohnungs- und Siedlungsgesellschaft Neue Heimat m.b.H.".[217] Hantschel wurde 1948 durch den Geschäftsführer und öffentlichen Verwalter Robert Pollak ersetzt.

In den ersten Tagen mussten die Kriegsschäden beseitigt und die unter den Bedingungen des Krieges errichteten Bauten saniert werden – in Zell am See/Schüttdorf, Bischofshofen, Saalfelden, Schwarzach, Hallein, Radstadt und Lungötz.

Der spätere gswb-Direktor Helmut Till erinnert sich:

„Ich bin im Juli 1946 aus der dreijährigen Kriegsgefangenschaft in Amerika zurück nach Salzburg gekommen. Ich bin aufs Arbeitsamt gegangen und habe nach einer Stelle gefragt. Die Antwort war: ‚Die Deutsche Arbeitsfront gibt es nicht mehr, aber die Neue Heimat gibt es noch.' Ich fuhr mit dem Fahrrad zur „Neuen Heimat", als mir schon Ing. Urban und Ing. Frank entgegenkamen. ‚Gottseidank, dass Sie da sind! Wir brauchen Sie eh schon dringend!' Die Wohnungsnot war groß, wir hatten kaum Material und es gab Bezugscheine für Baumaterial. Meine Hauptaufgabe 1947/48 war, Rohbauten fertigzustellen, vor allem im Aiglhof den dortigen Postblock, der Wiederaufbau Halleins, des „Polizeiblocks" in der Ignaz-Harrer-Straße [abgerissen 2013, Anm. des Autors] *und der Lasserstraße. Von den Amerikanern bekamen wir nichts, weder Maschinen noch Material. Damals hatten wir Russlandflüchtlinge unter den Arbeitern, an denen kein Mangel war. Gearbeitet wurde mit den einfachsten Mitteln. So gab es damals keine Kräne, sondern nur einen Aufzug, der Scheibtruhen mit Material nach oben beförderte. Mein Chef, Norbert Feldinger, und ich fuhren öfters nach Wien, um Geld aufzutreiben. Das war für mich schrecklich, um Kapital für Wohnbauten ‚betteln zu gehen'. Die Mittel für Wohnbauten wurden ja zentral in Wien vergeben, durch*

den ‚Bundeswohn- und Siedlungsfonds.' Viele Menschen warteten schon auf die Fertigstellung der Wohnungen. Überall wurde fürchterlich gestohlen, die Baustellen mussten dauernd bewacht werden. Nachts wurden frisch eingeglaste Fenster wieder ausgeglast. Wir kamen drauf, dass es der Wachmann selbst war, der das Glas stahl, um Geld zu verdienen und zugleich als Wachmann unverzichtbar zu sein. Auch der Schwarzhandel mit Materialien war ganz normaler Alltag.
Aus architektonischer Sicht tat mir sehr weh, dass alles auf billigste Art und Weise gebaut werden musste und wir aus Kostengründen auf Balkone verzichten mussten. Das Ziel war, so viel wie möglich und so günstig wie möglich zu bauen. Ich selbst habe Fenster konstruiert, die ohne Schenkel auskommen. Unter anderem mussten wir auf einer ehemaligen Müllkippe einen doppelten Keller bauen, um überhaupt auf den Grund hinunterzukommen. Das gesamte Material war nur auf Bezugschein erhältlich, um die wir raufen mussten."[218]

Der Schwerpunkt der Bautätigkeit lag bis 1959 in der Stadt (777 Wohnungen), gefolgt von Bischofshofen (146), Hallein (93), Schwarzach (74) und Badgastein bzw. Grödig (je 48). Weitere Baumaßnahmen verteilten sich im gesamten Bundesland – von Golling, Oberndorf, Lamprechtshausen, Hofgastein, Saalfelden, Lungötz bis Bruck an der Glocknerstraße, Zell am See und St. Gilgen.[219] In der Stadt waren die Siedlungsbauten „Aiglhof Block III und IV" die größten Projekte sowie jene in der Kapellenwegsiedlung. Der Mangel an Arbeitskräften ließ die Baumaßnahmen nur schleppend vorangehen.
Nach dem Tod von Urban rückte der Polier Anton Fellinger als Direktor nach und lenkte ab November 1949 die Geschicke des Unternehmens allein. Dieser war lange Obmann der SPÖ-Gemeinderatsfraktion in der Stadt gewesen und verlieh der „Neuen Heimat" dadurch einen „roten" Anstrich.
In der Bilanz von 1950 tauchten noch zahlreiche Forderungen gegen den ehemaligen Eigentümer „Deutsches Reich" auf – „Schuldverschreibungen" (417 000 S), Kriegsschäden und Plünderungen (206 019 S), Forderungen (20 331 S) und Schuldner im ehemaligen Reich (1 462 S).[220] Die neue Adresse ab 1955 war Innsbrucker Bundesstraße 5 a.
1959 trat der spätere Direktor Johann Sandri als Bautechniker und Bauleiter in die „Neue Heimat" ein. Der Sohn von Südtiroler Aussiedlern war in der von der „Neuen Heimat" errichteten Südtiroler-Siedlung in Bischofshofen aufgewachsen:
„Fellinger führte den Betrieb fast militärisch. Die Arbeitszeit betrug damals noch 48 Stunden. Der Direktor selbst stand um 8 Uhr früh an der Bürotüre und registrierte, wer von den 13 Mitarbeitern zu spät zur Arbeit kam. Auch die Baustellen inspizierte der ehemalige Polier Fellinger noch persönlich. Dort konnte ihm niemand ein ‚X' für ein ‚U' vormachen."[221]

Erstmals interessierte sich die Führung auch für die Wünsche der Mieter:
„Es war meine Aufgabe, die Auswertung der Mieterbefragung von 1959 vorzunehmen und deren Wünsche in die künftigen Planungen einfließen zu lassen", erinnert sich Sandri. *„Der größte Wunsch war nach einer Zentralheizung, die Küchen sollten damals vom Wohnraum getrennt sein, wünschten sich die Hausfrauen, die auch von Einbauküchen träumten. Ein Elektroherd musste sein, eine Spüle und eine Einbauwanne im Bad."*

Helmut Till gab damals das Prinzip aus: *„Wir bauen Mietwohnungen in gleicher Qualität wie Eigentumswohnungen."* Unterschiede gab es allenfalls bei den Bodenbelägen. Anfang der Sechzigerjahre hatten die Mieter kaum Sonderwünsche, sondern waren froh, ein Dach über dem Kopf zu besitzen.
1959 konnte die Gesellschaft zufrieden Bilanz ziehen: In den zehn Jahren der Wohnbautätigkeit nach dem Krieg waren 1 347 Wohnungen fertiggestellt worden und weitere 462 in Bau: *„Etwa 10 000 Bewohner Salzburgs haben durch die „Neue Heimat" ihre neue Heimat gefunden und fast 5 Prozent aller Beschäftigten des Bau- und des Baunebengewerbes fanden durch die „Neue Heimat" Arbeit und Brot."*[222]

Mit 777 zu 570 Wohnungen befand sich ein Schwerpunkt von 58 % der Wohnungen in der Stadt, was den Bedarf an Wohnungen in der Landeshauptstadt unterstreicht. Allerdings waren auch, den Anforderungen der Industrie und des Fremdenverkehrs folgend, Wohnungen in den Gebirgsgauen errichtet worden.
In den Jahren 1945–1959 waren fast 8 000 Güterwaggons an Material verbaut worden, was einem Zug von 64 km Länge entspricht. Durch eine rationale „Schüttbauweise" (monolithisches Bauen) wurden die Baukosten enorm gesenkt. Insgesamt wurden 120 Mio. S verbaut. 1959 war auch das Jahr des Hochwassers – die Barackensiedlungen an der Salzach waren

Abriss des aus den Fünfzigerjahren stammenden „Polizeiblockes" der „Neuen Heimat" an der Ignaz-Harrer-Straße (2013).

geflutet worden. Binnen einer Woche – so der Wunsch Fellingers – sei die Einreichplanung durch die Planer der „Neuen Heimat" für eine Wohnsiedlung in der Alpensiedlung geschaffen worden, erinnert sich Sandri.
Der soziale Wohnbau sollte auch sozialpolitische Zwecke erfüllen – durch einen „nüchternen technischen Vorgang" wird nicht nur ein neues Heim, sondern auch ein „neuer Lebenskreis geschaffen":
„Dies ist der tiefste und edelste Inhalt des Gedankens vom sozialen Wohnungsbau. In einem sauberen, gesunden Heim soll eine Familie leben können, soll eine saubere und gesunde Jugend heranwachsen."[223]

Die Verweise auf „sauber" und „gesund" in der „Neuen Heimat"-Broschüre häuften sich. Das lag nicht nur am Abschied vom Barackenelend, sondern an der Mentalität der Zeit, einer Orientierung an den preußischen Tugenden Anstand und Disziplin.
Der Wechsel an der Spitze der SWG vollzog sich ähnlich wie bei der „Neuen Heimat" – Richard Frank wurde als kommissarischer Leiter eingetragen, Sigl und Feichtner schieden als Geschäftsführer aus.[224] Als Geschäftsadresse scheint weiterhin die Sigmund-Haffner-Gasse 3 auf. 1946 erlosch auch die Prokura von Josef Weninger.
Frank arbeitete bis 1949. Im Januar dieses Jahres wurde er abberufen und durch den Buchhalter und nunmehrigen Geschäftsführer Franz Brenner ersetzt, dem im April Robert Pollak folgte. Anders als die „rote" „Neue Heimat" war die SWG durch Pollak, ehemals Bürgermeister der Gemeinde Elsbethen, „schwarz" und damit der ÖVP zuzurechnen.
1945 und 1946 standen infolge der Kriegsauswirkungen die Baumaschinen der SWG still, die Gesellschaft konzentrierte sich auf die Verwaltung der 360 Wohnungen und 17 Häuser. Im gesamten Bundesland standen Baugrundstücke von annähernd 100 000 m² zur Verbauung durch die SWG bereit. Bis Juni 1947 waren auch die Kriegsschäden durch Bomben in der Weichselbaumsiedlung – zwei Häuser waren schwer, andere leicht beschädigt worden – beseitigt. 36 Wohnungen mussten, von displaced persons geräumt, 1948 wiederhergestellt werden und wurden kurz danach von den Amerikanern für Familienangehörige nochmals beschlagnahmt.
Erst 1950 lief die Bautätigkeit der SWG im sozialen Wohnbau voll an: In Alt-Maxglan entstanden sechs Häuser mit 48 Wohnungen. Weitere 60 Wohnungen, finanziert mittels eines Werksdarlehens und eines ERPO-Kredits für das Eisenwerk Konkordiahütte, waren in Planung. Ab 1952 wurde mit dem Ausbau der Weichselbaumsiedlung begonnen. Weitere Siedlungshäuser entstanden Mitte der Fünfzigerjahre in Zell am See, Kaprun, Itzling (Kirchenstraße), Tamsweg und St. Johann. Die dortigen Wohnungen – übergeben im Frühjahr 1953 – umfassten zwei Zimmer, ein Kabinett und eine Küche sowie zwei Zimmer und eine Küche. In allen Wohnungen befanden sich Badezimmer, WC, Vorzimmer und Speis.
1952 wurde das Stammkapital auf 2,500 000 S erhöht. Bis Ende 1954 errichtete die SWG 40 Häuser, 251 Wohnungen und drei Geschäftslokale; im Bau waren 22 Häuser, 332 Wohnungen und acht Geschäftslokale, geplant 94 Häuser, 764 Wohnungen und ein Geschäftslokal.[225]
Zu den größten Projekten dieser Zeit zählt das Großbauvorhaben Lehen (zwischen Siebenstädterstraße und Schießstattstraße), das in Arbeitsgemeinschaft mit der „Neuen Heimat"

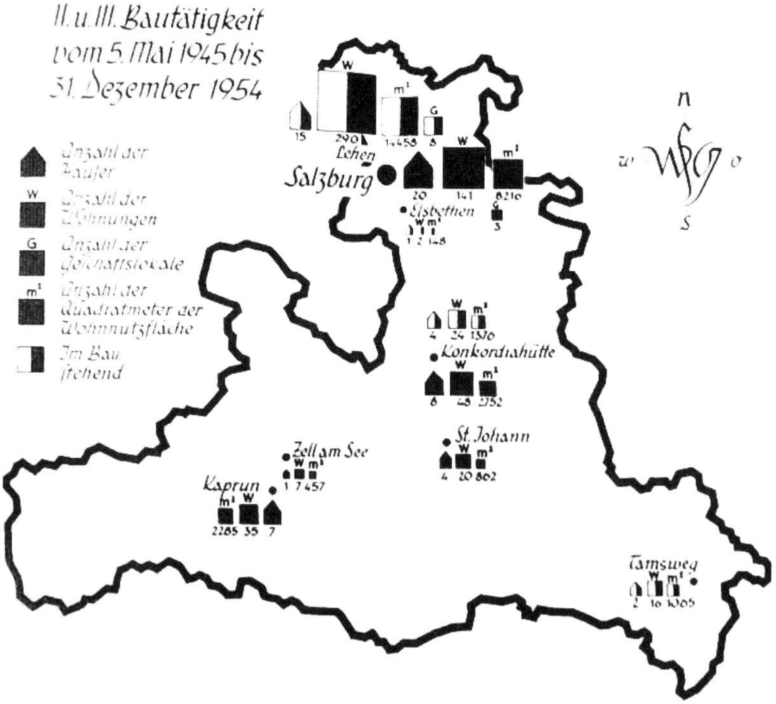

Baubilanz der „SWG" (1954).

(und der SWG) auf Baurechtsgrund der Stadt Salzburg realisiert wurde. Die SWG sollte 290 Wohnungen errichten, die „Neue Heimat" 305. Nach dem Spatenstich im Oktober 1953 ging es im Frühjahr 1954 los: Die Wohnungen waren in 14 fünfstöckigen Großblocks mit Wohngrößen von 40–55 m^2 Wohnfläche untergebracht. Stolz war man auf die moderne und zweckmäßige Ausstattung der Mietwohnungen in den „Wohnblöcken": zwei Öfen, ein Elektroherd und eine Abwasch in der Einbauküche, 80-Liter-Boiler, Bad und WC. An Infrastruktur stellte man der Großsiedlung acht Geschäftslokale, eine zentrale Waschküche mit Trocknern und einen Kindergarten zur Verfügung.[226] Durch rationelle Bauweise konnten die Baukosten per Wohnung auf 60 000 S gesenkt werden. Einer der wichtigsten Betreiber des Projektes war der SP-Gemeinderat Fellinger, zugleich Geschäftsführer der „Neuen Heimat". Architekt Till erstellte die entsprechenden Pläne.
Mit den Bauprojekten wuchs auch noch die Belegschaft der SWG: 1949 hatte die Firma drei Angestellte (ohne Geschäftsführung), 1951 bereits sechs (davon zwei halbtägig). 1954 war die Zahl auf 14 gewachsen, weshalb die knapp 140 m^2 Büroräume im 5. Stock des Hauses Sigmund-Haffner-Gasse 3 zu klein wurden. Hatten sich die Mietinteressenten mal in die fünfte Etage vorgekämpft, musste nicht selten das Gespräch aus Raumnot am Gang stattfinden. Um diese Raumnot zu beenden, wurde in der Griesgasse 33 ein baufälliges Haus gekauft, abgerissen und neu errichtet – ab 1956 stand der Firma doppelt so viel Platz, 288 m^2, zur Verfügung.

Ein weiteres Großprojekt entstand in der „Volkssiedlung" Taxham: Im Februar 1954 begannen die Arbeiten für die Errichtung von 432 Wohnungen (Abschnitt VI). Die Gesellschaft ordnete sich dem Wunsch von Landeshauptmann Klaus unter, „familiengerechte" Wohnungen zu bauen. Entsprechend der Zahl der Kinder in den Familien wurden die Wohnungen proportional nach Kinderschlafstellen gebaut.
Die rasante Bautätigkeit fand im Jahr 1955 insofern ein denkwürdiges Datum, als die eintausendste Wohnung in Sulzau-Werfen fertiggestellt werden konnte. Die unkoordinierte Bauweise der vielen verschiedenen Errichtergesellschaften erregte auch Kritik: So äußerte sich der Architekt Paul Geppert über ein „übles" sechsgeschossiges Wohnhaus an der Stöcklstraße in der Weichselbaumsiedlung, eine *„Wohnkiste im schönen, vielgepriesenen Aigner Tal"*. Die Siedlung der SWG, die jedes Gefühl für die Landschaft und Dimensionalität vermissen ließe, sei *„Ausdruck einer kalten Rentabilität und einfach unerträglich"*.[227]

Die Wirtschaftswunderzeit – Salzburg wird attraktiver Wohnort (1955–1964)

Auch nach Erlangung der Unabhängigkeit Österreichs blieb das Thema „Wohnen" eines der vordringlichsten Probleme des Staates. Salzburg war eines der am meisten von der „Ost-West-Migration" betroffenen Bundesländer, die bis zu eine halbe Million Menschen in Bewegung sah – in Richtung westliche Bundesländer.[228] Die Quotenverteilung der Fondsmittel sei deswegen viel zu gering, da sie diese Wanderungsbewegungen nicht berücksichtige, kritisierten Landespolitiker.[229] Interventionen in Wien hatten aber keinen Erfolg.
Jene, die befürchteten, mit dem Abzug der Amerikaner würde das Wirtschaftswachstum abreißen, wurden eines Besseren belehrt. Der Aufschwung im „Goldenen Westen" hielt an. Der durch das Wohnelend befeuerte Wohnbau war einer der wichtigsten Faktoren dieses Wirtschaftsbooms.
1956 wurde das „Wohnungsanforderungsgesetz" durch das „Neuvermietungsgesetz" abgelöst. Dieses räumte den Gemeinden das Recht ein, vorgemerkten Mietinteressenten leer stehende Wohnungen zuzuweisen. Das im gleichen Jahr verabschiedete „Raumordnungsgesetz" verpflichtete Gemeinden zur Erstellung von „Flächenwidmungsplänen".
Mit dem Abzug der Amerikaner wurden zahlreiche Wohneinheiten in der Stadt Salzburg und in der Nachbargemeinde Wals frei. Im Mai 1955 versuchte die Stadtgemeinde Salzburg, die rund 350 frei werdenden Wohnungen in beschlagnahmten Wehrmachtsbauten für Wohnungssuchende zu sichern. Allein die Hälfte dieser Wohnungen befand sich in Lehen, vor allem in der General-Keyes-Straße, aber auch in der Zillnerstraße und in den Kasernen.[230]
Erst am 25. Oktober verließ der letzte Besatzungssoldat Salzburger Boden. Etwa 2 700 Mietwohnungen in Privathäusern wurden durch den Abzug der Amerikaner ebenfalls neu beziehbar, den Behörden blieb aber, da es dafür keine gesetzliche Handhabe gab, der Zugriff durch Zwangsbewirtschaftung weitgehend verwehrt [Einweisungen waren nun nur mehr in geförderte Objekte möglich, Anm. des Autors].

Bedingt durch die großen Preissteigerungen beim Bau kam es 1955 zu einem Absinken der Bautätigkeit, die erst 1959 wieder stark zunahm. Zwischen 1950 und 1960 wurden im Bundesland fast 10 000 Wohnungen fertiggestellt. Die Zahl der Wohnungssuchenden erhöhte sich in der Stadt Salzburg von 1950–1956 noch einmal dramatisch – auf 19 000.[231] Allerdings muss man bei dieser Zahl zahlreiche Wohnungswerber berücksichtigen, die „nur" eine Verbesserung ihrer oft desolaten Wohnsituation zu erreichen versuchten. Ein Leserbrief verdeutlicht die dramatische Situation, in der sich Menschen befanden – wie jener Frontsoldat, in der Kaigasse ausgebombt, die Frau in Folge der Verschüttung verstorben, nach Ende des Wohnungsanforderungsgesetzes (1955) gekündigt, delogiert, die neuen Möbel versteigert und mit dem Sohn wieder auf der Straße:
„Trotz aller Bemühungen beim hiesigen Wohnungsamt bekomme ich keine Wohnung und werde immer nur vertröstet. Wohnungen an der General-Keyes-Straße und Autobahn stehen leer und es müssen Tausende von Schillingen für die Bewachung bezahlt werden. Wo ist hier das soziale Recht und die christliche Nächstenliebe?"[232]

Im Herbst 1955 wurde ein Großteil der Wohnungen im Walserfeld freigegeben, zu 50 % aber an Bundesheerangehörige, der Rest an die dringendsten Wohnungsfälle der Stadt. Eine Bevorzugung der in Salzburg ansässigen Wohnbaugenossenschaften war 1957 gegeben, als der Stadtsenat beschloss, keine Baurechtsansuchen von Gesellschaften ohne Firmensitz in Salzburg mehr zu genehmigen.[233]
1957 füllten wieder Tausende Flüchtlinge infolge des von den Sowjets niedergeschlagenen Ungarnaufstands, darunter auch Armeesoldaten, in Salzburg die Flüchtlingslager und Kasernen.
Im Jahr 1959 wurde Salzburg von einem verheerenden Hochwasser verwüstet. In der Stadt Salzburg wurden großflächig Barackenlager an der Salzach weggeschwemmt und unbewohnbar gemacht, weshalb die Landesregierung Sofortprogramme für Ersatzbauten für die Hochwassergeschädigten beschloss. Ein Anlass, sich endlich der Beseitigung der Holzbaracken und Lager anzunehmen. Neben Seuchen war die Feuergefahr ein immanentes Problem, von den sozialen Folgen einmal ganz abgesehen. 1957 hatten immerhin noch über 1 200 Familien in Baracken gehaust. 500 Personen galten als obdachlos.[234] Bereits sechs Wochen nach der Katastrophe gab es den Spatenstich für Ersatzwohnungen in der Hellbrunner Straße. Die Bauträger „Gartensiedlung" (Bessarabierstraße) und „Neue Heimat" (Bachmaiergründe) schufen mit Sondermitteln nach dem WFG 1954 Ersatzwohnungen für die verarmte Bevölkerung, die aufgrund geringen Einkommens bei Bankinstituten nicht kreditwürdig war. Das „asoziale Barackenleben" sollte beendet werden, um zu verhindern, dass sich dort eine „körperlich kranke und moralisch gesunkene Gruppe von Mitbürgern zwangsweise entwickelt"[235].
1960 – im Weltflüchtlingsjahr der UNO – beschloss die Bundesregierung das „Lagerräumungsprogramm". In Österreich gab es noch 36 Lager mit 7 500 „Altflüchtlingen". Die Instandhaltung der Baracken kostete mehr als der Neubau von Privatwohnungen. In Salzburg waren noch 119 Wohnungen zur Errichtung vorgesehen.[236] Die letzten, noch aus dem Krieg stammenden Lager – die letzte Räumung galt dem „Alpenlager" – wurden erst 1964

aufgelöst. Unter den Einheimischen herrschte Unverständnis darüber, dass die Inanspruchnahme der UNREF-Gelder (United Nations Refugee Fund = UN-Flüchtlingsfonds) weitgehend nur Staatenlosen zustand. Ein Wohnblock für Flüchtlinge, die wegen Krankheit, Alter oder anderer zwingender Gründe nicht auswandern konnten, wurde 1959 an der Stauffeneggstraße (Liefering) 75 Bewohnern quasi „mietfrei" übergeben. Ein amerikanisches, nicht rückzahlbares Darlehen garantierte die Mietfreiheit. Lediglich ein Unkostenbeitrag zur Instandhaltung wurde eingehoben.[237] Erst 1964 hieß es: „Bis 1966 verschwinden alle Baracken aus der Stadt."[238]

Ein Beispiel für die rasante Bautätigkeit anderer Genossenschaften: Die „Heimat Österreich" errichtete in Taxham 70 Wohnungen („Taxham II", 1960–1962), mit „Taxham I" 28 Eigenheime (1959), in der Bockbergstraße 48 Wohnungen (1968/69), in der Bessarabierstraße 117 Wohnungen – als Projekt des UN-Hochkommissars (1966/67), im Alpenlager 124 Wohnungen (1962–1966), in Elsbethen die „Caritassiedlung I und II", in Aigen 147 Wohnungen (1960–1965), in Gneis weitere 57 Eigenheime und 14 Wohnungen (1951–1958).

Taxham war der Modellversuch, außerhalb des Stadtkerns in großem Stil Wohnraum zu schaffen. Die Voraussetzungen waren günstig – schließlich handelte es sich um Grund des Landes. Aus einer ursprünglichen ÖVP-Idee wurde ein SPÖ-Modell des „Sozialen Wohnbaus".[239] Die Erfolgsgeschichte lag auch in der Förderung durch die öffentliche Hand begründet. Im Nachhinein stellten sich die Umsetzungen der im Wettbewerb siegreichen Architektengruppe Otto Ponholzer/Erich Horvath/Sepp Ullrich, „eine kleine Stadt von 2 500 Wohneinheiten" zu errichten, als wenig glücklich heraus. Ihre Arbeit sei von konservativen, sogar nationalsozialistischen Ideen inspiriert gewesen, hieß es.[240] Verschiedene Wohnbaugesellschaften errichteten von der Widmung 1953 bis in die Sechzigerjahre hinein Tausende Wohnungen, Reihenhäuser und Einzelhäuser. Schon bald wurde der Ruf laut, dass es sich bei Taxham um eklatante Fehlplanungen handle. Vor allem die Infrastruktur sei nicht angepasst worden – die Straßen seien gemeingefährlich, die Schulen viel zu klein, Geschäfte und eine Kirche fehlten anfangs. Die „Wohnkasernen" der architektonisch einfallslosen Schlafstadt könnten nur Barackenbewohner gutheißen. Den Politikern muss man zugutehalten, dass einige Fehler der Satellitenstadt im letzten Bauteil C teilweise korrigiert wurden. Dieser Bauteil wurde von der „Neuen Heimat" errichtet.

Eine Untersuchung aus dem Jahr 1964 zeigte Details zur Struktur der zum Jahresende 1963 wohnungssuchenden Haushalte (insgesamt 6 671).[241]

Gerade jüngere Familien der „Babyboomer"-Generation, die fast die Hälfte der Wohnungssuchenden stellten (unter 40 Jahre alt), waren von der Wohnungsnot betroffen. Nur ein Viertel von ihnen war aber in der Stadt Salzburg geboren (im Bundesland 40,77 %). Immerhin 17 % kamen aus Oberösterreich. Fast 6 % aus Deutschland. Die Zahlen zeigten, dass die Wohnungsnot in Salzburg zum Teil auch durch den Zuwanderungsdruck – vor allem der Ost-West-Zuwanderung aus anderen Bundesländern – verschärft wurde: Jeder sechste Wohnungssuchende war im Ausland geboren. Zuwanderung ist meist auch ein Zeichen wirtschaftlicher Prosperität der Region, die nicht nur durch den Kalten Krieg und die Abschnürung der östlichen Bundesländer zu erklären ist. Es lässt sich aus dieser Studie sogar der Zuwanderungsstrom in den Zeitperioden 1938 bis Dezember 44 (Zeit der NS-Herrschaft: 9 %) und 1945–1954

4

(Flüchtlingszuwanderung: 30 %) ablesen. Aufgrund der beengten Wohnverhältnisse sind 1- bis 2-Kind-Familien dominant, mehr als ein Drittel litt unter Überbelegung in der alten Wohnung. Zwei Drittel verfügten über so niedrige Einkommen, dass die zeitgemäßen Wohnungskosten nicht bestritten werden konnten. Der Wohnexperte Oberläuter sah auch fatale Zusammenhänge zwischen dem aktiven Wohnbau und der Zuwanderung – *„je mehr gebaut würde, um den Mangel zu beheben, umso mehr Zuwanderer strömten nach"*.[242]
Großsiedlungen wie jene in Taxham sollten die ausufernde Zersiedlung durch Konzentration eindämmen. Allerdings war der Andrang so stark, dass der Effekt nicht von langer Dauer war. „Eigenart und Schutz des Überlieferten" wurden beschworen, nicht „unbedingt Bauten aus der Wüste von Colorado, Wolkenkratzer einer Allerweltscity oder Häuser aus der Kasbah unterentwickelter Siedlungskörper als Vorbild zu wählen".[243] An den Rändern, in Aigen und Parsch, fraßen sich Ausnahmen in der Grünzonenwidmung des Salzburger Flächenwidmungsplans Richtung Gaisberg. „Hypertrophe Entwicklungen" wurden vehement kritisiert, es ginge nicht nur um die Altstadt, „die in den grünen Samt der Landschaft gebettete Perle will von allen Seiten bewundert werden" – damals frommer Wunsch, im Zuge der Bau-„Notwendigkeiten" aber bald zur Farce geworden.[244]

linke Seite: Die Zerstörung der letzten Baracken durch das Hochwasser von 1959 machte rasche Ersatzbauten notwendig.
unten: Der Häuserblock Ignaz-Harrer-Straße – Schumacherstraße von Nordosten aus gesehen, im Sommer 1965. Im Vordergrund das Gelände des ehemaligen Barackenlagers „Paumannplatz" (Juli 1965).

Kaum privilegierter waren die Menschen in den Wohnungen und Arbeitsstätten in der Salzburger Altstadt. 1963 warnten Altstadtschützer vor der zerfallenden Substanz der meist aus dem 16. und 17. Jahrhundert stammenden Häuser – mit „erschreckend gesundheitswidrigen, zumindest ganz unzeitgemäßen Wohnverhältnissen in äußerster Armut an Licht und Luft, mit primitivsten sanitären Einrichtungen“[245].

Die „Neue Heimat“ und die „SWG“ schlucken die „Gartensiedlung“

Am Ende dieser Periode platzte der sogenannte „Gartensiedlungs-Skandal“, benannt nach der gemeinnützigen Wohngenossenschaft „Gartensiedlung“, die schließlich 1967 mit der späteren SWB bzw. gswb fusionierte. Die Bau- und Wohnungs-Genossenschaft war bereits 1921 gegründet worden, zur Schaffung „billiger und gesunder Wohnungen“[246].

Interessant ist erst die Zeit ab 1955, da die Errichtung des Wohnhauses „Plainstraße 59“ das einzige realisierte Projekt der Gründungszeit der Gesellschaft (und deren Sitz) war. Bewegung kam erst hinein, als der Baustoffhändler Ing. Hans Thannenberger die Geschäftsführung übernahm (u. a. „Faserit“, „Salzburger Spannbetonwerk“).[247] 1961 wurde eine zweite Gesellschaft gleichen Namens als „Ges.m.b.H.“ gegründet – vermutlich, um weniger Transparenz als eine Genossenschaft zu bieten, sie blieb aber gemeinnützig. Politiker aller im Gemeinderat vertretenen Parteien waren im Aufsichtsrat positioniert, ein geschickter Schachzug Thannenbergers (der der ÖVP zuzurechnen war), um sich das Wohlwollen der Fördergeber zu sichern. Darunter Namen wie Landtags-Vizepräsident Anton Kimml, Landesrat Josef Weißkind (SPÖ) oder FPÖ-Gemeinderat Waldemar Steiner. Eine weitere Komponente – die Finanzierung durch einen Sonderfonds des „Bundes-Wohn- und Siedlungsfonds“ (BWSF) – spielte Thannenberger in die Hände. Die Vergabe der Zinszuschüsse (4 %) für Hypothekardarlehen (für 80 % der Baukosten) erfolgte durch einen Beamtenbeirat weitgehend unkontrolliert. So kam es zur Freisetzung beträchtlicher Fördermittel. 1961 wurde gleich mit dem Verkauf von 2000 geplanten Wohnungen im Stadtgebiet begonnen.[248] Die sogenannten „Croy“-Gründe in Lehen sollten 750 Wohnungen aufnehmen.[249] Das Bauvolumen schraubte Thannenberger rasant in die Höhe. Hilfreich war dabei die sogenannte „Scheibenbauweise“, die 104 Wohnungen in 12 Wochen errichten ließ. Ende 1961 wurde verkündet, dass 1960 über 135 Mio. S verbaut, 482 Wohnungen vollendet, 1 100 Wohnungen begonnen worden seien. Für 1962 seien 800, 1963 gar 900 Wohnungen geplant.[250]

Die Wohnungen dieser Firma wurden als Alternative zu den Objekten der öffentlichen Wohnbaufonds dargestellt, auf die man bis zu acht Jahre warten musste. Die Gesellschaft – mittlerweile in die Gabelsbergerstr. 4–6 übersiedelt – engagierte sich auch im Barackenbeseitigungsprogramm. 1964 wurde aber klar, dass die „Gartensiedlung“ in finanziellen Schwierigkeiten steckte. Die Zinszuschüsse blieben aus, da die rechtlichen Voraussetzungen nicht gegeben waren, die zu hohen Preisen angekauften Baugründe für 1 000 geplante Wohnungen mussten eilends abgestoßen werden. Um die Probleme zu vertuschen, trat 1964 die „Bauförderungsgemeinschaft Salzburg“ (eine andere Konstruktion Thannenbergers) in den Vordergrund, die die Errichtung Hunderter weiterer, frei finanzierter Wohnungen in verschiedenen Stadtteilen ankündigte.[251]

Bereits eingeräumte Baurechte an Grundstücken in Liefering wies der Gemeinderat aber bereits klammheimlich der städtischen SWB zu. Bei einer Prüfung durch die Finanzlandesdirektion im Auftrag der Landesregierung ergaben sich Hinweise auf Untreue und Veruntreuung und Thannenberger wurde bei der Staatsanwaltschaft angezeigt. Er hatte sich allerdings bereits ins Ausland abgesetzt, der Haftbefehl konnte nicht vollstreckt werden. Interpol wurde verständigt.

Für die zurückgebliebenen Funktionsträger der konkursbedrohten Gesellschaft wurde es zunehmend ungemütlich. Vor allem für den Vorstandsvorsitzenden Direktor Anton Kimml (SPÖ), zugleich Präsident des Dachverbandes der Gemeinnützigen Wohnbauvereinigungen Österreichs, Direktor der Salzburger BAWAG und kürzlich aus dem Amt geschiedener Vizepräsident des Landtags. Den Beteuerungen, es käme niemand zu Schaden, wurde begreiflicherweise wenig Glauben geschenkt, vor allem nicht von den 3 000 Vertragspartnern, die um ihre Rechte bangten – 11 000 Menschen waren betroffen. Landeshauptmann Dr. Lechners Vorschlag, die „Gartensiedlung" mit der SWB zu fusionieren, wurde aber von der SPÖ (die neben der FPÖ am meisten betroffen war) abgeschmettert, da sie sich gegen eine „zur Gänze in öffentlicher Hand befindliche Mammutgesellschaft" aussprach.[252] Die „Gartensiedlung" war mit ihrer Bauleistung bereits Nummer 2 hinter der „Neuen Heimat"/SWG, der späteren SWB (zur Fusion mehr im nächsten Abschnitt).

Ende 1964 wurden Verbindlichkeiten in Höhe von fast 44 Mio. S bekannt.[253] Der Landtag stellte der SWB („Salzburger Wohnbaugesellschaft m.b.H.", später „gswb") zur Abwicklung der maroden „Gartensiedlung" erst einmal 10 Mio. S zur Verfügung (später nochmals fast 18 Mio. S). Deren Buchhaltung war lückenhaft, die Bilanzen falsch. Im März 1966 fiel der Gesellschafterbeschluss, alle Geschäftsanteile zu gleichen Teilen an Stadt und Land zu übertragen und dann mit der SWB zu fusionieren.[254] Mitte 1967 wurde der Aufsichtsrat der „Gartenstadt" mit denselben Mitgliedern wie in der SWB besetzt.

Die gerichtliche Aufarbeitung des Skandals dauerte noch Jahre. Zivilrechtlich wurden die Forderungen gegen Thannenberger mit einem Vergleich, in dem er sich zur Zahlung mehrerer Mio. S bereit erklärte, bereinigt. 1970 wurde die Gesellschaft aufgelöst, diese erlosch 1976 nach beendeter Liquidation.

Thannenberger stellte sich nach zweijähriger Flucht nach Montevideo 1966 den Behörden.[255] Mit ihm wurden zwei weitere Personen angeklagt. Die Schadenssumme betrug 5,6 Mio. S. Am 6. Juni 1968 fielen die Urteile: Ex-Geschäftsführer Thannenberger wurde wegen Untreue und Betrug zu drei Jahren „schweren, verschärften Kerker" verurteilt. In sechs weiteren Anklagepunkten gab es aber Freisprüche. Ebenfalls verurteilt wurde Kurt Richter, ehem. Vorsitzender des Aufsichtsrates, und zwar zu sieben Monaten Haft. Walter Ferstl, ehem. Aufsichtsratsmitglied, wurde freigesprochen.[256] Ende 1971 wurde das Verfahren „Gartensiedlung B" eingestellt. Im August 1973 starb Thannenberger, bevor seine Verurteilung Rechtskraft erlangte, da das erstgerichtliche Urteil vom Obersten Gerichtshof aufgehoben worden war. Der „Gartensiedlungs-Skandal" war die größte Affäre des gemeinnützigen Wohnbaues nach dem Krieg.

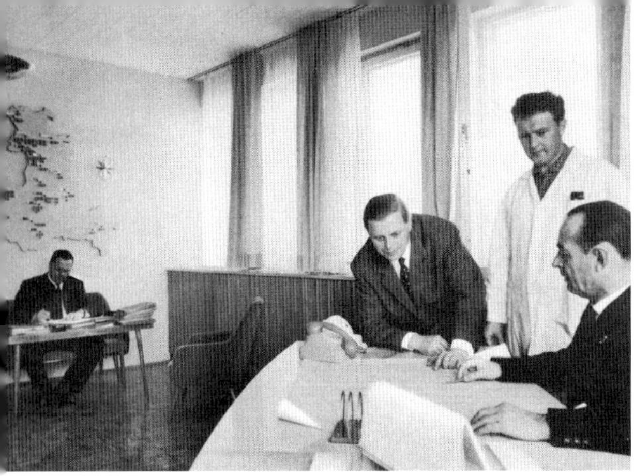

Die Direktion der „Neuen Heimat" 1959:
Gen.Dir. Fellinger, Techniker Franz Wollner, AR-Vorsitzender ORR Dr. Hanselitsch, Dir. Robert Pollak.
Einkaufszentrum von damals – in Lehen.

Großsiedlungen gegen die Wohnungsnot

Die beiden Gesellschaften NH und SWG hatten, so wie andere Genossenschaften auch, seit 1945 eine komfortable Ausgangsposition: Die Nachfrage übertraf alle Erwartungen. Geschäftliche Risiken waren aufgrund der starken Eigentümer Stadt, Land und Bund gering. Sie konnten sich der Unterstützung durch die politischen Entscheider sicher sein, schließlich war die Wohnungsnot ein Hauptthema und die Wohnungssuchenden eine begehrte Klientel der politischen Parteien.
1956 wurde im Gemeinderat die weitere Errichtung einer Großsiedlung in Lehen beschlossen. Auch dieses Projekt wurde in einer Arbeitsgemeinschaft von „Neue Heimat", „SWG" und „Gartensiedlung" auf den Weg gebracht. Über 500 Wohneinheiten waren geplant, das Grundstück wurde von der Stadt im Baurechtswege übergeben.[257]
Im Herbst 1957 begann die zweite Etappe von „Groß-Lehen" mit 500 weiteren Wohnungen. Optischer Ankerpunkt im Meer der Blöcke sollte das „Lehener Hochhaus" (Siebenstädterstraße 24) mit 14 Geschossen sein, die Fertigstellung nach zweijähriger Bauzeit erfolgte im Jahr 1960. Darin waren 72 Wohnungen, fünf Geschäftslokale im Parterre und eine Büroetage im 13. Stock – als Sitz der „Neuen Heimat" – untergebracht. Zwei Aufzüge beförderten die Nutzer nach oben.[258] Die Errichtung dieses Wohnhauses – lt. ÖVP-Abgeordneten in der Stadt ein „Unglück" – sei Anlass, darüber nachzudenken, wie derartige Bauten künftig verhindert werden könnten.[259] Gerade die Rolle der „Neuen Heimat" als stadteigener Betrieb im Hochhausbau wurde damals kritisch hinterfragt. Bis heute ist dieses Gebäude „Salzburgs höchstes Wohnhaus" (die Fassadensanierung erfolgte 2011, Anm. des Autors).
„Neue Heimat"-Aufsichtsratsvorsitzender Hanselitsch wies bei der Firstfeier des Hochhauses, das 11,8 Mio. S gekostet hatte, auf die „zweitausendste errichtete Wohnung" und einen Verwaltungsstand von 16 000 Wohnungen hin.[260]
Ähnlich umstritten war das „Hotel Europa" am Hauptbahnhof durch dessen behauptete Beeinflussung des Stadtbildes und Beeinträchtigung der Sichtachsen zur Festung. Die SPÖ sprach sich im Gegensatz zu den Bürgerlichen mehrheitlich für Hochhausbauten, etwa auch für die „Gartensiedlung" in der Gabelsbergerstraße aus.
Die Rolle der Stadt als Bauherr stadteigener Wohnungen wurde immer kleiner. Bis 1970 waren fast 1 500 Wohnungen gebaut worden. „Neue Heimat"-Geschäftsführer Fellinger war der Ansicht, dass die Stadt sich aus dieser Rolle zurückziehen und den gemeinnützigen

Wohnbaugenossenschaften das Feld überlassen solle, im Wortsinn auch die stadteigenen Grundstücke. Ab 1960 war dies auch der Fall, als die „Neue Heimat" etwa Wohneinheiten an der Siezenheimerstraße und der Hellbrunnerstraße (ab 1961) im Auftrag der Stadt erbaute.[261] Aufgrund der hohen Aufschließungskosten sollten die Gemeinnützigen aber kein Baurecht mehr erwerben, sondern das Grundstück kaufen.

Um neue Hausformen auf ihre Finanzierbarkeit zu testen, errichtete die „Neue Heimat" 1961 ein sogenanntes „Hakenhaus" in Maxglan, einen ebenerdigen Bungalowwinkel. Bei einer Grundfläche von 175 m² und einer Wohnnutzfläche von 86 m² konnte der Bau inkl. Garage, Mauer, technischer Einrichtung und Garten um 333 000 S errichtet werden, was einem Mietzins bei Darlehensrückzahlung von 649 S entsprach.[262] Das rasante Wachstum der SWG in der zweiten Hälfte der Fünfzigerjahre war auch an den Erhöhungen des Stammkapitals ablesbar: von 3,5 Mio. S (1956) auf 4,5 (1958) bzw. auf 13,9 (1963).[263]

Im Mai 1957 berichtete die SWG-Geschäftsleitung in der Gesellschafterversammlung, dass in der Großsiedlung Lehen der letzte Block 13 bezogen und insgesamt 290 Wohneinheiten fertiggestellt worden seien.[264] Bauvorhaben in Itzling, Zell am See und St. Veit wurden begonnen, weitere Häuser in Werfen, Seekirchen, St. Johann, Lofer und Maishofen waren geplant – mit weiteren Projekten insgesamt 344 Wohneinheiten. Die SWG versuchte, die zehnprozentigen Eigenmittel durch Baukostenzuschüsse von den Wohnungswerbern zu ersetzen. Erstmalig wurden auch Eigentumswohnungen erbaut und verkauft (Itzling Block I und II). Das Interesse daran stieg spürbar an. Die reine Verwaltungstätigkeit brachte der Gesellschaft lediglich 100.000 S jährlich ein, weshalb ein Großteil des Umsatzes durch Neubautätigkeit eingespielt werden musste.

Aufbruch in die Moderne: Wohnen soll auch Qualität haben (1964–1980)

Der enorme Wohnbauboom hatte seine Spuren hinterlassen: Im Weichbild der barocken Stadt hatten sich großflächige Wohnsiedlungen ausgebreitet. Die zweifellos notwendige Modernisierung der Infrastruktur, der Autobahnen, Straßen, Heizhäuser und Brücken, hatte angesichts des rasanten Tempos keinen Raum für eine vorausschauende Gestaltung gelassen. Tatsächlich war die Frage nach dem harmonischen Miteinander von Alt und Neu nicht vorhanden und musste sich erst mühsam herausbilden. Ein gewichtiger Mahner, der bekannte Kunsthistoriker Hans Sedlmayr, sprach vor allem auch im Angesicht der Wohntürme von *„grässlichen Malheurs"*. In seiner Streitschrift „Die demolierte Schönheit" erwähnte er das *„gleiche[n] Zerstörungswerk, das anderswo Bomberverbände angerichtet hätten"*.[265] Sedlmayr beklagte einen *„teuflischen"* Plan, nach der *„Salamitaktik"* ein Haus nach dem anderen in der Innenstadt abzureißen und durch gesichts- und geschichtslose Neubauten zu ersetzen – eine *„maskierte Demolierung"*, wie er es nannte. Sedlmayr, Gastprofessor an der Uni Salzburg, war entscheidend am Zustandekommen des „Salzburger Altstadterhaltungsgesetzes" (1967, novelliert 1980) beteiligt. Dieses regelte Schutz und Pflege der Salzburger Altstadt und war eines der Ersten seiner Art. Das charakteristische Stadtbild wurde in zwei Zonen unter Schutz gestellt, das Aussehen von Neubauten reguliert. Ein „Altstadterhaltungsfond" ersetzt Hausbesitzern die Mehrkosten, die durch das Gesetz erwachsen. Eine „Sachverständigenkommission" überwacht die Gebäude in den Schutzzonen und in der erweiterten Zone (ab 1995) in der Neustadt und Riedenburg.[266] „Revitalisierung" bedeutete in einigen Fällen auch Zerstörung der historischen Substanz. Das Gesetz war im wahrsten Sinn des Wortes „hohl", da nur die Fassaden geschützt waren.

Den „Sündenfall" sieht Johannes Voggenhuber in dem Beschluss des Flächenwidmungsplans von 1960, in dem ohne Not, aber auf Druck der Handelskammer 10 Quadratkilometer zusätzliches Bauland ausgewiesen werden, was für 150 000 zusätzliche Einwohner reichen würde, in dieser Größenordnung aber utopisch erscheine: ein *„Triumph des Bauherrensyndikats"*.[267]

Die ideologische Auseinandersetzung der Wohnpolitik der Siebzigerjahre spielte sich zwischen dem Eigenheim, „staatlich gefördert", und den „sozialutopischen Vordenkern" ab, die in „der Individualparzellierung den eigentlichen Grund der Siedlungswüste ausgemacht hatten und versuchten, individuelle Freiräume auch in Großobjekten verwirklichen zu können. Im Zwiespalt zwischen privatem Wunschdenken – dem großzügigen Einfamilienhaus in L-Form auf der einen und der kollektiven Notwendigkeit der Megastruktur mit winzigen Wohnwaben auf der anderen Seite".[268]

1967 zog die Wohnbauabteilung des Landes Zwischenbilanz: Salzburg lag mit 159 neu gebauten Wohnungen (per 1 000 Einwohnern) an der Spitze der Bundesländer, gefolgt von Kärnten mit 122 Wohnungen.[269] Der Österreich-Schnitt lag bei 109. Seit Kriegsende waren im Bundesland 55 315 Wohnungen neu errichtet worden, davon ein beträchtlicher Anteil – 27 788 – in Häusern mit einer und zwei Wohnungen. Die Wohnbevölkerung hatte um 10,2 % zugenommen, in Wien nur um 0,6 %.

Zwischen 1961 und 1967 hatte Salzburg wieder am meisten zugelegt – um 23,9 % –, was den Zuwachs an neu gebauten Wohnungen angeht.

Innerhalb des Landes Salzburg verteilte sich die Neubautätigkeit in Zuwachs pro 1 000 Einwohner wie folgt (1945–1967): Salzburg-Stadt 238 (25 740 Wohnungen), Salzburg-Umgebung 138 (9 804), Hallein 129 (4 603), St. Johann 111 (6 348), Zell am See 120 (6 942) und Tamsweg 107 (1 878). Ganz klar lag der Schwerpunkt der Bautätigkeit somit in den ersten zwei Jahrzehnten im Zentralraum in und um die Landeshauptstadt. Bei den Bauherren in Salzburg führten die gemeinnützigen Wohnbaugesellschaften mit 47,8 % Anteil, 39,3 % entfielen auf private Auftraggeber.[270] Die Dominanz der Gemeinnützigen war nur in Wien und Salzburg gegeben, in anderen Bundesländern hatten die Privaten die Oberhand. Ihren Höhepunkt erreichten die Wohnbauvereinigungen in Salzburg im Jahr 1963, als sie 80,7 % der Bautätigkeit verantworteten.[271] Damit war klar, dass es ohne die gemeinnützigen Wohnbaufirmen nicht möglich gewesen wäre, an den Durchschnitt der westeuropäischen Bautätigkeit, etwa an Deutschland, heranzukommen. Rund 2,875 Mio. S waren an Fördermitteln aus diversen Töpfen bis 1967 nach Salzburg geflossen. Wie schief die Förderstruktur war, zeigt der Umstand, dass Wien 14,837 Mio. einheimste, damit aber nur um das Dreieinhalbfache mehr Wohnungen errichtete.

oben: Impressionen aus Lehen. Unten: Wohnhausturm in Lehen.

v.l.: Siedlung Taxham mit Konsum Union (1956–1966), Wohnsiedlung Strubergasse (1955).
unten: Wohnhausturm in Taxham.

In Salzburgs zweitgrößter Stadt, Hallein, fiel 1967 der Startschuss zum Bau von 600 Wohnungen für eine „Satellitenstadt" auf dem Döllererfeld – am Ende wurden es nur 410.[272] In Hallein lebten 1967 insgesamt 14 165 Menschen in 4 515 Haushalten in 1 995 Häusern. In den letzten Jahren waren 1 285 neue Wohnungen gebaut worden. Hunderte weitere Wohnungen waren in Bauphase.[273] Erst 1971 konnten Barackenersatzwohnungen in Hallein-Gamp aufgelassen werden. Ein weiteres Großsiedlungsprojekt der Stadt waren Wohnquartiere in Burgfried-Ost (Spatenstich 1977) durch die Genossenschaft „Salzburg", die bereits in Neualm 420 Wohnungen gebaut hatte. In den eingemeindeten Stadtteilen Rehhof (Baubeginn ab 1950 auf Basis eines Tauschvertrages mit dem Rehhofbauern und dem „Siedlungswerk") und Rif boomte der Eigenheimbau (ab 1929) mit „Einheitstypen"-Häusern der gemeinnützigen Genossenschaft „Wohnheim".[274]
Landeshauptmann Hans Lechner zeigte sich Ende 1965 mit dem Erreichten zufrieden: Die Wohnbauleistung seines Bundeslandes erreichte mitunter 9 % der Gesamtbauleistung in Österreich und damit annähernd das Doppelte seines Bevölkerungsanteils. Dafür verantwortlich sei sicherlich der Salzburger Wohnbauförderungsfonds, der zu Recht als „Fonds der kleinen Leute" bezeichnet wurde. Wohnungsangebote richteten sich an Jungverheiratete und Kinderreiche. Die öffentliche Ausschreibung von durch gemeinnützige Bauträger errichteten Bauten durch den Wohnbauförderungsbeirat zu Wettbewerbsbedingungen würden Bauleistungen breiter streuen und günstiger werden lassen.[275] 1968 löste das „Wohnbauförderungsgesetz" jenes aus 1954 ab. Neu hinzu kamen Förderungen für schutzwürdige oder denkmalgeschützte Häuser in Altstädten sowie der Bau von Jugend- und Altersheimen. Die wichtigste Neuerung aber war die Beseitigung der zentralistischen Bundeswohnbauförderung. Die Länder mussten nun die Hälfte der Fördermittel beitragen, das „schwarze" Salzburg musste aber nicht mehr im „roten" Sozialministerium anklopfen, da die Vergabe dem Land oblag. Die Gemeinden sollten Baugründe stellen und Aufschließungen mitfinanzieren. Befürchtungen der SPÖ, das Gesetz sei zu „eigenheimlastig" und würde Wohnbaugenossenschaften benachteiligen, erwiesen sich in der Praxis als unbegründet.
Das „Wohnungsverbesserungsgesetz" (1969) schrieb Verbesserungen von Standards sowie Zusammenlegungen für Klein- und Mittelwohnungen vor. In Taxham war erstmals die „Subjektförderung" bei Mietwohnungen angewandt worden: Der „zumutbare" Mietzins war an die finanzielle Lage des Mieters gebunden und betrug ein Fünftel des Nettoeinkommens (ohne Betriebskosten), für Kinder gab es Abschläge. Weiters war die Förderung an den „zuzubilligenden" Wohnraum gebunden, der mindestens 40 m^2 betrug. Dies war den Sozialisten im Landtag ein Dorn im Auge, die befürchteten, dass unter Mietern in Wohnbauten Streitigkeiten wegen unterschiedlicher Miethöhen entstehen könnten, und die „Objektförderung" bevorzugten.[276]
Wieder wurde Salzburg als „Wohnbaurekordmeister" bestätigt: Von 1948–1968 waren 148 Neubauwohnungen pro 1 000 Einwohner errichtet worden. Der Bundesdurchschnitt betrug nur 101 Wohnungen.[277] Mehr als zwei Drittel der Fördergelder des Bundes waren aber in die Stadt Salzburg geflossen. 1970 gab es 7 000 Wohnungssuchende – das waren nicht nur Zuzügler, sondern auch dem Umstand zu schulden, dass die Haushaltsgrößen immer mehr abnahmen.

Bürgerbewegung zum Schutz der Stadt und des Grünlandes

Die heftigen Baubewegungen in der Stadt führten zu Bürgerprotest, aus dem eine Partei („Vereinigte Bürgerlisten – Rettet Salzburg") entstand, die 1977 den Einzug in den Gemeinderat schaffte. Ihr Kampf galt nicht nur der gewinnbringenden Spekulation mit Häusern in der Altstadt, sondern auch dem Schutz des noch nicht verbauten Grünlandes entlang der Hellbrunner Allee und in Freisaal vor Wohnbauten (für die aberwitzige Zahl von 37 000 Bewohnern) sowie einer „Stadtautobahn". „Ohne Druck von außen ist nichts zu machen", meinte Herbert Fux. Damit war auch ein langer Artikel im Nachrichtenmagazin „Der Spiegel" gemeint, der Fux half, den „Salzburger Amoklauf in die Hässlichkeit" zu stoppen. Im Artikel wurde daran erinnert, dass allen Ernstes im Gemeinderat Anfang des Jahrhunderts schon einmal der Abriss der Festung zur Gewinnung von Salzach-Ufersteinen und der Abriss von zwei Dritteln aller Altstadthäuser rund um Mozarts Geburtshaus erwogen worden war. Enormen Druck zur baulichen Veränderung ortete Fux in der überproportional großen Zahl von 332 Baufirmen, 120 Architekten und 58 Siedlungsgenossenschaften.278 Den „Sündenfall" stellte das Hotel Europa dar, für das alle Regeln gebrochen und in Nachtsitzungen aufgehoben worden waren – und welches dann immer noch zwei Stockwerke höher war als genehmigt.Als Beleg für die überbordende Bautätigkeit in Salzburg führte DER SPIEGEL an, dass im Schnitt in Österreich 6,6 Wohnungen (per 1.000 Einwohner) gebaut würden, in Salzburg seien es doppelt so viele (15,1). Diese seien aber so teuer, daß viele nicht verkauft oder vermietet werden könnten, und ca. 5.000 Wohnungen leerstünden. Schuld sei auch die Verstrickung von Baumanagern und Politik, das „Salzburg-Syndrom", das aus Interessenskonflikten und Unvereinbarkeiten bestehe: SPÖ-Gemeinderat Helmut Till sei Vorsitzender des städtischen Bau- und Liegenschaftsausschusses und Geschäftsführer der gswb, ÖVP-Gemeinderat Bruno Oberläuter Mitglied des städtischen Bauausschusses und Obmann der Wohnbaugenossenschaft „Salzburger Siedlungswerk", FPÖ-Vizebürgermeister Waldemar Steiner hatte als Notar auch Wohnbauerfahrung, und Hans Zyla, Obmann der „Unternehmensgruppe Wohnungseigentum-Bautreuhand" und „Salzburger Baulöwe Nr. 1" sei als Ämterkumulierer ÖVP-Stadtparteiobmann, dritter Landtagspräsident und Sparkassenvorstand. Der Kampf gegen „Multifunktionäre" stand auf dem Bürgerlisten-Aktionsprogramm ganz oben. In Salzburg seien aber nicht nur Politik und Wirtschaft verschmolzen, das „Konsens-Klima" zwischen den Parteien und der Fraktionszwang würden die politische Kontrolle stark reduzieren. In diese Kerbe schlug auch SN-Chefredakteur Karl Heinz Ritschel, der in einem Leitartikel 1970 „Die vermurkste Stadt" beklagte.279 Jede Jubelmeldung über Wohnbauleistungen sei verkehrt, wenn man dieser das Gesicht der verunstalteten Stadt entgegenhalte. Aufgrund des Bürgerprotests musste die Stadtpolitik umdenken und die Verbauung des Grüngürtels im Süden, die schon beschlossen war, revidieren. Und doch werde der illustre Rahmen der Altstadt durch „auswuchernde, trostlose Metastasen zerfressen" – mit dem Rahmen waren die Vorstädte gemeint. Die Innenstadt selbst verlor immer mehr Bewohner – ihre Zahl sank von 7 396 (1971) in zehn Jahren auf 5 331. 1985 verpflichtete sich der Gemeinderat in der „Deklaration Geschütztes Grünland", das restliche Stadtgrün zu schützen.

1973 wurde im Stadtmagistrat die Abteilung für Raumplanung geschaffen, die erstmals Strukturpläne unter Einbeziehung der Bevölkerung entwickelte.

Die Baulandschaft der Siebzigerjahre war geprägt von steigenden Bau- und Grundstückskosten bei einem nach wie vor hohen Bedarf. 1976/77 stiegen die Kosten für den geförderten Quadratmeter Wohnraum um 57 % an. 1981 zählte man 442 301 Einwohner – damit war die Wohnbevölkerung wieder um 9,2 % oder 37 000 Personen gewachsen – erneut ein Spitzenwert in Österreich.[280] Im Land Salzburg waren von 1945–1976 57 % der Wohnungen gefördert worden – der Schwerpunkt lag mit beachtlichen 44 % in der Stadt.[281]
Anfang der Siebzigerjahre war die Dominanz der gemeinnützigen Bauvereinigungen geschwunden, vor allem in der Stadt. 1976 wurden nur mehr 497 geförderte Wohnungen errichtet – ein Tiefststand.[282] Wie war es dazu gekommen? Durch den Anstieg der Baukosten konnten die Fördermittel nicht mithalten, Bauland wurde knapp.[283]
Nach der Bedarfsdeckung kam die Qualitätsdiskussion in Gang – nicht nur hinsichtlich der Wohnobjekte selbst, sondern auch des „Lebensraums" Stadt. Die Parteien verließen die gemeinsamen Positionen – die SPÖ trat für eine Bodenbewirtschaftung ein, die ÖVP wollte die Frage dem Markt überlassen und lediglich die Mieten frei finanzierter Wohnungen subventionieren – die Wohnfrage blieb ein Dauerbrenner. Dazu kam auch noch die Kritik am Geschaffenen. Vergessen war, dass die Siedlung Taxham das Ergebnis eines österreichweit ausgeschriebenen Architekturwettbewerbes war. Ein Autor ging mit den Gestaltern hart ins Gericht. Architekten, die jahrelang ihre *„Kantwürste"* wie Befestigungsanlagen um die Stadt gelegt hatten:
„Zeilenverbauung, gestapelte Wohneinheiten, flache Dächer und kahle Grünflächen kennzeichnen diese Siedlungen, in denen kritiklos Klischees des Funktionalismus im dritten Aufguss übernommen worden waren."[284]

Die Kritik schnitt tief ins Fleisch: *„Menschenverachtung sei dies"* für jene, die aus den Baracken kamen und froh waren, in *„Wohnkasernen mit den toten, ungegliederten Abstandsflächen"* unterzukommen. Ambitionierte Projekte, die damit aufräumen wollten, wie jenes der „Wohnstadt Nonntal", scheiterten damals jedoch.
1982 eroberte die Bürgerliste gar 17,8 % der Stimmen und erhielt ein Ressort – unter anderem für Raumordnung und Stadtplanung, das Johannes Voggenhuber innehatte.

Die Fusion der „Heimat" und „SWG" zur „SWB"

Das Jahr 1964 war für die gswb ein Schlüsseljahr – zum einen wurden die Weichen für eine Fusion gestellt, zum anderen übertrug die Republik ihre Eigentumsanteile an die Stadt und das Land Salzburg als Gesellschafter. Inhaltlich ist diese Periode durch die erstmalige Errichtung von geförderten Eigentumswohnungen und durch das „Wiener Gemeindebau-Konzept" geprägt – Verbesserung der Wohnungsausstattung und die familiengerechte Berücksichtigung von Freiräumen.
Am 20.10.1964 legte Fellinger (SPÖ) sein Gemeinderatsmandat zurück. Sein Nachfolger im Gemeinderat wurde Arch. Till (SPÖ), der weiterhin eine Doppelfunktion in Politik und Wirtschaft, die zu Interessenskollisionen führen könnte – Delegierter im Bau- und Liegenschaftsausschuss und Technischer Direktor der „Neuen Heimat" –, bekleidete. Till forcierte Großprojekte wie

Lehen und Taxham, die gut planbar und ökonomisch zu bauen waren, etwa auch eine Großsiedlung in Itzling. Daneben gab es in der SPÖ auch Vertreter des Gemeindewohnbaues, die Befürworter des gemeinnützigen Bauens setzten sich in der Fraktion aber zunehmend durch. Weiters trat Till immer wieder für ein Gesetz zur finanziellen Unterstützung wachsender und kinderreicher Familien bei der Miete – mit laufender Evaluierung des Einkommenszuwachses – ein. Ein Vorhaben, das mit Annuitätenzuschüssen von Stadt und Land am Bauvorhaben „Hirth II" erfolgreich umgesetzt wurde.
Ein entscheidender Schritt zur Erlangung der heutigen Größe der gswb wurde 1964 gesetzt: Die „Neue Heimat" und die „SWG" schlossen sich zur „Gemeinnützigen Salzburger Wohnbaugesellschaft m.b.H." (SWB, später „gswb") zusammen.
Der „Verschmelzungsvertrag" wurde am 25.6.1964 abgeschlossen. Darin wurde festgehalten, dass die „Neue Heimat" durch die „SWG", der damals einzigen in Besitz von Stadt und Land befindlichen gemeinnützigen Salzburger Wohnbaugesellschaft, aufgenommen werden sollte. Eine Liquidation der „Neuen Heimat" erfolgte dabei ebenso wenig wie die Vornahme einer Kapitalerhöhung.[285] Die Generalversammlung berief die beiden SWG-Geschäftsführer Robert Pollak und Franz Brenner ab und bestellte Anton Fellinger und Fritz Lauer zu den neuen Geschäftsführern. Von nun an hieß sie „SWB", Gemeinnützige Salzburger Wohnbaugesellschaft m.b.H." (später kurz: gswb). Damit wurde man auch den Namen „Neue Heimat" los, der das Unternehmen 25 Jahre begleitet – und vor allem in Deutschland den Ruch von Großsiedlungen, von Trabantenstädten hatte. Politisch hatten sich „Rot" („Neue Heimat") und „Schwarz" (SWB) vermählt, nach jahrelangen Verhandlungen war nun doch der politische Wille zustande gekommen, das mit Abstand größte Unternehmen und damit Stabilität im Wohnbau zu schaffen. Der Bauboom oblag nun den gemeinnützigen Gesellschaften, die rasch die bis 1960 führenden privaten Baufirmen verdrängten.[286] Die Autoren Dopsch/Hoffmann kommen zu dem wichtigen Schluss:
„Nur vor dem Hintergrund des perfekten Zusammenspiels von öffentlicher Wohnbauförderung und Bauwirtschaft, politischen Parteien und Baugenossenschaften scheint die quantitative (wenn auch nicht qualitative) Erfolgsbilanz des sozialen Wohnbaus im Nachhinein erklärlich".[287]

Anfang 1966 wurden Fritz Lauer (kaufm. Bereich) und Helmut Till (techn. Bereich) zu Geschäftsführern ernannt, 1967 wurde die Prokura von Franz Brenner widerrufen. 1969 stieß noch Robert Pollak als stellvertretender Geschäftsführer der gswb hinzu (bis Ende 1973). Im selben Jahr wurde das Stammkapital von 13,9 auf 43,9 Mio. S erhöht. Lauer blieb Geschäftsführer bis zu seiner Pensionierung am 1.7.1985, Till war am 1.1.1984 in den Ruhestand gegangen.
Till erinnert sich an seine Bestellung:
„Wir hatten mit Herrn Direktor Fellinger noch im Besprechungszimmer zu Weihnachten gefeiert. Ich war damals Betriebsratsobmann und Technischer Leiter der gswb. Am 2. Jänner 1966 kam

Das Gebiet zwischen Alpenstraße und Hellbrunner Allee in Salzburg-Süd sollte verbaut werden, was für Kritik in der Öffentlichkeit sorgte (1971).
Die Scherzhauserfeldsiedlung vor dem Abriss. Im Hintergrund der erste Block der neuen Siedlung am 25.05.1973.

GEHMACHER

Franz Josefstr.
Spekulanten
strasse
Der Wohnbau
fällt rasant
Salzburg gehört
dem SPEKULANT

Dir. Fellinger plötzlich nicht mehr ins Büro. Ich habe dann um 10 Uhr vormittag dessen Gattin am Telefon erreicht, weil ich meinte, dass er erkrankt sei. Sie sagte postwendend: ‚Nein, der ist nicht krank, der ist in Pension!' Ich habe dann sehr verwundert bei Bürgermeister Bäck nachgefragt. Der sagte am Telefon: ‚Aha, weißt was, dann bist du jetzt der Chef! Ich rede noch mit Landeshauptmann Lechner und rufe dich in einer halben Stunde zurück.' So wurde ich zum Direktor bestellt."[288]

Eines der größten Projekte der Sechzigerjahre war die Verbauung von fast 150 000 m² Fläche zwischen Itzlinger Hauptstraße und Kirchenstraße entlang des Alterbaches. Die Grundstücke kaufte die Stadt Salzburg und betraute die gswb mit der Federführung der Arbeitsgemeinschaft, die aus mehreren Wohnbauvereinigungen bestand. Das Baurecht beläuft sich auf 80 Jahre. Als Architekten traten Fritz Kohlbacher und Herrmann Liebl auf. Auf dem Grundstück wurden über 1 200 Wohnungen in mehreren Etappen errichtet (unter Einbeziehung der Pläne von Gerhard Garstenauer und Helmuth Freund).[289]
Mit der Einbeziehung der „Gartensiedlung" ins Unternehmen im Jahr 1967 war die „gswb" zu jenem „Mammutunternehmen" geworden, vor dem Politiker aus Angst, zu wenig Einflussmöglichkeiten zu besitzen, immer gewarnt hatten. Jedenfalls waren die eben erst bezogenen Räumlichkeiten in Lehen wieder zu klein und vor allem nicht ausbaufähig. 1967 übersiedelt die gswb ihre Zentrale daher einige hundert Meter weiter in das Erdgeschoss des Hauses Ignaz-Harrer-Straße 84, den heutigen Standort, der durch eine Hofbebauung noch einmal ausgeweitet werden konnte (1989–1991 Erweiterung nach Plänen von Arch. Garstenauer samt zweigeschossiger Tiefgarage).
1970 wurde mit der Planung einer weiteren Großwohnanlage „Süd" – zwischen Alpenstraße und Hellbrunner Allee – begonnen. Die gswb plante zusätzliche 2 000 Wohneinheiten. Der Kauf von fast 200 000 m² Grund von Johannes Graf Moy durch die Stadt kostete 64 Mio. S.[290]
Den Bauplatzmangel löste Till oft auf seine leutselige Art:
„Ich hatte oft schlaflose Nächte, weil wir keine Grundstücke bekamen. Ich habe mich dann oft sonntags vor die Kirche gestellt, den Bürgermeister abgepasst und bin meist mit einem Auftrag wieder nach Hause gefahren. In meinen 42 Jahren für die gswb habe ich etwa 17 000 Wohnungen gebaut."[291]

Zwischen 1960 und 1964 wurden weitere 1 300 Wohnungen erbaut, etwa an der Rosengasse, der Vogelhof und die Wohnanlage Taxham C. In der Scherzhauserfeldsiedlung wurden Altbauten ersetzt, in Liefering das Seniorenwohnheim, in Hallein, Ramingstein und Golling weitere Wohnbauten errichtet. Auch das Service für Wohnungssuchende wurde verbessert: Die Ergebnisse von Fragebogenaktionen wurden in die neuen Planungen mit einbezogen. Mitbestimmung, wie sie in den Siebziger- und Achtzigerjahren gemeint war, war dies noch nicht, aber immerhin ein Anfang.

Demonstration der Bürgerliste gegen Umbauten in der Altstadt, hier gegen das Modegeschäft Thalhammer. Im Bild: Herbert Fux, Günther Bauer und Wilhelm Kaufmann am 11.11.1977.
Unten: Demonstration der Bürgerliste gegen Spekulation vor dem Gebäude des Hotels Winkler an der Franz-Josef-Straße am 17.03.1992.

Fusion der „NH" und „SWB" im Jahr 1964 zur „gswb" als Stadt-Land-Gesellschaft unter späterer Einbeziehung der „Gartensiedlung" (histor. Inserate der „GS").

Projekt „Forellenweg" – Wende zum modernen Wohnbau (1980–2000)

Anfang der Achtzigerjahre zählte Salzburg 442 301 Einwohner. Im letzten Jahrzehnt war die Bevölkerung um 9,2 % oder 37 000 Personen gewachsen. 1991 sollte der Zuwachs ebenso groß werden und damit der größte aller Bundesländer sein. Gründe waren ein Geburtenüberschuss und der starke Zuzug. 1991 lebten mehr als die Hälfte der Bewohner in Stadt und Umgebung, sogar zwei Drittel im Zentralraum um die Stadt.[292] Die Zahl der Haushalte stieg von 1981–1991 sogar um 16 %, somit sank die Haushaltsgröße.
Die Salzburger Handelskammer – heute „Wirtschaftskammer" – sah sich 1983 veranlasst, eine kritische Broschüre über den gemeinnützigen Wohnbau herauszubringen. Titel der Streitschrift: „Gemeinnütziger Wohnbau ist teuer!"[293]. Darin versuchte sie, Beweis zu führen, dass der Fördermechanismus, von dem die gemeinnützigen Wohnbauträger am meisten profitierten, preistreibend wirke. Die Bedeutung des gemeinnützigen Wohnbaues in den Nachkriegsjahren zur Beseitigung der Wohnungsnot sei unbestritten. Jetzt sei dieser Teil der Wohnwirtschaft aber in der Krise.
Die Höchstsätze bei den „angemessenen Baukosten" würden fast immer erreicht. Der, der günstiger baue, würde benachteiligt. Durch die hohen Auflagen im sozialen Wohnbau würden Wohnungen unleistbar für den Förderungswerber, Rücktritte, sogar Zeitungsinserate, die für soziale Wohnobjekte werben, wären die Folge, so die Autoren der Kammer. Für ihre privaten Bauträger wünschte sich die Kammer mehr Wettbewerb, die Möglichkeit, selbst geförderte Wohnungen zu errichten und bei Hausverwaltungen mit offerieren zu können.

Die Gemeinnützigen würden große Mengen Bauland horten und zu hohe Preise für Bauland bezahlen, somit den Preis treiben. Ein überdurchschnittlicher Anteil an Wohnbeihilfen seien Beträge, die für die Bauwirtschaft verloren gingen. Gewerbliche Bauträger bauten in allen Belangen günstiger. Mietzahlungen bei abfinanzierten Wohnprojekten, die mit öffentlichen Mitteln errichtet worden waren, würden zur Vermögensbildung der Gemeinnützigen führen, kritisierte die Kammer. Verwaltungskosten würden oft in vollem Rahmen ausgeschöpft, und so weiter. Ziel dieses Vorstoßes der Interessensvertretung war natürlich, den gewerblichen Bauträgern mehr Volumen zu verschaffen. Auch andere Autoren wie Lehrer kamen zur Ansicht, dass die Wohnbaukosten trotz öffentlicher Ausschreibung stets Spitzenwerte erreichten und die „angemessenen Baukosten" immer erreicht oder überschritten wurden, wenn Gemeinnützige im Spiel waren. Dieser Umstand sei nur teilweise den gestiegenen Baukosten infolge von Qualitätsverbesserungen zuzurechnen.[294]
Dabei wurde aber außer Acht gelassen, dass bis Ende der Sechzigerjahre eine echte Wohnungsnot geherrscht hatte und diese nur durch die Volumina der Gemeinnützigen gelindert werden konnte. Auch danach blieb die Zahl der Wohnungssuchenden in den Tausenden. Die Vorteile der Gemeinnützigen, etwa steuerlicher Art und bezüglich des Zuganges zu Förderungen, sind an zahlreiche Beschränkungen geknüpft: Diese müssen das Kostendeckungsprinzip einhalten, d. h. die Preise nach den tatsächlichen Baukosten, nicht dem freien Spiel von Angebot und Nachfrage ausrichten. Spekulation ist somit nicht möglich. Ihre Tätigkeit wird vom Revisionsverband und den Kontrollinstitutionen von Stadt und Land nach den Prinzipien der Sparsamkeit, Wirtschaftlichkeit und Zweckmäßigkeit geprüft. Hätte man diesen Markt dem freien Spiel der Kräfte überlassen, wären Wohnungen zwar gebaut, aber nur für wenige leistbar gewesen. Die Babyboomer-Jahrgänge der Sechziger kamen in das Alter der Haushaltsgründung. Gerade die bedürftigen Bevölkerungsschichten brauchen nicht nur niedrige Mieten, sondern auch Beihilfen und Unterstützung bei Mietausfällen. Eine Grundvorsorge mit ausreichend Geld- und Baulandreserven ist Voraussetzung für die weitere Tätigkeit der Gemeinnützigen. Wohnraum wird nicht nur dort gebraucht, wo Gewerbler den größten Gewinn erzielen können, sondern oft auch am Land, in ungünstigen oder schwierig bebaubaren Lagen. Von weiteren Vorteilen, etwa transparenten Vergabeprozessen, ganz zu schweigen. Und: Die Baukosten sind auch wegen des gestiegenen Qualitätsbedürfnisses der Bewohner in die Höhe gegangen. Es war somit offensichtlich, dass mit privaten Bauträgern die Wohnungsnot nicht beseitigt werden kann.
Mit dem Erdrutschsieg der Bürgerliste in der Stadt tritt der ÖVP-Politiker Hans Zyla zurück. In seinem Buch „Berichte an den Souverän" schildert Johannes Voggenhuber, wie Zyla ab 1972 versuchte, mit seiner „Salzburger Bautreuhand" ein größeres Grundstück im Grünland in Aigen als Bauland gewidmet zu erhalten, indem er es an seine eigene gemeinnützige „Wohnungseigentumsbau" weiterverkaufte und, als die Umwidmung aufgrund des Protests der Bürgerliste nicht gelang, mit enormem Gewinn an die Stadt weiterverkaufen wollte.[295] Auch im sozialen Wohnbau sah Voggenhuber notwendige Verbesserungen – zumal seiner Ansicht nach Aufträge immer an eine kleine Gruppe von Architekten gingen, wie er behauptete.[296]
Die Wohnbauförderung nach dem Gesetz von 1984 währte nur bis 1987 und wurde 1988 Ländersache. Wenig Effekt brachte die „Althausaktion" zur Schaffung von Wohnraum durch

private Eigentümer. Das Gesetz räumte der „Subjektförderung" – durch individuelle Gestaltung der Annuitätenzuschüsse – Platz ein. 1990 kam das Salzburger Wohnbauförderungsgesetz zur Errichtung und Sanierung von Wohnraum.

Stärkere Kontrolle der Gemeinnützigen nach dem Ende der „WEB – Wohnungseigentumsbau"

In den Achtzigerjahren platzte auch der „WEB-Skandal", der größte Betrugsskandal der Zweiten Republik. Seit 1975 hatte die Gruppe der gemeinnützigen „Wohnungseigentumsbau" (WEB) der „Bautreuhand" und der „Immag" rund um Hans Zyla „Hausanteilsscheine" als Ertragsprodukt für Anleger mit hohen Renditen angepriesen und über eine Regionalbank verkauft. Da die Beteiligungen am Finanzmarkt kaum Gewinne erzielten, war die Gruppe seit 1983 de facto zahlungsunfähig, nur ein Bankenmoratorium von Hypo, Raiffeisen und Sparkasse ermöglichte das Weitermachen – auf Kosten der Anleger, die „frisches Geld" bringen müssen, um die Altlasten zu bedienen. 170 Mio. S waren mittlerweile von Anlegern abgesammelt worden. Die Firmen hatten auch eine Wohnbauförderung des Landes erhalten. 1989 bringt eine Strafanzeige der Salzburger Arbeiterkammer, an der auch die spätere Landeshauptfrau Gabi Burgstaller beteiligt ist, das Imperium zu Fall. In insgesamt vier Prozessen – Strafprozessen gegen die Topmanager um Bernd Schiedek, gegen Beitragstäter und fünf Manager der Salzburger Sparkasse sowie ein Zivilprozess gegen diese Bank – hagelt es zum Teil langjährige Haftstrafen, 50 Jahre insgesamt, aber auch Freisprüche. Es handelte sich um die größten Straf- und Zivilprozesse der Nachkriegszeit. Die Sparkasse musste den über 3000 Geschädigten des „Schneeballsystems" über 19 Mio. € Schadenersatz leisten.[297] Erst im Jahr 2005 wird die Aufarbeitung dieser Affäre mit dem Vergleich beendet. Das „Hirn" der Finanzkonstruktion, der ehemalige Staatsanwalt Norman Graf, hatte sich durch Annahme der deutschen Staatsbürgerschaft dem Zugriff der Justiz entzogen. Hans Zyla (er starb 1999 in Salzburg) war aus gesundheitlichen Gründen nicht verhandlungsfähig, sein angeklagter Sohn Klaus wurde später freigesprochen.[298] Erst 2011, nach 21 Jahren, wurde das Konkursverfahren gegen die WEB beendet. Die Gesellschaft gehört heute der „Salzburg Wohnbau", wo eine Wiederbelebung der Gesellschaft unter neuem Namen in anderen Bundesländern erwogen wird.[299] Dieser Riesenskandal kostete auch zwei wichtige politische Köpfe auf sozialistischer Seite: Landeshauptmann-Stellvertreter und SP-Landesparteiobmann Wolfgang Radlegger musste wegen seiner persönlichen Bekanntschaft zum Haupttäter Ernst Schiedek abdanken (der aber dem ÖVP-Umfeld zuzurechnen war) und auch der Bürgermeister Josef Reschen räumte wegen eines nicht offengelegten Wohnungskaufs seinen Stuhl.[300] Erschwerend für Radlegger kam aber hinzu, dass er als früherer Wohnbau-Landesrat die Prüfberichte des Revisionsverbandes der WEB gekannt und nicht reagiert hatte – obwohl er für die Aufsicht der Gemeinnützigen in Salzburg verantwortlich war. Erstmals war damit in der Geschichte der gemeinnützigen Wohnungswirtschaft ein Landespolitiker zurückgetreten.[301]

Der Gründervater der „WEB", Baukaufmann und Landtagsvizepräsident a.D. Hans Zyla (1919-1999), von 1960 bis 1978 Vorstandsmitglied und Geschäftsführer verschiedener Wohnbauunternehmen wie der Bautreuhand-WEB-IMMAG, vor dem Untersuchungsausschuss des Salzburger Landtages zum WEB-Wohnbauskandal. 6.10.1989.

Leere Kassen: Gemeinnützige bauen auf dem Land

1991 zählte man im Bundesland 200 860 Wohnungen.[302] Statistisch ist eine Abweichung der durchschnittlichen Wohnungsgröße nach oben erkennbar, die Wohnungen sind daher eher zu groß. Auch die alte Forderung – im Schnitt ein Raum pro Bewohner – ist nun erfüllt. In Eigentum stehende Haushalte messen 73, in Miete stehende 62 m^2. Die Wohnflächen sind erst seit 1970 gestiegen. Das rasante Wachstum zeigt das Faktum auf, dass 81 % der Wohnungen nach 1945 errichtet wurden, die Hälfte davon in den beiden letzten Jahrzehnten.[303] Nur mehr 5 % der Bewohner waren mit ihrer Wohnsituation unzufrieden. Mit im Schnitt 3 556 S Wohnungsaufwand liegt Salzburg aber gleich hinter Vorarlberg an der Spitze. Ungeschlagen ist der Salzburger dort, wo Einkommen und Wohnungsaufwand in Relation gestellt werden: 16,3 % des Einkommens müssen für den Wohnaufwand bereitgestellt werden, das ist mehr als irgendwo sonst in Österreich.[304]

„Mit der Vorrangstellung der Gemeinnützigen ist es vorbei", konstatierte der gswb-Geschäftsbericht 1988. Hauptursache seien die leeren öffentlichen Kassen. Auch die Gemeinnützigen müssten sich künftig bessere Argumente für ihre Daseinsberechtigung einfallen lassen als Tradition und Know-how.[305] Daher müsse zunehmend Eigenkapital eingesetzt werden.

Mit dem Raumordnungsgesetz 1992 hatten die Gemeinden endlich eine Handhabe gegen Grundstücksspekulation bzw. das Horten wertvollen Baulands: Eine Umwidmung von billigem Grünland in teures Bauland wurde mit einer 10-Jahres-Frist, dieses auch zu bebauen, verknüpft, ansonsten würde es wieder entschädigungslos Grünland. In der Stadt waren die Ausarbeitung des räumlichen Entwicklungskonzepts (1994) und der gesamtstädtische Flächenwidmungsplan (1997) vorausgegangen. Wirksam war hier die verpflichtende Überlassung eines Hälfteanteils für Zwecke des sozialen Wohnbaues bei Baulandwidmungen von Grünland.[306] Der positive Effekt dabei war, dass durch das vermehrte Angebot die Grundstückspreise in den folgenden Jahren fielen. Die Vereinbarung wurde durch einen privatrechtlichen Vertrag abgesichert. Die Kernbestimmungen des Gesetzes zur Vertragsraumordnung wurden aber 1999 durch den Verfassungsgerichtshof aufgehoben.[307] Der OGH stellte neuerlich fest, dass die Verknüpfung eines hoheitlichen Aktes – der Flächenwidmung – mit der privatrechtlichen Vereinbarung einer Zurverfügungstellung eines Grundstücksteiles für den geförderten Wohnbau nicht zulässig sei, somit private Vereinbarungen über „Vorbehaltsflächen" unwirksam seien. Diese „Vertragsraumordnung" brachte den Effekt,

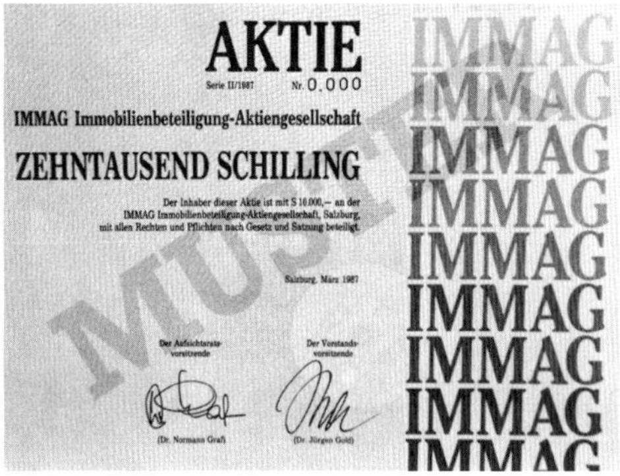

Der Zusammenbruch des Imperiums der Bautreuhand, der gemeinnützigen WEB und der IMMAG im Jahr 1989 kostete Tausende Anleger, etwa von IMMAG-Aktien, ihr Vermögen. Der sogenannte „WEB-Skandal" war einer der größten Finanzskandale der Zweiten Republik.

dass zwischen 1994 und 1997 die Grundstückspreise um ein Drittel sanken. Immerhin wurden durch dieses Gesetz also neue Grundstücksreserven frei, die erstmals das Thema „Wohnungsnot" nicht mehr an vorderster Stelle stehen ließen.

Die Preisexplosion von Grundstücken, allein von 1976 auf 1977 plus 57 % – ein Trend, der sich in den Achtzigern fortsetzte –, ist hauptverantwortlich dafür, dass die Wohnbauförderung mit der Preisentwicklung nicht mehr Schritt halten konnte. Mit lediglich 469 fertiggestellten Wohnungen wurde 1993 ein historischer Tiefststand in der Stadt Salzburg erreicht. Hier verschärfte sich durch die veränderte Stadtplanung, aber auch durch das Fehlen von wohnungspolitischen Zielen bei Großbauvorhaben die Lage.[308] Aufgrund der Preisentwicklung mussten die Gemeinnützigen in günstigere Lagen des Zentralraums, in Randgebiete des Flach- und Tennengaus ausweichen. Dazu kam Anfang der Neunziger ein relativ hohes Zinsniveau von annähernd 10 % inkl. Bankaufschlägen, unter dem die Kreditnehmer ächzten und das den Eigenheimerwerb erschwerte.

In der zweiten Hälfte der Neunzigerjahre gingen im Bundesland Salzburg die Baubewilligungen für Wohnbau von 5 000 (1995) auf 3 000 (1999) zurück, ebenso wie die Förderungszusagen in demselben Zeitraum – von 4 000 auf 1 600.[309] In den vier Jahren zuvor war dieses Niveau aber in etwa verdoppelt worden. Seit 1997 war das Fördervolumen der Länder allerdings deutlich gesunken. Bis zur Jahrtausendwende halbierte sich annähernd die Zahl der errichteten Mietwohnungen in Salzburg.[310] Wie sah die Verteilung der Wohnungsproduktion zwischen gewerblichen und gemeinnützigen Bauträgern aus? Bis 1996 lagen die Gewerblichen voran (1996: Gewerbl.: 2010, GBV: 1090), von 1995 bis 1999 ging deren Leistung aber um 57 % zurück.[311] Im Bundesländervergleich – etwa zu Oberösterreich – erklären Experten die wesentlich höheren Baukosten in Salzburg mit längeren und teureren Raumordnungs- und Bauverfahren, den zwingenden Architekturwettbewerben, der Einschaltung des Gestaltungsbeirates und den hohen Baustandards. Im Vergleich zu Oberösterreich liegen allein die Kosten im Geschossbau um 15 % höher, von den viel höheren Grundstückskosten einmal abgesehen.[312] Die Baukosten von Gewerblichen und Gemeinnützigen seien in Salzburg annähernd gleich, da sie denselben Förderungsbedingungen unterlägen. Gewerbliche könnten in Salzburg im Gegensatz zu den Gemeinnützigen aber weniger großflächige Baulose realisieren, was die Kosten für gewerbliche Bauträger erhöhe und den Gewinn reduziere.

Die Phase architektonischer Erneuerung

Anfang der Achtzigerjahre kaufte die gswb auf den „Berger-Sandhofer-Gründen" Grundstücke im Ausmaß von 40 300 m² an, um darauf 206 Mietwohnungen für „kinderreiche Familien" zu errichten. Der Rückgang der Wohnbautätigkeit von 1979/80 schien damit ein Jahr später überwunden, die Steigerung betrug zum Vorjahr fast 15 %. 1981 hatte die Gesellschaft 272 Wohnungen fertiggestellt.[313] Die gswb verfügte zu Beginn der Achtzigerjahre über 14 272 Verwaltungseinheiten. Das Unternehmen zählte 67 Mitarbeiter und 258 Hausbesorger.

1982 wurde das Bauvolumen innerhalb eines Jahres um gleich 42 % gesteigert – auf 405 Mio. S.[314] 1983 stiegen die Umsätze aus Verwaltung und Betreuung auf über 1 Mrd. S.[315] Der Schwerpunkt der Bautätigkeit lag in der Hauptstadt. Bauvorhaben in Bad Gastein und Bad Hofgastein konnten mangels Interessenten nicht realisiert werden. Auf dem Land gab es kaum mehr Nachfrage, in der Stadt hielt diese jedoch unvermindert an. Die gswb musste auch verstärkt auf geänderte Sozialverhältnisse reagieren: Wohnungswerber fragten kleinere Wohnungen nach, solche mit zwei oder mehr Kinderzimmern waren kaum mehr gewollt.

Mit Beginn des Jahres 1984 kam es zu bedeutenden Veränderungen an der Spitze der gswb: Helmut Till trat als Geschäftsführer aus Altersgründen ab und machte Franz Wollner (ab 3.1.1984) Platz, der mit Fritz Lauer die Geschäfte leitete. Wenige Monate später – am 31.7. – wurden Johann Sandri und Hubert Mitter als personelle Verstärkung der Geschäftsführung zu Gesamtprokuristen bestellt, um die steigenden Anforderungen an die Geschäftsführung zu bewältigen. Ein Jahr darauf tauschte Engelbert Fischer mit Fritz Lauer die Plätze, der nach 25-jähriger Geschäftsführertätigkeit in den Ruhestand trat (30.6.1985). Franz Wollner, bereits seit 38 Jahren im Unternehmen tätig, zog zum Jubiläum 1989 zufrieden Bilanz (er trat zwei Jahre später in den Ruhestand). Es gebe keine Berufssparte, die in so einem komplexen Spezialgebiet tätig sei und von der Öffentlichkeit so kritisch kontrolliert werde. Zugleich würdigte er die Arbeit der Bauarbeiter und Poliere, die unter teils feindlichen und lebensgefährlichen Bedingungen ihre Leistungen im Dienst der Wohnungssuchenden verrichteten.[316]

Im *„Planungs- und Baugeschehen ... entscheiden heute nicht selten einzelne oder nur wenige Mächtige und diese haben auch das Sagen, was schön und gut bzw. als zeitgemäße Architektur zu bezeichnen ist. Die Entmündigung des Haftenden und Zahlenden ist eingeleitet"*,

beklagte Wollner sicher auch unter dem Eindruck der Vorgänge rund um die Errichtung der Forellenwegsiedlung. Dem Gestaltungsbeirat richtete Wollner aus, dass es zu leicht gemacht sei, alles, was in den letzten 30 Jahren gebaut worden sei, zu verdammen: *„Jede Zeit hatte ihren Wohnbau in seiner machbaren, finanzierbaren Qualität."* Den Mietern seien bei der Übergabe Freudentränen in den Augen gestanden. Natürlich sei ein Zurück zur Wohnkaserne ausgeschlossen. Die Wohnung sei mancherorts *„zur Ware"* von Geschäftemachern geworden. Der Gedanke der Gemeinnützigkeit habe aber auch heute noch seine volle Berechtigung.

Wollner war 1984, zum 20-jährigen Jubiläum der Fusionierung, mit einer schwierigen Situation konfrontiert: Das Bauvolumen nahm kräftig ab, bedingt durch das Auslaufen des Sonderwohnbauprogramms, die Erhöhung der Umsatzsteuer, die Reduktion von Fördermitteln und die Verschiebung von Baubewilligungen.[317]

In den 20 Jahren hatte sich die Zahl der Verwaltungseinheiten auf über 15 000 verdreifacht, so wie die Zahl der Angestellten (von 27 auf 61). Wie dynamisch sich die Gesellschaft entwickelt hatte, zeigt der Anstieg der Bilanzsumme in diesem Zeitraum – von ca. 580 Mio. auf 4,3 Mrd. S. Das Eigenkapital der gswb war unterdeckt. Umso wichtiger war die Konsolidierung des Unternehmens durch Erhöhung des Eigenkapitals, um Grundstücke ankaufen zu können.

Der Schwerpunkt der Bebauung lag auf durch Baurechtszinse eingeräumten Grundstücken, da die Belastung durch die Grundfläche für den Mieter nur 1 S pro Quadratmeter und Monat betrug. Allerdings fallen diese samt Gebäuden nach 80 Jahren an die Gemeinden zurück.

Die Forellenwegsiedlung der gswb sollte mit ihren 156 Eigentums- und 146 Mietwohnungen zu einer Mustersiedlung auf 35 000 m^2 ehemaligen Stadtgrunds für über 1 000 Bewohner werden. Erbaut wurde das auch international beachtete „Stadterweiterungsmodell" zwischen 1983 und 1990 nach Plänen des Kölner Architekten O. M. Ungers und sieben weiterer Architekten im Salzburger Stadtteil Liefering. Der „Forellenweg" sollte zum Prototyp des verträglichen Bauens an der Peripherie und zum Prestigeobjekt des grünen Stadtrats Johannes Voggenhuber werden. Es wurde zum Musterprojekt der zu dieser Zeit entstehenden sogenannten „Salzburger Architekturreform" – der Strukturreform des sozialen Wohnbaues, zur mustergültigen Gestaltung des Dreiecks „Politik–Wohnbaugenossenschaft–Architektur". Neu in diesem Dreieck ist ein „viertes Eck" – das des Bewohners, des künftigen Nutzers, dem Mitbestimmung eingeräumt wird. Das Signal an die Architekten war klar – Bauen im öffentlichen Raum war zu diesem Zeitpunkt eine soziale Frage, keine Abmachung mit dem Auftraggeber. Eine Forschungsgruppe begleitete das Projekt und brachte Innovationen in der Gestaltung der Infrastruktur, der Kommunikation und der Siedlungsökologie ein. Als weiteres Ziel sollten die Bau- und Betriebskosten so niedrig wie möglich gehalten werden.

Es sollte bewiesen werden, dass es auch anders gehen kann. Bei Großsiedlungen müsse das soziale Leben gestaltet und gesteuert werden. Ein „soziokulturelles Fiasko" sei sowohl bei den „seelenlosen Wohngaragen" als auch bei den „Einfamilienhaus-Weiden" gegeben.[318] Im Prinzip geht es um die vollendete Balance zwischen Privatheit und der Erfüllung des Wunsches nach gewollter sozialer Interaktion. Der Mangel im städtischen Wohnen manifestiert sich oft in der Armut an sozialen Kontakten, in der fehlenden Verbindung zur Natur, in wenig Bewegungsmöglichkeiten für Sportler und Freiraum für Kinder sowie an seltenen Begegnungsorten. Diese Siedlungskultur zur Stärkung des Gemeinwesens müsse durch gezielte Stadtteilarbeit organisiert werden, war man überzeugt.

Der Weg dorthin war aber von heftigen Auseinandersetzungen gekennzeichnet – beginnend bei Streitigkeiten zwischen Politikern, dem Gestaltungsbeirat und der gswb hinsichtlich des Bebauungsplanes, der laut gswb weder „baureif" war noch mit den Förderrichtlinien konform ging und erst 1985 beschlossen wurde. 1987 kündigt die gswb gar die Architektenverträge wegen Nichteinhaltung der Kosten und Termine und übernimmt mit einem Teil der verbliebenen Architekten die weitere Planung.[319] Die gswb hatte beim Planungsressort fünf weitere Salzburger Architekten – ihre „Hausarchitekten" – in das Team hineinreklamiert. 1987 scheidet Stadtrat Voggenhuber wegen schwerer Verluste der Bürgerliste aus dem Amt: *„Erst als es im Vorjahr zu einer Rochade auf der politischen Plattform kam, wurde der GSWB das Atmen leichter."*[320] Von dem überarbeiteten Konzept blieben schließlich zehn lange Blocks erhalten, ergänzt um runde und hufeisenförmige Bauformen mit Gassen, Toren, Höfen und Plätzen.

von links nach rechts: Außenaufnahmen der fertiggestellten gswb-Wohnanlage Kendlerstraße Nord und Süd (1984).
gswb-Wohnanlage auf den Schliesselberger-Gründen in Maxglan (1982).
Die Direktoren Bmstr. Ing. Johann Sandri und Dir. Hubert Mitter (1999).

Nicht nur entfernt, sondern als bewusste Bezugnahme an historische Bauformen erinnerte die Siedlung mit „Wehrmauern" und „Basteien" an ein römisches Kastell. Ein „Gegengutachten" der Stadt fand zahlreiche Kritikpunkte – mangelnde Besonnung, schlechte Orientierung der Baukörper, zu wenig Platz für private Entfaltung, zu hohe Baudichte und viel teurer architektonischer Zierrat.[321] Auch das Thema „Mitbestimmung" sah die gswb aus vielerlei Gründen kritisch. Johann Sandri war als Leiter der technischen Abteilung mit dem Projekt betraut:

„Das Projekt Forellenweg war für die gswb ein Novum: Man war gewohnt, sehr sparsam zu arbeiten. Plötzlich war man mit den Wünschen zahlreicher Architekten konfrontiert. Direktor Wollner hatte große Ängste und zeigte Widerstand. Er verlangte nach einer ARGE der Architekten, weil er nicht für die Schnittstellen zwischen den zum Teil internationalen Architekten verantwortlich sein wollte. Auch die Kostenaufteilung war sehr schwierig. Damit war man schnell auf Kriegsfuß mit den Architekten, was in einen sinnlosen Kleinkrieg münden sollte. Auch die Mitbestimmung war etwas völlig Neues: Mieter verlangten auf einmal individuelle Raumeinteilungen. Uns ging das zu weit, denn wie sollte man diese Wohnungen einem Nachmieter weitergeben können? In der Presse wurde die gswb als ‚Betonierer' verunglimpft."[322]

Das Projekt „Forellenweg" war auch das erste große Projekt des „Gestaltungsbeirates", eines ehrenamtlichen beratenden Architektengremiums von in- und ausländischen Fachleuten. Die Hypothek des Standortes war allen bewusst – das Stadtzentrum lag mehr als fünf Kilometer entfernt, das Projekt selbst am äußersten nordwestlichen Stadtrand. Eine „Gettobildung" sollte vermieden werden. Am Ende sollte sich die Wohnqualität nicht von der anderer Siedlungen unterscheiden, die Architektur sich aber wohltuend von der anderer „Trabantenstädte" abheben. Der „hochtrabende" Anspruch des Projektes war aber an den Streitigkeiten, den Einflussnahmen der Parteien, der Unwilligkeit von Stararchitekten, Mitbestimmung zuzulassen, und vielen anderen Faktoren gescheitert bzw. nicht erfüllt worden. Der Streit brach sich auch an der Frage, ob es sinnvoll sei, die Urbanität der Gestaltung bis an die grünen Außenränder der Stadt – quasi eine „Innenstadt auf der grünen Wiese" – für lediglich

1 000 Bewohner herzustellen. Kann ein „Hochhaus auf der Horizontalen" – die Langform der Wohnblocks – Heimatgefühle auslösen? Es sollte lange dauern, bis das schlechte Image der Planungsphase – manche Politiker sprachen öffentlich von einer „Sozialruine", einem „Stadtrandgetto" – überwunden war. Nach außen hin bildete sich wieder die bekannte und ungerechtfertigte Stigmatisierung von Mietern als „soziale Problemfälle" im Gegensatz zu „Eigentümern" ab. Zumindest wurde mit der Ästhetik der Siedlung die Monotonie des bislang bekannten Siedlungsbaues gebrochen. Die Instrumente der Wettbewerbe und des Gestaltungsbeirates konnten zwar nicht alle Fehlentwicklungen verhindern, aber zumindest mehr Transparenz und Diskussion in die Projekte bringen. Schließlich wurde das Projekt, das einen wohltuenden Kontrast zu der Architektur der Sechziger- und Siebzigerjahre bildet, sogar von der UNO-Weltkonferenz „Habitat II" und vom österreichischen Familienministerium als vorbildhaft gewürdigt.

Im Land Salzburg blieben die Bauherren in den meisten Fällen von diesen Gestaltungsdebatten fast unberührt. Experimente waren weitgehend die Ausnahme (Wohnbauten in Neumarkt), ambitionierte Wettbewerbe Anfang der Neunzigerjahre fanden keine Nachahmer.[323]

Im Jahr 1989 konnte die gswb ihren 50. Geburtstag feiern. Fast 50 000 Menschen hatten in dieser Zeit eine „Neue Heimat" erhalten, 16 000 Einheiten wurden verwaltet. Die Bilanzsumme betrug 4,6 Mrd. S, 75 Mitarbeiter und 250 Hausbesorger wurden beschäftigt.[324]

Zehn Jahre später – 1999, zum 60. Geburtstag – standen wieder andere Themen im Mittelpunkt: Die Integration der Alten und das generationenübergreifende Wohnen, die Verwendung neuer Baustoffe infolge der Ölkrise 1973 und die Einbeziehung soziologischer Erkenntnisse in die Gestaltung – schließlich sollte das Mehr an Freizeit auch außerhalb der vier Wände, in Gärten, auf Terrassen und in Gemeinschaftseinrichtungen, genossen werden können, thematisierte das Direktoren-Duo Johann Sandri (Technik) und Hubert Mitter (Kaufmann, ab 1996) in der Festschrift.[325] Als Prokuristen waren nun Christian Wintersteller und Alfred Gassner tätig. Das Unternehmen war weiter gewachsen – die Bilanzsumme stieg auf 7 Mrd. S, die Zahl der verwalteten Wohnungen auf 18 000, die der Mitarbeiter auf 72, der Hausbesorger auf 268. Von 1990 bis 1999 verdreifacht sich der Aufwand für die Gebäudesanierung von 60 auf 200 Mio. S. Die gswb war damit unbestritten die größte gemeinnützige Wohnbaugesellschaft in Salzburg. Jeder zehnte Salzburger lebte 1999 in einer von der gswb errichteten Wohnung. In der Stadt Salzburg sind diese Anteile höher – 16 %, im Pongau immerhin noch 13 %.[326] Im Jahr 2000 wurde die Bauleistung noch einmal um 10 % gesteigert – bei sinkender Nachfrage auf dem Land.[327]

Die gswb hatte sich ein von der Belegschaft erarbeitetes Leitbild gegeben, in dem Leistungsparameter wie die Grundbeschaffung mit Eigenmitteln, Orientierung an privatwirtschaftlichen Grundsätzen, Entwicklung neuer Wettbewerbsformen, Erfassung der Kundenzufriedenheit, Objektivierung der Wohnungsvergabe usw. („GSWB 2005 – Vision und Leitbild") in den Mittelpunkt gestellt wurden. Konsequenterweise werden erstmals auch beziehbare Wohnungen im Internet abrufbar (www.gswb.at). Ab 1998 erschien auch ein eigenes Kundenmagazin.

Ende der Neunziger sah man – bedingt durch die hohe Neubautätigkeit und Inanspruchnahme der Wohnbauförderung auch durch private Bauträger – den Wohnungsbedarf als weitgehend gesättigt an. Auf dem Land musste man sogar gegen die Tatsache ankämpfen, dass neu errichtete Eigentumswohnungen leer standen.[328] Zunehmend wurde das

„Mietkaufmodell" forciert, bei dem der Mieter bereits bei Abschluss des Mietverhältnisses einen Teil der Grundstückskosten finanziert und seinen Wunsch auf Erwerb der Wohnung nach zehn Jahren optioniert. Damit kam man jungen Familien entgegen, die nicht die nötigen Mittel zum Kauf von Eigentumswohnungen besaßen und sich Möglichkeiten zur späteren Entscheidung freihalten wollten – weiter mieten, kaufen oder aussteigen. Die bedeutendsten Projekte der Achtziger- und Neunzigerjahre waren neben dem Forellenweg Projekte in Haselbergerweg, Eniglstraße, Wagingerstraße, Ratsbriefstraße und Schließelbergerweg in der Landeshauptstadt. Auf dem Land waren größere Wohnanlagen in Radstadt (EU-geförderter Modellwohnbau), Bruck an der Glocknerstraße, in Oberndorf Ziegelhaiden, in Böckstein (Dr.-Henn-Straße), Schwarzach Wallnerfeld, in Hallein am Griesrechenpark und in Rif von der gswb realisiert worden. Das Radstädter Projekt sollte ökologische Prinzipien in jedem Aspekt verwirklicht sehen: So werden die Baustoffe auf ihre Ökobilanz hin analysiert. Hackschnitzelfeuerung und Solarkollektoren teilen sich den Aufwand für Heizung und Warmwasser. Die Gebäudehülle ist speziell gedämmt und ein Lüftungssystem ist mit Systemen zur Wärmerückgewinnung ausgerüstet.[329]

Wohnen im 21. Jahrhundert – eine Perspektive (2000–2014)

Das erste Jahrzehnt des neuen Jahrtausends im Bundesland Salzburg sah kräftige Preisentwicklungen nach oben – sowohl bei Transaktionen von Immobilien wie auch bei Grundstücken. So stieg der lokale Index von 246 Punkten (2000) kontinuierlich nach oben – bis auf 394 Punkte (2011). Grundstücke schlossen 2011 mit 490 Punkten – ein kräftiger Zuwachs im Vergleich zu 2000 (299).[330] Am preisgünstigsten lebte man in Salzburg zur Jahrtausendwende. Seither entwickelten sich die Preise sprunghaft. Vorschläge der Arbeiterkammer (AK) verhallten – nach einer neuen Wohnbauinitiative, nach einer Reform des Mietrechts, Maßnahmen gegen Zweitwohnsitze und Leerstände, die Übernahme der Verwaltungskosten und der Maklerprovision durch die Vermieter, Entkopplung der Mieten von der galoppierenden Inflation usw.[331] Mit der Zunahme der Wohnungsnot in der Stadt Salzburg brach 2005 wieder die Diskussion um die Grünlanddeklaration los. Ein kleiner Teil des geschützten Grünlandes solle für den sozialen Wohnbau gewidmet werden, schlug Bürgermeister Heinz Schaden (SPÖ) vor. Nach zähen Verhandlungen der Parteien und mit den Bürgerinitiativen wurde 2006 ein Kompromiss geschlossen, der einen Teil der Flächen aus der Deklaration herausnahm, andere Flächen aufnahm und Umwidmungen verschärfte, etwa durch Dreiviertelmehrheiten im Gemeinderat.[332] 2005 markierte aber auch einen Tiefpunkt – mit nur 450 Wohnungen wurde in der Stadt eine Talsohle erreicht –, so niedrig war die Wohnungsproduktion seit 1950 nicht mehr gewesen.[333] In diesem Jahr lagerte die Stadt Salzburg als Maßnahme des „Outsourcings" nicht unmittelbarer Verwaltungsakte die Verwaltung ihrer 2 200 Mietwohnungen an eine gemeinsame Tochterfirma mit der gswb – der KgL – aus („Kommunale gswb Liegenschaftsverwaltung gmbH").[334] Eine Maßnahme des Bundes ließ in den Bundesländern die Fördermittel für den sozialen Wohnbau zurückgehen: Die Zweckbindung der Milliarden, die zur Wohnbauförderung jährlich an die Länder fließen, wurde 2001 aufgeweicht und 2008 ganz aufgehoben – „eine der

BAUVORHABEN
FORELLENWEG MIT
299 WOHNEINHEITEN:
156 EIGENTUMSWOHNUNGEN
(BLOCK I, VI, VII, VIII, IX, XI u. XII)
143 MIETWOHNUNGEN (BLOCK II, III, IV, V u. X)
1 ALTENWOHNHEIM IM BLOCK X
GESCHÄFTSLOKALE IN DEN OBJEKTEN II u. X
1 BANKFILIALE DER SALZBURGER SPARKASSE Bl. X
BÜROS u. ARZTPRAXIS IN DEN OBJEKTEN II, III u. IV
GER: GEMEINNÜTZIGE SALZBURGER WOHNBAUGES. M.B.H.
SALZBURG, IGNAZ-HARRER-STRASSE 84
RUNG: AMT D. SALZBURGER LANDESREGIERUNG, ABT. X
WOHNBAUFÖRDERUNG, DARLEHEN NACH WFG 84,
HYPOTHEKARDARLEHEN D. SALZBURGER SPARKASSE
U. DER SALZBURGER HYPOTHEKENBANK,
EIGENMITTEL DER KAUFANWÄRTER
ARCHITEKTENARGE FORELLENWEG
PROF. O.M. UNGERS, KÖLN
DIPL.ING. A. KRISCHANITZ u. O. KAPFINGER, WIEN
DIPL.ING. F. FONATSCH u. H. WONDRA, SALZBURG
MAG. ARCH. E. PONTILLER, SALZBURG
UNIV. PROF. DR. A. ROSSI, MAILAND
PROF. ROB KRIER, WIEN
MAG. ARCH. R. KASCHL u. DIPL.ING. H. MÜHLFELLNER, SBG.
UFS: TECHNISCHE ABTEILUNG DER GSWB

größten Narreteien im heimischen Förderalismus" (profil).[335] Die Mittel konnten nun auch für andere Zwecke eingesetzt werden, etwa Klimaschutz und Infrastruktur – das war aber Sache der Länder. Manchmal wurden banal Budgetlöcher damit gestopft. Damit fehlte der Bau- und Wohnungswirtschaft ein Teil des aus Arbeitgeber- und Arbeitnehmerbeträgen stammenden Geldes in den Bundesländern, Schätzungen sprechen von ca. 10% (je 0,5 % der Lohnsumme, Anm. des Autors). 2010 waren dies 2,8 Mrd. € gewesen. Die Beträge sind allerdings nicht valorisiert, es gibt also keine Inflationsanpassung.[336] Das Land Salzburg hielt seine Fördermittel hoch und gab am meisten pro Kopf für Wohnbauförderung aus: 440 € – allerdings nicht in jedem Jahr.[337] Besserverdiener sollten entweder aus ihren Sozialwohnungen ausziehen oder höhere Mieten zahlen, was die SPÖ ablehnte. Der zentralistisch gestimmte „Standard" äußerte sich kritisch: Die Länder wollen für die Zumutung, Wohnbauförderungsgelder für den Wohnbau zu verwenden, eine Entschädigung: „Nachschub für die Geldverbrenner unter den Bundesländern."[338]

Nicht praxisgerechter sei der SPÖ-Vorschlag, privaten Vermietern die Miethöhe vorzuschreiben. Im Jahr 2010 beschloss der Salzburger Landtag auf Drängen der Bauwirtschaft eigens ein Sonder-Wohnbauförderungsgesetz, das auch privaten Bauträgern das Recht einräumte, in der Stadt Salzburg geförderte Mietwohnungen zu bauen.

Bis zum Auslaufen des Gesetzes am 31.12.2012 wurde keine geförderte Wohnung errichtet, sondern man baute von den Gewerblern gefragte und profitable Vorsorgewohnungen für den freien Markt. Dem geförderten Mietwohnbau wolle man sich erst in Zeiten der Flaute widmen.[339] 2011 hatten die Gemeinnützigen in Salzburg über 100 000 m^2 neuen Wohnraum geschaffen und 230 Mio. € investiert.[340]

Auch im österreichweiten Vergleich ist der Anteil der gemeinnützigen Wohnungen respektabel.[341] Mitte 2013 veröffentlichte die Wirtschaftskammer neue Zahlen: Neben den teuersten Lagen im 1. Bezirk Wiens war die Landeshauptstadt Salzburg am kostenintensivsten – im Schnitt mussten 9,60 € per Quadratmeter für gewerbliche und private Mietobjekte bezahlt werden. Seit 2007 war die Miete um über 14 % gestiegen.[342] Die Wirtschaftskammer kritisiert auch den Gesetzeswirrwarr der Salzburger Baugesetze – Baupolizeigesetz, Bautechnikgesetz und Bebauungsgrundlagengesetz –, deren Vereinheitlichung die Bebauung verbilligen und beschleunigen würde.[343] Auch die Betriebskosten – Strom, Heizen, Wasser, Kanal und Müll – waren in der Landeshauptstadt von allen Städten Österreichs am höchsten, im Schnitt 2 553 € im Jahr, um 201 € mehr als der Schnitt anderswo.[344] Einer der Hauptgründe für die hohen Wohnkosten war das knappe Angebot auf engem Raum. Viele Anleger seien bei Niedrigstzinsen auf reale Werte, auf Wohnungen, als Anlageobjekt umgestiegen und hatten damit den Preis angeheizt: Wohnungen als die einzige Sparform, die vor einem Totalverlust geschützt ist. Das Thema „Wohnen" beherrschte auch den Nationalrats-Wahlkampf 2013 – eine der gestellten Forderungen war jene nach Mietzinsobergrenzen, die als „Planwirtschaft" gebrandmarkt wurden. Als positives Beispiel wurde Südtirol herangezogen, wo ein noch höheres Preisniveau als in Salzburg herrsche und das Land massiv in das Eigentum eingreife: Dort

Das Projekt „Forellenweg" in der Bauphase (1987–1990). Vor dem Plan des Stadterweiterungsprojektes „Forellenwegsiedlung" als Modellbauvorhaben der sog. „Architekturreform" diskutierten im Oktober 1983 (v.l.) Arch. Wilhelm Holzbauer, Stadtrat Johannes Voggenhuber und Arch. Friedrich Achleitner. Ansichten Forellenwegsiedlung.

würden illegale Zweitwohnungen (vorwiegend in italienischem Besitz) enteignet und nur zur Hälfte des Verkehrswertes abgelöst. Der Anteil an Eigentumswohnungen sei hoch und der geförderte Mietwohnbau sehe einkommensbezogene Mieten mit jährlicher Überprüfung vor.[345] Auch eine Besteuerung der – geschätzten – 6 000 leer stehenden Wohnungen käme infrage. Nicht jeder Wirtschaftszweig hätte mit dem Zugriff auf Zweitwohnsitze seine Freude: Nicht nur die Makler fürchten um ihr Geschäft, auch die Bauwirtschaft.[346]
Dennoch dürfen die handelnden Personen nicht vergessen, dass überteuerte Mieten irgendwann unlösbare Verkehrsprobleme und Arbeitskräftemangel nach sich ziehen.

Heißes Thema „Wohnen" im politischen Diskurs

In Salzburg lebten 2012 50 000 Salzburger in 25 000 geförderten Mietwohnungen. Landespolitiker der ÖVP überlegten neuerlich, die Mieten einkommensabhängig zu gestalten, ein heißes Thema im gemeinnützigen Wohnen. Schließlich zahlten alle Bewohner gleich viel, auch wenn sich ihre Einkommenssituation entscheidend geändert hatte. Der Mietpreis ist gesetzlich so geregelt, dass das Wohnbauunternehmen seine Kosten decken kann und muss. Der Mietpreis ist somit an Lage und Baupreis des Objekts gebunden, etwa um ein Drittel niedriger als auf dem freien Markt. Die ÖVP nimmt die Haltung ein, dass nur Menschen, die einer geförderten Wohnung aufgrund des niedrigen Einkommens bedürfen, auch in den Genuss einer solchen kommen sollen, stellt also auf die Subjektförderung ab. Die Salzburger SPÖ stemmte sich aber wegen des „hohen Verwaltungsaufwandes" – Neuberechnung und Kontrolle der Einkommensnachweise – gegen diesen Vorschlag und betonte die Vorteile der „sozialen Durchmischung" in den Wohnvierteln – Arbeiter und Hofräte Tür an Tür. Differenzen zwischen den Parteien gab es auch dort, wenn es um „Zwangsmaßnahmen", um die Bewirtschaftung von Baugründen ging – etwa bei der Forderung, einen Teil eines Bauprojektes zwingend für den geförderten Mietwohnbau bereitzustellen. Eine Forderung, die auch die gemeinnützigen Wohnbauunternehmen für die Landgemeinden aufstellten, die ihre Möglichkeiten, welche ihnen die Novelle des Salzburger Raumordnungsgesetzes 2009 einräumte, zu wenig nützen würden. Im Gegensatz dazu hätte die Stadt Salzburg durch Ausweisung von Vorbehaltsflächen im Vorfeld des Verkaufes der Riedenburg-Kaserne dem sozialen Wohnbau einen guten Dienst erwiesen. Oder der SP-Vorschlag, die etwa 6 000 leer stehenden Wohnungen hoch zu besteuern, eine „eigentümerfeindliche" Forderung, der die ÖVP nicht folgen wollte.[347] Warum stehen Wohnungen leer? Weil Vermieter schlechte Erfahrungen mit Mietern gemacht haben, weil sie die Wohnungen selbst nur sporadisch nutzen, utopische Preise ansetzen oder die Mieteinnahmen nicht brauchen und das Objekt nur besitzen wollen. Ererbte Immobilien kommen oft nicht auf den Markt, sondern werden von der Erbengeneration als Teil des persönlichen Portefeuilles gehortet, gelegentlich als Feriendomizil von der Familie genutzt und als potenzieller Alterssitz betrachtet. Noch ein Faktor für das Vorhandensein zu wenig leistbaren Wohnraums: Es mangelt an einer gemeindeübergreifenden Regionalplanung im Zentralraum. Auf wenig genutzten Gewerbe- und Lagerflächen in der Stadt solle verdichteter Mietwohnbau entstehen. Auch eine Erhöhung der Grundsteuer und eine „Infrastrukturabgabe auf Bauland" könne Effekte bringen.[348] Fakt ist aber auch, dass 1 500 Hektar Bauland brachliegen, das sind Reserven für 30 Jahre. Wie dieses Potenzial flüssig gemacht werden kann, darüber streiten die politischen Geister seit Jahrzehnten. Innerhalb eines Jahres waren die Grundstückspreise im Bundesland um 22% gestiegen, belegte ein Vergleich im Halbjahresschnitt.[349] Die Preise steigen weiter. Der Richtwertmietzins, auf Wiener Verhältnisse abgestimmt, kann kaum greifen, weil dieser Altbauten vor 1952 betrifft – in Salzburg die meisten Bauten aber aus den Sechziger- und Siebzigerjahren stammen. Eine andere Studie bestätigte diese Zahlen – private Wohnungsmieten sind in Österreich in den letzten elf Jahren um 38,5 % gestiegen.[350] Beim Eigentum sind die Preise gar um 76% erhöht worden. Der private Markt, so der Auftraggeber AK, könne nicht genügend leistbare Wohnungen bereitstellen. Fast 1 000 Menschen in Salzburg seien obdachlos oder fänden bei Bekannten vorübergehend Unterschlupf. Bei jungen Paaren müsse fast die Hälfte des Einkommens für Miete bezahlt werden, bei Wenigverdienern entspräche die Miete am freien Markt oft dem Gehalt.

„In Salzburg hätte ich für meine Eigentumswohnung ca. 250 Jahre alt werden müssen, damit ich die Kaufsumme überhaupt hätte abzahlen können. Hier in Niederösterreich schaffe ich es locker bis zur Pension",

schilderte eine Leserbriefschreiberin, die in Salzburg von Armut bedroht gewesen war und der Stadt aus Kostengründen den Rücken gekehrt hatte.[351] Im gesamten Bundesland sind im Jahr 2012 geschätzte 11 000 Menschen auf Wohnungssuche. Die Zahl der Wohnungssuchenden dürfte tatsächlich aber etwas geringer sein, da sich Suchende in mehreren Gemeinden eintragen, um ihre Chancen zu erhöhen, dadurch aber mehrfach in der Statistik aufscheinen.

Ein Parameter für soziale Gefährdung ist die Zahl der Delogierungsverfahren, von 2007–2012 gab es 4 692 Anträge durch gemeinnützige Bauvereinigungen, von denen 326 Mieter tatsächlich delogiert wurden. Die Mietrückstände der Gemeinnützigen betrugen fast 14 Mio. €, 2,9 Mio. galten als uneinbringlich.[352] 2012 wendete die öffentliche Hand für die „Mindestsicherung" – wenn das Gehalt zum Leben nicht reicht, wird diese als neue Bezeichnung für „Sozialhilfe" bezahlt – anteilsmäßig doppelt so viel auf wie etwa die Stadt Linz, in der Stadt bereits für 3 881 Menschen.[353]

Der wesentliche Faktor des geförderten Mietwohnbaues ist die Wohnbauförderung. Genau diese kam 2012 aber unter Druck: Banken waren wegen Eigenkapitalvorschriften weniger bereit, langfristige Kredite zu vergeben, das Anleihevolumen von Wohnbaubanken ging erheblich zurück und die notwendige Sanierung von Altbestand, auf dem die Gemeinnützigen sitzen, geht zulasten des Neubauvolumens. Sie erbringen jedoch ein Drittel der gesamten Bauleistung, im mehrgeschossigen Wohnbau sogar 50%.[354] Eine der Folgen wäre eine Verteuerung der Mieten. Der Zusammenhang zwischen einem Mehranbot von geförderten Wohnungen und dem Sinken des allgemeinen Preisniveaus ist evident. Die Gemeinnützigen hatten bereits 90% ihres vor 1980 errichteten Altbestandes saniert. Die Gemeinnützigen stehen durch die gegenwärtige gesellschaftliche Entwicklung unter Druck – die steigende Einwohnerzahl, das vermehrte Entstehen von Einzelhaushalten, den Zuzug von Landbewohnern in die Städte, die Nachfrage älterer Menschen nach Wohnungen und betreutem Wohnen und den nach wie vor starken Zuzug von deutschen Staatsbürgern in die

Grenzstadt Salzburg und Umgebung. Im Jahr 2012 wurde auch das Wohnbauförderungsgesetz novelliert, um den Eigentumserwerb zu erleichtern.

Die finanzielle Situation des Landes Salzburg macht die Bewältigung dieser Herausforderungen jedenfalls nicht leichter. Verantwortlich dafür ist vor allem ein Spekulationsskandal, der im Frühherbst 2012 die Salzburger Landespolitik erschütterte und hohe Wellen schlug, mit weitreichenden politischen Folgen und indirekten Auswirkungen auf die künftige Finanzierung des Wohnbaues in Salzburg: Es wurde bekannt, dass innerhalb der Finanzverwaltung des Landes mit risikoreichen Finanzderivaten spekuliert worden war. Die gesamten Verbindlichkeiten des Landes Salzburg kletterten dadurch zeitweilig auf über 4 Milliarden €, Umsätze von fast 10 Milliarden € schienen 2012 nicht in der Landesbuchhaltung auf. Der Finanzlandesrat David Brenner trat zurück. Das Problematische am Vorgehen der Verantwortlichen war, so lautete der Hauptvorwurf, dass Kontrollinstanzen ausgeschaltet, der Landtag und die Opposition unrichtig informiert worden waren und die teilweise absurden Währungs- und Zinswetten ohne Risikobeschränkung entgegen den Richtlinien stattfanden. Die vollständige Aufarbeitung der Angelegenheit steht zur Drucklegung dieses Buches noch aus, die Neuordnung der Salzburger Wohnbauförderung ab dem Jahr 2015 ist derzeit noch im Gange.[355]

Als größter Bauträger Salzburgs zwischen Sanierung und Neubau, Architekturstreit und Bürgerinitiativen

Zu Beginn des neuen Jahrtausends standen wieder personelle Änderungen in der gswb an. Der Technische Direktor Johann Sandri und sein Kollege Hubert Mitter treten 2002 in den Ruhestand. Ihnen folgen als Technischer Geschäftsführer Leonhard Santner (bis 2010) und Christian Wintersteller (Kaufmann) nach. Ende 2010 folgt Bernhard Kopf dem Architekten Santner. Die Prokura haben nach Alfred Gassner bis 2003 – Technikleiter Franz Loidl (ab 2012 Walter Loach) und Peter Rassaerts.

Johann Sandri zieht eine erfolgreiche Bilanz seiner Arbeit – immerhin 42 Jahre für dasselbe Unternehmen:

„Mein letztes Jahr, 2002, ging als wohl bestes Geschäftsjahr bis dato in die Geschichte ein. Die wichtigsten Ergebnisse meiner Tätigkeit als Direktor waren die Forcierung der Solartherme in den Neunzigern, die die gswb in diesem Bereich nach ganz vorne gebracht hat. Mit Schaudern denke ich an das unterirdische Heizwerk in Taxham zurück, das mit Schweröl befeuert wurde. Weiters habe ich mich für die Wohnungsverbesserung eingesetzt – aus Eigenkapital wurden über 5 000 Wohnungen aus Kategorie B in die A gebracht. Als Meilenstein gilt auch das Projekt „Bolaringgründe" in Taxham (2000–2002), das bei und nach der Errichtung unverdienterweise in der Kritik stand. Wir brachten zahlreiche Verbesserungsvorschläge ein, die von der Politik nicht umgesetzt wurden, dann aber wieder auf uns zurückfielen."

So hätte sich die gswb für eine viergeschossige Verbauung eingesetzt, was von der Stadtplanung aber abgelehnt worden war. Die „Kämme" stünden zu nahe aneinander. Auch die

Zusammenarbeit mit dem Architekten gestaltete sich mehr als schwierig, zum Teil kam es zu Ersatzvornahmen und später zu einem Prozess. „Nächtelang" habe Sandri mit dem Architekten noch an Verbesserungen gearbeitet. Nur 12 von den 300 Wohnungen stünden qualitativ zu Recht in der Kritik. Heute sei die Anlage mit Kindergarten, Senioren-Pflegewohnhaus und Bewohnerservice akzeptiert und geschätzt und verfüge über eine tolle Infrastruktur.[356]
Nicht durchgekommen war der scheidende Direktor Sandri mit der Überplattung von Parkflächen und anschließender Bebauung in der Wohnanlage Itzling und einer gewagteren Idee, nämlich die großzügigen Hofplätze in Aiglhof 1 mit Reihenhäusern zu bebauen.[357]
In den ersten sechs Jahren seit der Jahrtausendwende hatte sich die gswb kontinuierlich entwickelt – der Umsatz war von 53,3 Mio. € (2001) auf 69,1 Mio. € (2006) gestiegen. Die Mitarbeiteranzahl stieg von 76 auf 91, die der Wohnungen von 18 449 auf 21 548. Diese Zahlen stammen aus einem Bericht des Rechnungshofes, der die gswb und andere Wohnbauunternehmen anhand von Referenzprojekten im Jahr 2007 verglich und prüfte.[358]
Im Rahmen der vom Kabinett Schüssel erwogenen und auch durchgeführten Privatisierungen und Teilprivatisierungen von Staatsbetrieben gerieten auch das Prinzip der Gemeinnützigkeit und damit die gswb in Gefahr. Um das angestrebte „Nulldefizit" zu erreichen, wurden Unternehmen wie der Flughafen Wien, voestalpine Stahl, Postbus usw. privatisiert, d. h. in Bieterverfahren verkauft. Privatisieren um jeden Preis schien die Devise der damaligen Regierung zu sein. Dass davon auch noch parteinahe Personen und Institutionen zu profitieren scheinen, kommt erst in diesen Tagen ans Licht. Nicht nur bei der Privatisierung der 60 000 BUWOG-Wohnungen (2004) kam es nach Vermutung der Staatsanwaltschaft zu Unregelmäßigkeiten. So soll die Information über den BUWOG-Bestbieter in letzter Minute zum Konkurrenten geflossen sein, der sein Gebot um einen winzigen Betrag erhöhte. Zwei Bekannte des ehemaligen Finanzministers Karl-Heinz Grasser erstatteten wegen der Nichtversteuerung eines Millionen-„Honorars", das über eine Briefkastenfirma gezahlt wurde, Selbstanzeige.[359] Die Ermittlungen gehen weiter. Die Erlöse aus dem Verkauf der BUWOG („Bauen und Wohnen GmbH") beliefen sich auf lediglich 16 020 € per Wohnung. Der Republik soll durch die vermutete Absprache 1 Milliarde € entgangen sein. Ein weiterer Schaden dürfte auch durch das mögliche rechtswidrige Zustandekommen des eigens erlassenen BUWOG-Privatisierungsgesetzes entstanden sein, durch das sich der Käufer über 30 Mio. € Grunderwerbssteuer ersparte.[360] Für alle Beteiligten gilt die Unschuldsvermutung.
Für die gswb waren die Privatisierungsabsichten insofern relevant, als aufgrund einer gesetzlichen Norm die in Mehrheitsbesitz der Stadt und des Landes Salzburg bzw. des Bundes befindlichen Gesellschaften aus dem Geltungsbereich des WGG bugsiert werden sollten, es sei denn, sie erklärten gegenüber ihrer Aufsichtsbehörde ausdrücklich, im WGG bleiben zu wollen („Opting In"). Mit weitreichenden Folgen für die gswb. Gemäß den Verpflichtungen in den gesellschaftsinternen Regelungen der gswb hatte die Geschäftsführung die Erklärung bei der Abt. X des Landes abgegeben und blieb daher im Geltungsbereich des Wohnungs-Gemeinnützigkeitsgesetzes.[361]

Eines der größeren Bauvorhaben zu Beginn des neuen Jahrtausends war die „Gartenstadt Aigen" (2002 – Mai 2005, erweitert 2013 um 63 Wohnungen), ein Kontrapunkt sozialen

Wohnens in einem von Villen durchsetzten Viertel im teuren Süden der Stadt mit 197 Wohneinheiten. Auf dem 25 000 m² großen Grundstück wurde eine architektonisch herausragende, kubische Wohnanlage mit Balkonen und Terrassen inklusive eines Gemeinschaftshauses errichtet (Arch. Forsthuber & Scheithauer). Die gesamte Anlage ist autofrei angelegt. Mit direkter Bus- und Stadtbahnanbindung fällt es den Bewohnern leichter, auf ihr Fahrzeug zu verzichten. Bei der gswb trägt die Verwaltung und Bewirtschaftung von Wohnhausanlagen wesentlich zum operativen Ergebnis bei – es sind dies 78,5 % (2005).[362] Einen Mehraufwand bei der Gebäudeverwaltung brachte das Wohnungseigentumsgesetz 2002 mit sich. Durch die verpflichtende Wiederinvestition von Gewinnen in Projekte steigt das Eigenkapital stark an – von 90,73 Mio. € (1992) auf 190,76 Millionen (2005) – um 110,3 %.

Ein weiterer Geschäftsbereich der gswb sind Sanierungen, darunter auch fremde Objekte wie das Schloss Arenberg in Salzburg, das 2005 mit großem Aufwand für den Seminarbetrieb der „American Austrian Foundation" adaptiert wurde. 2009 wurde das Haus aber durch Löschwasser infolge eines Dachstuhlbrandes zerstört und musste mit erheblichen Mitteln neuerlich renoviert werden.

Aufgrund der 2008 stark gestiegenen Lebenshaltungskosten und Zinsen beschloss die Salzburger Landesregierung eine nachhaltige Mietensenkung für geförderte Mietobjekte durch Gewährung von Nachlässen sowie Umschuldung bestehender Bankdarlehen, die sogenannte „Konversion". Damit wurde eine Mietensenkung um 10 % aus den Kapitaldiensten erreicht, Beträge, die wieder in den Bau neuer Mietwohnungen investiert werden sollten.

Auch im Jahr 2009 blieb das Bauvolumen der gswb wie in den Vorjahren unverändert hoch. So entstanden in der Stadt Salzburg die 104 Einheiten umfassende Wohnanlage am Engelbert-Weiß-Weg, der „Sonnenpark Aigen", der erste Bauabschnitt des fußläufig von der Salzburger Altstadt gelegenen „Paradiesgartens" und die „klima:aktiv"-Wohnanlage in der Aribonenstraße. Auch auf dem Land ging es Schlag auf Schlag – eine über 50 Wohnungen große Anlage in Straßwalchen, das „erste Schwarzacher Hochhaus", aber auch der zweite Bauabschnitt eines neuen Siedlungskonzepts in Bischofshofen. In Schwarzach und Kaprun wurden anstelle von ehemaligen Siedlungshäusern der „Südtiroler", die kaum mehr zeitgemäßen Wohnkomfort bieten konnten, Neubauten errichtet. Gänzlich neu errichtet wurde – in vier Etappen bis 2014 – die alte Einödsiedlung in Zell am See mit nun insgesamt 87 Wohnungen, die mit modernen Grundrissen geplant wurden und über Zentralheizung, Lifte, Balkone, Terrassen bzw. Gärten und Tiefgaragen verfügen.

2011 betrug die Bilanzsumme der gswb 850 Mio. €, das Bauvolumen 72 Mio. 37 000 Einheiten wurden verwaltet.[363] Größere Wohnanlagen in Thalgau und Seekirchen wurden den Nutzern übergeben.

Im Herbst 2012 kochten die Emotionen der Bewohner des Gaswerkgassenareals in Salzburg-Lehen hoch: Die dichte Verbauung des ehemaligen Industriequartiers (4,5 Hektar) mit

Seite 102: Die Vielfalt der gswb-Projekte: Das Landesberufsschülerheim in St. Johann (oben). Wohnverbauung des Stadtwerkeareals als modernes städtebauliches Zeichen.
Seite 103: Das Schülerheim Saalfelden außen und innen. Seite 105: Verkehrsfreies und hochwertiges Wohnen in der „Gartenstadt Aigen" im Süden Salzburgs.

Hunderten Mietwohnungen durch verschiedene Bauträger, darunter auch die gswb, unter dem Projekttitel „Stadtwerk Lehen" sorgte für Kritik. Eine „urbane Lebensqualität wie im Andräviertel" hatte Planungsstadtrat Johann Padutsch vor Baubeginn versprochen. Von einer ausreichenden Grünfläche und genügender Belichtung und Besonnung blieb – vor der finalen Gestaltung der Außenflächen – vorerst wenig übrig. Eine Schieflage der Wohnsituation in der Stadt zeichnete sich einmal mehr ab. Hier zeigte sich auch der „Fluch" von animierten Architekturdarstellungen, die jede Menge parkähnliches Grün und zurücktretende Baumassen vorgaukelten (Architekturbüro transparadiso, Wien, und Forsthuber&Scheithauer, Salzburg). Drei große Bauprojekte – die „Neue Mitte", die Mercedes-Gründe und das Stadtwerke-Areal – geben Lehen ein neues Gesicht und wandeln langsam das vermeintlich schlechte Image dieses dicht besiedelten Stadtteils. Revitalisierungen (Strubergassen-Siedlung) und Neubauten durch die gswb in den Jahren 2013/14 an der Rudolf-Biebl-Straße und Ignaz-Harrer-Straße (Polizeiblock) tragen erheblich zur Modernisierung bei.[364] Umfragen in belasteten Vierteln wie Taxham oder Lehen zeigen jedoch immer wieder die widersprüchlich erscheinende Tatsache, dass die Zufriedenheit der Einwohner mit ihrem Stadtteil sehr hoch ist.
2012 übergaben die gemeinnützigen Wohnbauträger in der Stadt Salzburg lediglich 45 geförderte Mietwohnungen, 2013/14 etwa die zehnfache Menge davon (die meisten im „Freiraum Maxglan" auf dem Gelände der ehemaligen Struberkaserne).[365] Wie nötig dieses Großbauvorhaben ist, zeigt die Tatsache, dass sich um 66 Mietkaufwohnungen über 1 200 Bewerber balgten.[366]
2012 hatte die gswb 73 Mio. € in Neubau und Sanierung investiert, unter anderem in ein Haus in St. Veit, in die 2. Etappe der Wohnanlage Piesendorf, eine Anlage mit 75 Einheiten in St. Johann, in ein betreubares Wohnprojekt in Siezenheim, in Mietwohnungen in der Valkenauerstraße in Aigen und in die Neuerrichtung von abgebrochenen Südtiroler-Häusern in Kaprun, die in den Vierzigerjahren errichtet worden waren und modernen Wohnstandards keinesfalls mehr genügten. Derselbe Vorgang fand in der alten Einöd-Siedlung in Zell am See statt.[367] Die ehemalige Wohnanlage der „Wehrkreisverwaltung XVIII" an der Rosengasse in der Stadt Salzburg steht bereits unter Denkmalschutz, so wie Teile der Rainerkaserne in Elsbethen, die 2012 an den Getränkekonzern Red Bull verkauft wurde.
Neben Wohnraum wurden auch ein Tageshospiz in Morzg und ebendort ein Feuerwehrgebäude übergeben. Zudem wurden ein Schülerheim mit 183 Betten in Saalfelden und eine Volksschule in Wals fertiggestellt.[368] Allerdings setzte die gswb eine klare Entscheidung zugunsten des Mietwohnungsbaues. 2012 wurden 218 Mietwohnungen, aber nur noch 2 (!) Eigentumswohnungen errichtet.[369] Ende 2012 wurde Bilanz gezogen: Die stark gestiegenen Bau- und Grundstückspreise hatten die Kosten anschwellen lassen. Verfügbares Bauland war Mangelware. GBV-Betriebe hatten 2012 200 Mio. € investiert und 800 neue Wohnungen im Bundesland errichtet, 40 % des gesamten Hochbauvolumens.[370]
Die Gemeinnützigen forderten staatliche Förderungen in Hinkunft nur noch für den nichtprofitorientierten Sektor. Denn nur die Gemeinnützigen würden Kostendeckung, Vermögensbindung, Wiederinvestition von erwirtschaftetem Vermögen, Bewirtschaftung und Instandhaltung ohne wirtschaftliche Spekulation garantieren. Private Investoren hätten nur einen Anteil von 20 oder 30 %.[371] Außerdem gelte der Grundsatz: „Einmal gemeinnützig,

links: Die Bolaring Siedlung beim Europark, rechts: Sanierung des Schlosses Arenberg in Salzburg durch die gswb.

immer gemeinnützig". Soll heißen: In diesen Bauten blieben die Mieten auch nach Auslaufen der Förderung niedrig, anders als bei privaten Bauten.
Die gewerblichen Bauträger forderten ihrerseits ihren Anteil an der Wohnbauförderung: Diese sollte durch Erhöhung der Fördersätze eigentumsfreundlicher gestaltet werden. Derzeit könnten Eigentumswerber die erhöhten Eigenmittel nicht aufbringen. In den letzten 15 Jahren sei die Zahl der geförderten Eigentumswohnungen von jährlich 800 auf 300 gefallen.[372] 2012 sei das Volumen von 500 Wohnungen mit lediglich 171 neu errichteten Wohnungen nicht ausgeschöpft worden.
Mit der Riedenburgkaserne wurde 2012 wieder eine Vorbehaltsfläche für den geförderten Mietwohnbau ausgewiesen. Die gswb erhielt den Zuschlag, auf 21 000 m^2 260 geförderte Miet- und 40 Eigentumswohnungen zu errichten. Ein gewerblicher Partner baut Eigentumswohnungen. Damit war ein wichtiger Schritt zum Halten des hohen Bauvolumens getan. Die städtebauliche Bedeutung durch die zentrumsnahe Lage und durch die Größe des Projektes ist nicht zu unterschätzen.[373]
Diesen herausfordernden Projekten standen immer wieder Proteste gegenüber – etwa im von nicht weniger einflussreichen Bürgern bewohnten Stadtviertel Aigen, als sich 2012 eine Bürgerinitiative gegen das Großprojekt „Lebenswelt Aigen" (Alterswohnen-Projekt, 170 Wohnungen) bildete. Die gswb ist an der Projektgemeinschaft von drei Bauherren mit über 100 Wohnungen beteiligt. Wovon in anderen Stadtvierteln nur am Rande Notiz genommen wird, löst im Süden massive Proteste aus. Diese demokratiepolitisch erwünschte, für Bauträger oft nur mit enormem Kommunikationsaufwand lösbare Tendenz zur Verhinderung begleitet fast jedes Projekt. Die Genehmigung ging dann doch ohne Anrainereinsprüche über die Bühne.
Die letzten verfügbaren Bilanzziffern (2012) zeigen, zu welcher Größe sich die gswb in 75 Jahren entwickelt hat: 874 Mio. € Umsatz stehen 81 Mio. € Stammkapital gegenüber, die Eigenmittelquote beträgt rund 27 %. Die Verwaltung bewältigt 37 600 Einheiten, 96 Angestellte werden beschäftigt, 124 Hausbesorger bzw. Anlagenbetreuer, weiters 97 Hausbesorger für Eigentümergemeinschaften und betreute Objekte. Die gswb ist heute unangefochten an der Spitze der gemeinnützigen Unternehmen im Land und wichtiger Auftraggeber für die Bauwirtschaft. Sie steht dort wie ein Fels, wo andere Größen dieser Branche an Größenwahn, Fehlspekulationen oder Aktionärsgier zerbrechen. Ihr wertvollstes Kapital sind die Baumassen aus der Wiederaufbauzeit und das Know-how der Mitarbeiter, die schwierigste Aufgaben bewältigen können. Es bleibt zu hoffen, dass in einem Zeitalter der Privatisierungen, der Übermacht der

Finanzwelt und der Globalisierung Werte geschätzt werden, die seit Beginn das gesellschaftliche Verdienst des Unternehmens ausmachen: nicht nur leistbare Wohnungen für breite Bevölkerungsschichten zu schaffen, sondern diese auch auf Dauer leistbar zu halten. Das auch in Regionen, die privatwirtschaftlich denkenden Unternehmen für uninteressant erachten. Nur Zyniker können behaupten, dass, wer sich das Leben in Salzburg nicht leisten kann, halt woanders leben soll. Die gswb ist ein geglücktes Modell dafür, wie Aufgaben der Verwaltung ausgelagert werden können, um gemeinwirtschaftlich zu agieren, ohne marktverzerrend zu wirken. Die Wohnungen der gswb erreichen Nutzer bis hinauf in die Mittelschichten – im Gegensatz zu vielen europäischen Ländern, die Wohnungen nur für die ärmsten Bevölkerungsschichten zur Verfügung stellten und jetzt mit hohen Sanierungskosten und kaum reparierbarer Gettobildung konfrontiert sind, von den sozialen Folgen ganz zu schweigen.

Wohnen zu ermöglichen zählt zu den wichtigsten sozialpolitischen Maßnahmen. Für das erfolgreiche Weiterbestehen des Unternehmens ist das dauerhafte Bekenntnis der Eigentümer, Stadt und Land Salzburg, essenziell, weiterhin konsequent entsprechende Mittel zur Verfügung zu stellen.

**Die gswb-Geschäftsführung,
Hr. Dir. Bernhard Kopf und
Hr. Dir. Christian Wintersteller,
im Gespräch mit Christian Strasser:**

Wie bedeutsam ist es für Sie, dass Ihr Unternehmen seine Geschichte aufarbeitet und öffentlich macht? Wann „beginnt" für Sie die Geschichte der gswb?

Dir. Christian Wintersteller (CW): Die gswb ist als ein Stadt-/Land-Unternehmen ein typisches Beispiel für die zweite Gründungswelle gemeinnütziger Bauvereinigungen im Rahmen der österreichweiten Entwicklung der gemeinnützigen Wohnungswirtschaft. Die erste Welle genossenschaftlicher Gründungen fand in den Zehner- und Zwanzigerjahren des letzten Jahrhunderts statt. Bei der zweiten Welle kam es hingegen zu staatlich initiierten Gründungen in Form von Kapitalgesellschaften. Die gswb steht daher mit ihrer Geschichte in einer Reihe vergleichbarer Unternehmen, die relativ zeitgleich in anderen Bundesländern gegründet wurden. Die eigentliche Geschichte der gswb als Unternehmen, wie wir es heute kennen, ist im Jahr 1964 anzusetzen, als die beiden Firmen „Neue Heimat" und „Wohnsiedlungsgesellschaft" fusionierten. Das Unternehmen kam genau zum richtigen Zeitpunkt, denn damals wollten jene Menschen, die noch in Behelfsunterkünften und Baracken wohnten, endlich in eine richtige Wohnung übersiedeln. Bislang gab es zu den Firmenjubiläen nur Broschüren in kleiner Auflage, die Frühgeschichte des Unternehmens wurde dabei so gut wie gar nicht behandelt und die große Zusammenschau auch nicht. Es war also Zeit, sich der Geschichte zu stellen.

Inwieweit hat das Prinzip der Gemeinnützigkeit im heutigen Wirtschaftsleben noch seine Berechtigung?

Dir. Bernhard Kopf (BK): Mehr denn je. Denn nur die gemeinnützigen Unternehmen berechnen die Miete auf Basis der tatsächlichen Errichtungskosten plus dem geregelten Aufschlag. Somit zahlen unsere Mieter nur 5–6 € pro Quadratmeter, im Vergleich zum etwa doppelten Betrag bei den Gewerblichen und Privaten. Deshalb muss man den gemeinnützigen Sektor massiv stärken, um die Marktpreise unter Druck zu bringen. Die Gemeinnützigkeit hat somit einen hohen Wert in der Gesellschaft.

CW: Die Grundidee der Gemeinnützigkeit besteht im Wohnungswesen seit der Gründung in den Vierzigerjahren und die Politik hält bis heute an diesem Wirtschaftsprinzip fest. Es ist sehr positiv zu sehen, dass sich dieses Prinzip so lange bewährt hat. Dass es so ist, ist auch begründbar. Der Vergleich mit Ländern, die dieses System nicht haben, etwa England, zeigt aber, dass die Aufwendungen der Kommunen für die Wohnunterstützung wesentlich höher sind als bei uns. Der Mittelstand muss aufwendig gestützt werden, weil das Wohnen auf dem freien Markt zu teuer kommt und sich dort die Spekulationsspirale dreht. Das Prinzip der Gemeinnützigkeit sichert für untere und mittlere Einkommensbezieher eine Wohnversorgung zu Preisen, die deutlich unter den Marktpreisen sind, und verhindert somit, dass diese Menschen zu Beihilfenbeziehern werden, ein Status, aus dem sie sich dann kaum mehr lösen können. Der Anteil, den gswb-Wohnungsnutzer fürs Wohnen aus ihrem Einkommenskuchen bestreiten müssen, ist geringer als anderswo, deshalb steht ein größerer Teil für andere Ausgaben zur Verfügung, etwa für Konsum und Bildung, was der gesamten Wirtschaft zugutekommt. Es ist nicht übertrieben zu sagen, dass das günstige Wohnen einen festen Anteil am gesamten Wohlstand des Landes hat.

Wie hoch schätzen Sie die Wertschöpfung, die Bedeutung der gswb für die Gesamtwirtschaft in Salzburg?

BK: Wir haben dazu eine Studie in Auftrag gegeben, die in diesem Buch nachgelesen werden kann. Die Kernaussage ist, dass alle Wirtschaftsaktivitäten der gswb von 2002–2012 durchschnittlich in Salzburg ein zusätzliches BIP von 88,3 Mio. € und eine zusätzliche oder gehaltene Beschäftigung von 710 Personen auslösten. Das sind ganz beträchtliche

Neues Gemeindeamt in Bad Gastein (2008).

volkswirtschaftliche Wertschöpfungseffekte, zusammengerechnet bei Neubau, Sanierung, Beschäftigten und Mietersparnis, die die gswb hier in Gang setzt, von den Steuereinnahmen des Bundes einmal abgesehen.

Inhaltlich stehen heute Themen wie „Wohnen im Alter", neue Formen des Zusammenlebens, die gezielte Unterstützung von alleinerziehenden Müttern bei der Wohnversorgung für uns im Vordergrund.

Zudem sind wir ein starker Partner der Kommunen, denen nicht Renditen am Herzen liegen, sondern ihre Bürger, und wir bemühen uns, verlässlich und preistreu Bauten abzuliefern, speziell im Bereich des Schulbaues und der Kindergärten. Trotz dieser Berechenbarkeit sind wir nicht die graue Maus der Wohnungswirtschaft – Städtebau und Architektur haben zunehmend das Bestreben, mittels Quartiersmanagement und Innovation, etwa durch Solar- und Fotovoltaik-Anlagen, zur Schonung der Geldbörsen unserer Mieter beizutragen.

Welche positiven Effekte ergeben sich aus der Gemeinnützigkeit – es wird immer von Preisregulierung, Sicherung des sozialen Friedens, Beseitigung von Wohnungsnot usw. gesprochen?

CW: Ein hohes Gut ist das Thema „Sicherheit", ich würde sagen: „Wohnsicherheit". Wir sichern das Wohnen ohne Sorge durch unbefristete Mietverträge ab, im Gegensatz zum freien Markt, wo es fast ausschließlich nur befristete Mietverträge gibt und sich die Miete bei jedem neuen Mietvertrag erhöht. Als „Sicherheit" würde ich auch bezeichnen, dass wir das Objekt selbst durch laufende Instandhaltung absichern und auch damit auf dem aktuellen

Die Schaltstelle des Wohnbaus in Salzburg – das Verwaltungsgebäude der gswb in der Ignaz-Harrer-Straße 84.

Stand der Technik halten und pflegen. Das finden Sie nicht überall, vor allem wenn die Rendite die Hauptrolle spielt.

Wo sehen Sie Ihr Unternehmen in den nächsten zehn bis 20 Jahren?

BK: Natürlich spielt die Förderungspolitik eine große Rolle. Aber einmal angenommen, die Rahmenbedingungen bleiben in etwa gleich: Dann werden Gemeindegrenzen, vermutlich auch Landesgrenzen bis hin ins Bayerische, an Bedeutung verlieren und die Raumordnung wird über diese Grenzen hinweg wirken können. In Zukunft wird man Wohnen und Mobilität nicht mehr trennen können. Demzufolge orientieren wir unseren Wohnungsbau an schienengebundenen öffentlichen Verkehrssystemen. Die Nachfragen etwa aus Oberndorf, Lamprechtshausen usw., wohin eine sehr gute Schienenanbindung der Lokalbahn besteht, sind immer gleich stark. Wir haben hier eine dynamische Region entlang der Staatsgrenze mit hohem Grundstückspotenzial für leistbaren Wohnbau. Mieter werden in Zukunft stärker als bisher neben den Kapitalkosten des Wohnens die Mobilitätskosten einbeziehen.

CW: Ich stimme zu, dass ohne Wohnbauförderung in irgendeiner Form das Prinzip der Gemeinnützigkeit und damit unser Erfolg nicht gesichert werden können. Die Preisbildung im Wohnungsgemeinnützigkeitsrecht stellt sicher, dass die Vorteile der Wohnbauförderung direkt beim Kunden ankommen! Und wenn letztendlich die Wohnbauförderung bei einem Wohnhaus zurückgezahlt ist, stellt dieses Preissystem sicher, dass auch dann nur sehr günstige Mieten verrechnet werden dürfen. Das System ist somit in unserem Bereich wesentlich leichter, im gewerblichen Bereich wesentlich schwerer zu handhaben. Die Finanzierung unseres Unternehmens erfolgt über die Projekte. Jede Neugestaltung der Wohnbauförderung hat direkte Auswirkungen auf die gswb. Deswegen sind wir von der Politik bei Neugestaltungen des Gesetzes stark eingebunden.
Der Landesstatistische Dienst hat für die nächsten 15 Jahre einen Wohnbedarf von 25 000 neuen Wohnungen erhoben. Aktuell besteht ein Bedarf von 4 300 Wohnungen, meist in der Landeshauptstadt.
Ich halte auch die Umfrage, die die Landesregierung Ende 2013 unternommen hat, um das Wohnbedürfnis der Bevölkerung zu erfragen, für sehr bedeutsam, weil man damit näher auf die tatsächlichen Bedürfnisse der Menschen eingehen kann. Es kommt halt darauf an, wie man die Ergebnisse in der künftigen Wohnbaupolitik berücksichtigen kann.

Smart Grids (intelligente Stromnetze), Smart Cities (klimaneutrale Städte), Häuser als Kraftwerke, emissionsfreie Siedlungen, E-Mobility und Carsharing, energieeffiziente Architektur – das sind nicht nur Schlagworte für die Zukunft, sondern mancherorts bereits Realität. Werden diese neuen Technologien auch in den sozialen Wohnbau Einzug halten?

Dir. Kopf: Teile davon haben wir bereits in den sozialen Wohnbau integriert. Das Thema „Betreutes Wohnen" unter Einbeziehung von Smart-Technologien hat schon von Deutschland kommend bei uns Aufnahme gefunden. Das löst aber nicht das Kernproblem, weil man dabei nicht den Menschen vergessen darf. Während heute manche darauf schwören, ist bereits eine Gegenbewegung im Gange, die keinen Sinn darin sieht, Menschen mit modernen Technologien zu überwachen, sondern anstrebt, die Bewohner in die Siedlung zu integrieren. Schottland scheint hier Vorreiter zu sein, denn dort setzt man bereits auf den verträglichen Einsatz neuer Technologien unter Wahrung der Intimsphäre der Menschen. Wer gut in die Gemeinschaft integriert ist, braucht nicht überwacht zu werden.

Welche Bedeutung hat die Architektur im Wohnbau der gswb?

BK: Als Bürger der Stadt, der die Geschichte und die Schönheit Salzburgs kennt, sehe ich keinen Platz für Beliebigkeit. Aus Respekt vor dem kulturellen Erbe hat man sich um hohe Qualität im Wohnbau zumindest redlich zu bemühen. Wie stark die gswb von den Architekturbüros nachgefragt wird, zeigt, dass fast 100 Architekturbüros ihre Bewerbungen für die Kasernenverbauung von „Riedenburg" abgegeben haben. Die gswb macht aber keinen Unterschied in der Qualität, ob in der Stadt Salzburg oder in Saalfelden gebaut wird. In der Stadt haben wir mit den Gremien ein gutes Einvernehmen und es ist sonnenklar, dass nicht mehr wie früher gebaut werden kann, wo die Architekten und Baumeister Musterpläne aus der Schublade gezogen haben, wo es vorrangig darum ging, die Menschen aus den Behelfsbauten und Baracken herauszubringen.

Seniorenwohnheim Altenmarkt nach Kadawittfeld-Architektur.

CW: Architektur im geförderten Wohnbau muss nicht nur die geforderten Qualitäten und Ansprüche erfüllen können, sondern auch wirtschaftlich baubare Wohnhäuser ermöglichen. Die Wohnbauförderung gibt ja hier im Interesse der sparsamen Verwendung von Steuergeld und im Interesse leistbarer Mieten und Kaufpreise für unsere Kunden strenge Richtlinien vor. Im Ergebnis eines Planungsverfahrens müssen auch bestimmte Wirtschaftlichkeitskriterien für die Planung erreicht werden, wie dies bereits durch eine Studie der TU Wien („Studie über Wirtschaftlichkeitsparameter und einen ökonomischen Planungsfaktor für geförderte Wohnbauprojekte in Wien", 2008) dargestellt wurde.

Welche drei Projekte Ihres Unternehmens würden Sie jemandem zeigen, der noch nie etwas von der gswb gehört hat?

BK: Das ist schwierig – aber ich würde den „Freiraum Maxglan", unser aktuellstes Projekt, den „Sonnenpark Aigen" und die „Einödsiedlung" in Zell am See präsentieren.

Welche Bedeutung hat Nachhaltigkeit im Wohnbau der gswb?

BK: Ich zähle nicht nur die Energiegewinnung und -effizienz dazu, sondern auch das, was nach dem Abbruch eines Gebäudes übrig bleibt, also die Materialien. Gerade beim Vollwärmeschutz suchen wir nach Alternativen, die dauerhaft sind. In unsere Lieferantenzertifizierung haben wir die Nachhaltigkeitskriterien eingebaut, sofern dies rechtlich möglich ist. Bei unseren Lieferanten sind uns leistungsstarke Salzburger Unternehmen wichtig, darunter viele Familienbetriebe, da diese nachhaltiger denken als so manche großen Konzerne.

CW: Nachhaltigkeit ist auch besonders beim Einsatz der Wohnbaufördergelder des Landes zu finden: Da nicht nur über die gesamte Förderlaufzeit günstige Mieten garantiert sind, sondern auch die Wohnungen in ehemals geförderten Häusern auf Dauer zu sehr preiswerten Mieten vermietet werden, stellt der gesamte ausfinanzierte Wohnungsbestand der gswb ein wirksames wohnungspolitisches Instrument zur sozialen Unterstützung von Beziehern kleiner und mittlerer Einkommen dar. Diese Wirkung schätzen besonders die Salzburger Gemeinden, die solche Wohnungen an wohnungssuchende Gemeindebürger vergeben können.

Wo sehen Sie die größten Einsparungsmöglichkeiten beim sozialen Wohnbau?

CW: Ein großes Potenzial haben noch Nachverdichtungen auf eigenen oder fremden Grundstücken. Unser Schwerpunkt liegt in den Zentralgemeinden, da sind Maßnahmen sehr rasch spürbar. Die Zukunft der gswb hängt also ganz wesentlich von der Mobilisierung von bebaubaren Grundstücken ab. Ich denke zurück, welche enorme Bereitstellung von Grundstücken die Einführung der Vertragsraumordnung in das Salzburger Raumordnungsgesetz ausgelöst hat. Solch positive Anreize brauchen wir wieder. Wir wollen ganz eng mit den künftigen Zielen der Raumordnung konform gehen und uns daran ausrichten. Mit einem Analyseprogramm, das im Rahmen der oben erwähnten Wirtschaftlichkeitsparameter-Studie der

TU Wien entwickelt wurde, kann anhand bestimmter Kriterien die Wirtschaftlichkeit eines Projektes gemessen werden. Ich denke, dass das eine gute Methode ist, mit der künftig auch in Salzburg geförderte Mietwohnungen wirtschaftlich geplant werden können. Zur Wirtschaftlichkeit von Projekten zählt auch die Anpassung der Basissätze für förderbare Baukosten durch die Salzburger Landesregierung, die seit 1990 unverändert sind. Einige Bauvorhaben konnten deswegen nicht begonnen werden.

BK: In der Öffentlichkeit sieht es manchmal so aus, als würden die Gemeinnützigen so teuer bauen, da sie sich so oft zum Thema Kostenreduktion zu Wort melden, tatsächlich ist das Gegenteil der Fall. Aufgrund des hohen Volumens der Gemeinnützigen können wir noch sehr günstig Wohnungen herstellen, am Ende sind wir um 10–20 % günstiger als gewerbliche Anbieter. Wir müssen schauen, dass Herstellkosten nicht mutwillig in die Höhe getrieben werden, etwa bei der Barrierefreiheit: 100 % der Wohnungen müssen rollstuhltauglich sein, das steigert die Kosten, weniger als 1 % der Bewohner sind aber tatsächlich darauf angewiesen. Wir versuchen darauf zu achten, dass beispielsweise fünf Meter auskragende Bauteile, die interessant ausschauen, aber mit massivem statischem Aufwand verbunden sind und viel Geld kosten, mit Förderungsgeld nicht mehr gebaut werden. Auch jene Mieter, die kein Auto haben, müssen Miete für den zugeteilten Garagenplatz bezahlen, meist aufgrund der Platzverhältnisse in teuren Tiefgaragen gelegen. Man muss sich vorstellen, dass wir immer noch zu Preisen wie vor zehn Jahren bauen. Das ringt der Bauindustrie gegenüber Respekt ab, die die Indexsteigerungen durch Effizienzsteigerungen abfangen konnte. Das geht oft nur mit vorgefertigten Bauteilen, Treppen, Balkonen und Badezimmern. Der Holzbau wäre in der Energiebilanz das Beste, wir sind kostenmäßig heute aber noch nicht so weit. Wir behalten das Thema allerdings im Auge. Das Experimentelle muss auch Platz haben in der gswb.

St. Johann im Pongau, Wohnanlage am Kastenhofweg.

Anmerkungen:

1 Robert Hoffmann: Mythos Salzburg. Bilder einer Stadt. Verlag Anton Pustet. Salzburg/München 2002. S. 17.
2 Ebd. S. 23.
3 Gerhard-Christian Schäffer: Wohnverhältnisse, Wohnungsnot und sozialer Wohnbau. Die Wohnsituation der unteren Gesellschaftsschichten in der Stadt Salzburg und Umgebung 1900–1921. Universität Salzburg. Phil. Diss. 1987. S. 2/3.
4 Ebd. S. 33.
5 Heinz Dopsch/Robert Hoffmann: Geschichte der Stadt Salzburg. Verlag Anton Pustet. Salzburg/München 1996. S. 548.
6 Schäffer, Wohnverhältnisse, Wohnungsnot und sozialer Wohnbau, S. 7.
7 Ebd. S. 24–40.
8 Ebd. S. 244.
9 Ebd. S. 178–204.
10 Dopsch/ Hoffmann: Geschichte der Stadt Salzburg. S. 548.
11 Ebd. S. 548.
12 Ebd. S. 549.
13 Robert Hoffmann: „nimm Hack und Spaten ...". Siedlung und Siedlerbewegung in Österreich 1918–1938. Österreichische Texte zur Gesellschaftskritik. Band 33. Verlag für Gesellschaftskritik. Wien 1987. S. 238.
14 Ebd. S. 244.
15 Klaus Eisterer/Rolf Steininger (Hg.): Die Option. Südtirol zwischen Faschismus und Nationalsozialismus. Innsbrucker Forschungen zur Zeitgeschichte. Band 5. Haymon Verlag 1989. S. 130 f.
16 Rolf Steininger: Die Option – Anmerkungen zu einem schwierigen Thema. In: Eisterer/ Steininger (Hg.): Die Option. S. 11.
17 Ebd. S. 23. Vgl. den Bericht eines „Dableibers" – Franz Thaler, der der Einberufung zum Wehrdienst nicht Folge leistete und ins KZ Dachau eingeliefert wurde. In: Franz Thaler: Unvergessen. Option, Konzentrationslager, Kriegsgefangenschaft, Heimkehr: Ein Sarner erzählt. Serie Piper München Zürich 1991, und eines „Gehers" in: Rudi Christoforetti: Rieche, es ist die deutsche Faust. Ein Südtiroler „Optantenjunge" erlebt die NS-Zeit in Wels. Folio Verlag, Wien–Bozen 1991.
18 Jens Petersen: Deutschland, Italien und Südtirol 1938–1940. In: Eisterer/ Steininger (Hrsg.): Die Option. S. 147.
19 Leopold Steurer: Der Optionsverlauf in Südtirol. In: Eisterer/ Steininger (Hg.): Die Option. S. 216 f.
20 Ebd. S. 220.
21 Karl Stuhlpfarrer: Die defekte Umsiedlung. In: Eisterer/ Steininger (Hg.): Die Option, S. 289/290.
22 Ebd. S. 293.
23 Leopold Steurer: Option und Umsiedlung in Südtirol: Hintergründe – Akteure – Verlauf. In: Reinhold Messner (Hg.): Die Option. 1939 stimmten 86 % der Südtiroler für das Aufgeben der Heimat. Warum? Ein Lehrstück in Zeitgeschichte. Piper Verlag, München/Zürich 1989. S. 27.
24 Eisterer/ Steininger (Hg.): Die Option. S. 289/290.
25 Ebd. S. 293/294.
26 Steurer: Option und Umsiedlung in Südtirol S. 96.
27 Günther Pallaver: Der lange Schatten der Vergangenheit. Die Option des Jahres 1939 und ihre Auswirkungen auf die politische Kultur Südtirols nach 1945. In: Christoforetti: Rieche, es ist die deutsche Faust , S. 12/13.
28 Gesamtverband der Südtiroler (Hg.): 50 Jahre Verband der Südtiroler in Salzburg 1946–1996. Sonderausgabe der Verbandszeitung „Südtiroler Heimat". Innsbruck 1996. S. 8.
29 Ebd. S. 97–98.
30 Ebd. S. 97–101.
31 Gesamtverband der Südtiroler (Hg.): 50 Jahre Verband der Südtiroler in Salzburg 1946–1996. S. 67.
32 Gerhard Feitzinger/Wilhelm Günther und Angelika Brunner: Bergbau – und Hüttenaltstandorte im Bundesland Salzburg. Landespressebüro Salzburg. Salzburg 1998. S. 166.
33 Robert Stadler/Michael Mooslechner: St. Johann/Pg. 1938–1945. Der Nationalsozialistische „Markt Pongau". Eigenverlag. St. Johann/Pg. 1986. S. 93 f.
34 Das Zeitzeugengespräch fand am 21.11. 2012 im Vereinslokal des „Verbandes der Südtiroler in Salzburg-Stadt" beim „Kirchenwirt" im Salzburger Stadtteil Liefering statt. Der Autor dankt Herrn Kurt Taschler, Obmann des Verbandes, für die Organisation des Termins. Die Einzel- und Gruppengespräche nahmen insgesamt 4,5 Stunden in Anspruch. Am Gespräch nahmen teil (sofern sie genannt werden wollten): Kurt Taschler, Herbert Mader, Adolf Munter, Walter Kathriner, Wolfgang Aichner, Margarete Greil, Helmut Molling, Herrmann Ulpmer, Peter Meraner, Gabriela Riener, Amelia Schweighofer, Rosa Sutter, Emmi Gmeilbauer, Sigrid Mayr, Johanna Böckl, Gerda Mühe, Hilde Holzschmid, Carolina Obkircher. Die Geburtsjahrgänge der Zeitzeugen reichen von 1920 bis 1944. Vgl. Artikel im Salzburger Fenster (SF): „Wie zwei Südtirol-Vertriebene lebenslange Freundinnen wurden", Nr. 42/2010.
35 Anton Molling: Wieder mit Sehnsucht nach Monte Carlo. Die außergewöhnliche Lebensgeschichte eines ladinischen Hotelportiers. Reihe Memoria – Erinnerungen an das 20. Jahrhundert. Edition Raetia. Bozen 2008.
36 Ebd. S. 102.
37 Sepp Forcher: „Einfach glücklich – was im Leben wirklich zählt". Brandstätter Verlag. Wien 2012.
38 Karl-Markus Gauß: Mein Aiglhof. In: Helga Embacher/Ernst Fürlinger/Josef P. Mautner: Salzburg-Blicke. Residenz Verlag Salzburg/Wien 1999. S. 141. 2013 erschienen Gauß´ Kindheitserinnerungen im Aiglhof unter dem Titel „Das Erste, was ich sah" im Wiener Zsolnay Verlag. Thomas Bernhard erinnert an seine einstige Wohnheimat in den Romanen „Die Ursache" und „Der

Keller". In der Korrespondenz des Autors mit der Thomas-Bernhard-Nachlassverwaltung antwortete Bernhards Bruder, Peter Fabjan, wie folgt: „... mit zu Ihrer Anfrage will ich kurz als jemand, der gemeinsam mit seiner Schwester und Thomas (Bernhard, wir haben die Mutter gemeinsam) dort seine frühen Jugendjahre verbracht hat, nachtragen, dass es sich bei der Adresse Radetzkystr. 10 um die Wohnung von Herta und Emil Fabjan handelte, in der von 1946 bis 1949 auch das Ehepaar Anna und Johannes Freumbichler, er Salzburger Dichter und Staatspreisträger, gewohnt haben. Vater Emil Fabjan wohnte bis zu seinem Tod 1993 dort, Thomas Bernhard bis in die späten Fünfzigerjahre, wenn er auch die Adresse noch lange Zeit aus div. Gründen als seine Hauptadresse angegeben hat. Sein eigentlicher Wohnsitz war ab 1965 dann Obernathal 2, Ohlsdorf, OÖ." lt. Mail von Peter Fabjan an den Autor v. 21.7.2013. Bernhard Judex vom Thomas-Bernhard-Archiv ergänzt in einem Mail an den Autor diese Darstellung: „Das von Ihnen genannte Foto zeigt Thomas Bernhard vor dem Haus Radetzkystraße 10, dem Wohnsitz der Familie Bernhard-Fabjan. Zu diesem Zeitpunkt hielt sich Bernhard nur noch gelegentlich dort bzw. in Salzburg überhaupt auf. Die Familie bezog die Dreizimmerwohnung im Sommer 1946 – anfangs zu acht: neben Thomas Bernhard lebten dort Johannes und Anna Freumbichler (Bernhards Großeltern), Herta Bernhard (die Mutter) mit ihrem Ehemann Emil Fabjan und den beiden Kindern Peter und Susanne Fabjan sowie Rudolf (Farald) Freumbichler (Bernhards Onkel)." Mail von Bernhard Judex (Thomas-Bernhard-Archiv, Forschungsinstitut der Thomas Bernhard Privatstiftung) an den Autor v. 5.8.2013.

39 SLA PB–Schreiben der NSDAP Gauleitung Salzburg an den Bürgermeister von Zell am See v. 29.9.1944. Als „Südtiroler-Siedlungen" waren entstanden: Stadt Salzburg: Maxglan (Aiglhof I), Liefering-Lehenau, Golling, St. Johann, Bischofshofen, Schwarzach, Kaprun.

40 Rüdiger Hachtmann: Das Wirtschaftsimperium der Deutschen Arbeitsfront 1933–1945. Geschichte der Gegenwart. Band 3. Wallstein Verlag. Göttingen 2012. S. 9.

41 Ebd. S.70–92.

42 Ronald Smelser: Robert Ley. Hitlers Mann an der „Arbeitsfront". Eine Biographie. Schöningh Verlag. Paderborn 1989. S. 274.

43 Rüdiger Hachtmann: Das Wirtschaftsimperium der Deutschen Arbeitsfront 1933–1945. S. 61–69.

44 Ebd. S.430.

45 Ebd. Grundlage der Entrechtung der Juden vom Wohnungsbesitz war Görings „Verordnung über den Einsatz des jüdischen Vermögens vom 3.12.1938" im Nachgang der „Reichskristallnacht".

46 Ebd. S. 431. Vgl. auch Tilman Harlander: Zwischen Heimstätte und Wohnmaschine. Wohnungsbau und Wohnungspolitik in der Zeit des Nationalsozialismus. Birkhäuser Verlag. Basel/Berlin/Boston 1995. Reihe Stadt Planung Geschichte Band 18. S. 85 f. Dieser Rückgang bestand vor allem in der Zeit von 1933–1935.

47 Harlander: Zwischen Heimstätte und Wohnmaschine. S. 47.

48 Ebd. S. 137 f.

49 Ebd. S. 437–449.

50 Ebd. S. 440.

51 Ebd. S. 441.

52 Tilman Harlander/Gerhard Fehl (Hg.): Hitlers Sozialer Wohnungsbau 1940–1945. Wohnungspolitik, Baugestaltung und Siedlungsplanung. Reihe Stadt Planung Geschichte Bd. 6. Christians Verlag. Hamburg 1986. S. 14.

53 Ebd. S. 19.

54 Ebd. S. 25 f.

55 Ebd. S. 26.

56 Harlander: Zwischen Heimstätte und Wohnmaschine. S. 207.

57 Ebd.

58 Ebd. S. 56 f.

59 Ebd. S. 186 ff.

60 Ebd. S. 232.

61 Ebd. S. 260.

62 Ebd. S. 264. Das 1943 gegründete „Deutsche Wohnungshilfswerk" errichtete Notheime.

63 Neue Heimat für Neue Familien. 1939–1989. 50 Jahre gswb. Wohnbau in Stadt und Land im Dienste der Gemeinden. Verlag für Wirtschaftsdokumentation. Bergheim 1989. S. 3.

64 Neue Heimat für Neue Familien. S. 3f.

65 Ernst Hanisch: Nationalsozialistische Herrschaft in der Provinz. Salzburg im Dritten Reich. S. 161f.

66 SV, Folge 222 v. 20.9.1940. S. 5. Leiter des Salzburger Gauheimstättenamtes war Armand Feuerstein, Parteimitglied und SA-Sturmführer, zwischen 1937 und 1941 wohnhaft in Bischofshofen. Katschthaler war von 1.1.1940–23.11.1940 stellvertretender Leiter. Diesen freundlichen Hinweis verdanke ich Herrn Robert Schwarzbauer, der im Rahmen der Vortragsreihe „Machtstrukturen der NS-Herrschaft" der Stadt Salzburg zum Thema „Die Deutsche Arbeitsfront" recherchiert. Aus einem telefonischen Gespräch des Autors mit Robert Schwarzbauer am 23.11.2013 in Salzburg.

67 SLZ, Nr. 46, v. 8.10.1938. S. 8.

68 SLZ, Nr. 106, v. 7.5.1940. S. 4.

69 Rüdiger Hachtmann: Das Wirtschaftsimperium der Deutschen Arbeitsfront. S. 651–653.

70 SLA RStH IV d 360/1942. Enteignungsbescheid gegen Notburga Lankmayr. Neumarkt v. 26.6.1942.

71 Ebd. S. 64. Die Mitwirkung der NSDAP wurde im „Gesetz über die Gemeinnützigkeit im Wohnungswesen" (WGG) v. 21.2.1940 ausdrücklich dekretiert.

72 SLA RstH K 40.

73 Harlander/Fehl (Hg.): Hitlers Sozialer Wohnungsbau 1940–1945. S. 432.

74 Ernst Hanisch: Nationalsozialistische Herrschaft in der Provinz. Salzburg im Dritten Reich. Schriftenreihe des Landespressebüros. Serie „Salzburg Dokumentationen" Nr. 71. Salzburg 1983. S. 119f.
75 SLA, RStH V a 32/940.
76 40 Jahre Salzburger Wohnbauförderungsfonds. Schriftenreihe des Landespressebüros. Salzburg 1990. S. 13.
77 Gespräch des Autors mit Dir. a.D. Arch. Ing. Helmut Till am 29.4.2012 in Salzburg.
78 Neue Heimat für Neue Familien. 20 Jahre Wohnungsbau. Broschüre. Eigenverlag. Salzburg 1959. S. 10.
79 Salzburger Landeszeitung (SZ) v. 7.2.1942. S. 4. Gefolgt von Bischofshofen (170) und Schwarzach (97) sowie Hallein (90) und Zell am See (65). Wesentlich weniger Wohnungen entstanden in zehn weiteren Gemeinden – Saalfelden (38), Golling und Radstadt (je 28), Tenneck (24), Mauterndorf (22), Oberndorf (20), Grödig und Altenmarkt (je 8) und Lungötz (4). Der Gesamtzuwachs an Wohnungen in der Stadt Salzburg ist nicht exakt belegbar; eine Zeitungsmeldung von 1942 geht von 1 500 neuen Wohnungen aus.
80 Harlander/Fehl (Hg.): Hitlers Sozialer Wohnungsbau 1940–1945. S. 69 f.
81 Margit Wiesinger: Der Wohnbau in der Stadt Salzburg (1938–1945) und seine stadtgeographische Bewertung aus heutiger Sicht. S. 15. Die Bauten entstanden in Gnigl, Itzling, Lehen (220 Wohnungen, darunter 54 Wohnungen in der Scherzhauserfeldsiedlung, Roseggerstraße, Strubergasse, Rudolf-Biebl-Straße), ab 1940 in Liefering 42 Häuser (Banaterstraße, Siebenbürgerstraße, Gotscheerstraße, Buchenländerstraße), in Neumaxglan (Aiglhofsiedlung, Willibald-Hauthaler-Straße) und Parsch (Weichselbaumsiedlung).
82 Ebd. S. 16. Offiziersbauten der Wehrmacht wurden 1938/39 in der Riedenburg, Nonntal (Bauherr Heeresbauamt I, auf Grundstücken der Stifte St. Peter und Nonnberg), Schwarzstraße, Faistauergasse und am Franz-Hinterholzerkai errichtet. Weitere Offizierswohnungen entstanden ab 1940 in der Aiglhofsiedlung und in Lehen (Bauherr Wehrkreisverwaltung). Beamtenwohnungen entstanden ab 1939 in Itzling, Lehen und in der Weichselbaumsiedlung.
83 Georg Schwamberger: Chronik der Stadt Hallein 1939–1951. Halleiner Geschichtsblätter. Hallein 1986. S. 32.
84 SLA, PR-Akten Karton 397/1939, Nr. 355. Schreiben Erich Gebert vom 24. April 1939 an Gauleiter Friedrich Rainer.
85 SLA, PR-Akten Karton 397/1939, Nr. 355. Schreiben des Siedlungsreferenten der Landeshauptmannschaft Abt. V/9 (Wohn- und Siedlungswesen) v. 30.6.1939 an Gauleiter Friedrich Rainer.
86 SLA, PR-Akten Karton 397/1939, Nr. 355. Schreiben des Landeshauptmannes vom 7. Juni 1939 an den Reichsarbeitsminister.
87 SLA RStH IV d 92/1940.
88 ASP Akt 2266, Korr EA Reimer NS-Zeit 1938–1945 betr. Enteignung Aiglhofgründe. Schreiben des Stiftes St. Peter an den Reichsstatthalter Salzburg v. 24.6.1940.
89 ASP Akt 2266, Korr EA Reimer NS-Zeit 1938–1945 betr. Enteignung Aiglhofgründe. Schreiben des Stiftes St. Peter an den Reichsstatthalter Salzburg v. 14.6.1940.
90 Ebd.
91 ASP Akt 3014. NS-Verwaltung Aiglhof 1940–41. Kaufvertrag des Notars Franz Giger v. 23.10.1941.
92 ASP Akt 2266, Korr EA Reimer NS-Zeit 1938–1945 betr. Enteignung Aiglhofgründe. Schreiben des Reichsstatthalters Salzburg v. 26.2.1942 an das f.e. Ordinariat Salzburg über die Vermögenseinziehung.
93 Gespräch des Autors mit Dir. a.D. Arch. Ing. Helmut Till am 29.4.2012 in Salzburg.
94 15 Jahre Wohnsiedlungsgesellschaft 1940–1955. Broschüre. Salzburg 1955. S. 12 sowie LGS Abt. 11HRB 478 Bd. 1, Notariatsakt v. 18.3.1939.
95 LGS Abt. 11HRB 478 Bd. 1, Notariatsakt v. 18.3.1939.
96 LGS Abt. 11 HRB 478 Bd. 1, Schreiben des Gauleiters Rainer v. 18.3.1939.
97 LGS Abt. 11 HRB 478 Bd. 1, Protokoll der Aufsichtsratssitzung v. 18.12.1939.
98 Salzburger Zeitung v. 6.1.1944.
99 15 Jahre Wohnsiedlungsgesellschaft 1940–1955. S. 12.
100 Ebd. S. 6.
101 SLA RStHA GK 253/1941. Schreiben der Salzburger Wohnsiedlungsgesellschaft m.b.H v. 10.7.1941 an den Reichsgaukämmerer Dr. Robert Lippert.
102 SLZ Nr. 203 v. 29.8.1940, S. 5.
103 15 Jahre Wohnsiedlungsgesellschaft 1940–1955. S. 15. Baumaßnahmen begannen in Zell am See (3 Reihenhäuser mit 12 Wohnungen), Saalfelden (3 Häuser mit 24 Wohnungen) und in „Markt Pongau" (9 Häuser und 35 Wohnungen für Südtiroler). 1941 gingen einige Häuser in Parsch auf die Salzburger Landes-Brandschadenversicherungsanstalt über. Mit Stichtag 31.12.1941 hatte die Gesellschaft bereits 471 Wohnungen in Bau.
104 Stadler/Mooslechner: St. Johann/Pg. 1938–1945. S. 91/92. 1939 „verfügte" die Gemeinde St. Johann bereits über 30 „Elendswohnungen" und einen aktuellen Wohnungsbedarf von 40 Wohnungen, der sich 1941 auf 80 verdoppelte. Die Pläne der Gemeinde waren am Ende nur Absichtserklärungen. 1944 waren in St. Johann Hunderte Bombenevakuierte und 375 Volksdeutsche untergebracht.
105 Ebd.
106 SLA, Pinzgauer Bezirksarchiv (PB). Schreiben des Vorstehers des Finanzamtes Zell am See an den Bürgermeister v. 1.5.1942. So bemühte sich 1942 der Vorsteher des Finanzamtes Zell am See, einem Bozener Obersteuerinspektor ein möbliertes Zimmer zu vermitteln: „Sämtliche Hauseigentümer, bei denen hunderte von möblierten Zimmern freistehen, weigern sich, einen Dauermieter aufzunehmen. Es spielt bei diesen Volksgenossen allem Anschein nach die Gier nach Geld, das in einer Saison leichter und schneller verdient wird als bei einem Dauermieter, eine grössere Rolle als ein [...] selbstverständlich zu erwartendes soziales Empfinden."

107 SLA RStH IV d 360/1942. Schreiben v. 3.6.1941.
108 SLA RStH IV d 360/1942. Gutachten von Ziviltechniker Paul Geppert an den Reichsstatthalter am 10.7.1941.
109 SLA RStH IV d 360/1942. Amtsvermerk v. 25.7.1941.
110 SLA RStH IV d 360/1942. Enteignungsbescheid v. 18.9.1941.

111 SLA RStH IV d 360/1942. Bescheid des RStH v. 18.6.1942. Die enteigneten 6 000 m² Acker besaßen in dieser Gebirgstallage absoluten Seltenheitswert mit hohem Ertrag, Ersatzgründe standen keine zur Verfügung. Statt der von der SWG angebotenen 1 RM pro Meter für den Bau von 4 Häusern zu 8 Wohnungen, ein Preis, an dem die Verhandlungen scheiterten, folgte man der Ansicht des Gutachters im Bescheid, 1,70 RM zu bezahlen.
112 ASP Akt 3014. NS-Verwaltung Weichselbaumhof 1940–43. Enteignungsbescheid des Landeshauptmannes Salzburg v. 29.2.1940.
113 ASP Akt 3014. NS-Verwaltung Weichselbaumhof 1940–43. Schreiben des Reichsstatthalters an Reichsgaukämmerer Dr. Lippert v. 27.1.1941.
114 ASP Akt 3014. NS-Verwaltung Weichselbaumhof 1940–43. Schreiben des Reichsstatthalters an Reichsgaukämmerer Dr. Lippert v. 4.4.1941. Der Gaukämmerer solle die Beschwerden zurückziehen, da der Reichsstatthalter nach Übernahme der Verwaltung daran „kein Interesse haben" könne.
115 ASP Akt 3014. NS-Verwaltung Weichselbaumhof 1940–43. Schreiben der Stadt Salzburg an den Reichsstatthalter v. 5.7.1941.
116 Albert Lichtblau: „Arisierungen", beschlagnahmte Vermögen, Rückstellungen und Entschädigungen in Salzburg. Veröffentlichungen der Österreichischen Historikerkommission. Vermögensentzug während der NS-Zeit sowie Rückstellungen und Entschädigungen seit 1945 in Österreich. Band 17/2. Oldenbourg Verlag. Wien/München 2004.
117 SLA RstH GK206/1946 .
118 Lt. telefonischer Auskunft von Hrn. Horst Scholz am 7.3.2013 vom Bezirksarchiv Pinzgau (Zell am See) des Landesarchivs Salzburg sei der Name Seiwald nicht in Zusammenhang mit einer Arisierung zu bringen.
119 Lichtblau: „Arisierungen", beschlagnahmte Vermögen, Rückstellungen und Entschädigungen in Salzburg, S. 94 f.
120 Ebd. S. 101 ff.
121 Harald Waitzbauer: Sirene, Bunker, Splittergraben. Die Bevölkerung im „totalen Krieg". In: Erich Marx (Hg.): Bomben auf Salzburg. Die „Gauhauptstadt" im „Totalen Krieg". Schriftenreihe des Archivs der Stadt Salzburg. 2. Aufl. Informationszentrum der Landeshauptstadt Salzburg 1995. S. 98.
122 Ebd.
123 Erich Marx: „Dann ging es Schlag auf Schlag. Die Bombenangriffe auf die Stadt Salzburg". In: Erich Marx (Hg.): Bomben auf Salzburg. S. 198.
124 Reinhard Rudolf Heinisch: Der Luftkrieg. In: Erich Marx (Hg): Bomben auf Salzburg. S. 20.
125 Ebd. S. 18.
126 Marx: „Dann ging es Schlag auf Schlag. Die Bombenangriffe auf die Stadt Salzburg". S. 271.
127 SLA RStH V/1 221/1945.
128 SLA RStH IV d 517/1943.
129 SLA RStH IV d 517/1943. Offert von Ing. Ferdinand Sperl an die WSG am 11.2.1943.
130 Michael Mooslechner: Das Kriegsgefangenenlager STALAG XVIII C. „Markt Pongau". Todeslager für sowjetische Soldaten; Geschichte und Hintergründe eines nationalsozialistischen Verbrechens in St. Johann/Pongau während des Zweiten Weltkrieges. Renner-Institut Salzburg. Salzburg 2005. Fast jeder gewerbliche Betrieb im Raum St. Johann beschäftigte einen oder mehrere ausländische Arbeiter. Etwa die Wellholzwerke (13 Arbeiter), die Salzburger Holzwerke AG (11), weitere Bauunternehmen (10), Fa. Mayreder & Kraus (9) und so weiter. Diese Aufstellung stammt aus Stadler/Mooslechner: St. Johann/Pg. 1938–1945. S. 110 f. Die Anforderungen erfolgten über das zuständige Arbeitsamt, das die Anfrage an das Landesarbeitsamt weiterleitete, die diese Arbeitskräfte vom Wehrkreiskommando erhielten.
131 SLA RStH IV d 517/1943. Prüfbericht von Arch. Zimmerhackel vom RWK am 11.5.1943 an die Landesregierung.
132 Ebd. Antrag mit demselben Datum.
133 Ebd. Antrag mit demselben Datum.
134 Ebd. Antrag mit demselben Datum.
135 Gespräch des Autors mit Dir. a. D. Arch. Ing. Helmut Till am 29.4.2012 in Salzburg.
136 Oskar Dohle/Nicole Slupetzky: Arbeiter für den Endsieg. Zwangsarbeit im Reichsgau 1939–1945. Böhlau Verlag. Wien/Köln/Salzburg 2004. S. 100.
137 Ebd. S. 101.
138 Ebd. S. 106.
139 SLA, Landrat Pongau, 1943, Sonderfasz. 1940–1945.
140 Ebd. S. 109.
141 Wolfgang Wintersteller: KZ-Dachau-Außenlager Hallein. Vorläufiger Bericht. Broschüre. Hallein 2003. S. 5.
142 Ingrid Bauer/Thomas Weidenholzer: Baracken, Flüchtlinge und Wohnungsnot: Salzburger Nachkriegsalltag. In: Wohnen in Salzburg. Geschichte und Perspektiven. Schriftenreihe des Archivs der Stadt Salzburg. Nr. 1. Salzburg 1989. S. 33.
143 Harald Waitzbauer: Flüchtlinge und „displaced persons". In: Erich Marx (Hg.): Befreit und besetzt. Stadt Salzburg 1945–1955. Verlag Anton Pustet. Salzburg/München 1996, S. 69.
144 Roland Floimair (Hg.): Vom Wiederaufbau zum Wirtschaftswunder. Ein Lesebuch zur Geschichte Salzburg. Verlag Anton Pustet. 1994. S. 56.

145 Ebd. S. 101.
146 Thomas Weidenholzer: Wohnelend im Nachkriegs-Salzburg. In: Marx (Hg.): Befreit und besetzt. S. 60.
147 Salzburger Nachrichten (SN) v. 28.9.1945. S. 4.
148 Thomas Weidenholzer: Wohnelend im Nachkriegs-Salzburg. In: Marx (Hg.): Befreit und besetzt. S. 64.
149 Waitzbauer: Flüchtlinge und „displaced persons". In: Marx (Hg.): Befreit und besetzt. S. 68.
150 Floimair (Hg.): Vom Wiederaufbau zum Wirtschaftswunder. S. 103.
151 Waitzbauer: Flüchtlinge und „displaced persons. S. 68.
152 Floimair (Hg.): Vom Wiederaufbau zum Wirtschaftswunder. S. 119.
153 Salzburger Volkszeitung (SVZ) v. 22.10.1946. S. 3.
154 Verhandlungen des Salzburger Landtages v. 12.12.1946. In: Floimair (Hg.): Vom Wiederaufbau zum Wirtschaftswunder. S. 112.
155 SN v. 2.2.2013. S. 32. Leserbrief von Horst Weilacher, Freilassing, unter dem Titel „Abschiebung in der Nachkriegszeit" in den SN.
156 Waitzbauer: Flüchtlinge und „displaced persons". S. 71.
157 Wilhelm Svoboda: Das Salzburger Internierungslager Camp Marcus W. Orr – ein kritischer Exkurs. In: Hans Bayr u. a. (Hg.): Salzburg 1945–1955. Zerstörung und Wiederaufbau. Salzburger Museum Carolino Augusteum. Salzburg 1995. S. 121–132. Siehe auch Oskar Dohle/Christoph Eigelsberger: Camp Marcus W. Orr – „Glasenbach" als Internierungslager nach 1945. Oberösterreichisches Landesarchiv Linz 2009.
158 Waitzbauer: Flüchtlinge und „displaced persons". S. 67.
159 ASP Akt 3058. Rückstellung 1945–48 (allg.). Schreiben des Stiftes St. Peter an Ministerialrat Richard Janda im Finanzministerium v. 26.11.1946. Gekauft wurden 19 485 m^2 am 23.10.1941 und 62 485 m^2 am 15.11.1941. 38 464 m^2 wurden in das bücherliche Eigentum der „Neuen Heimat" übertragen, 43 491 m^2 führten das Stift St. Peter als Eigentümer an, 30 321 m^2 wurden verbaut, davon 8 733 für den sog. „Postblock". Die Verbauungskosten betrugen 2,382 523 RM. Vgl.: Irene Bandhauer-Schöffmann: Entzug und Restitution im Bereich der Katholischen Kirche. Vermögensentzug und Rückstellung im Bereich der Katholischen Kirche. 1. Veröffentlichungen der Österreichischen Historikerkommission. Bd. 22/1. Oldenbourg Verlag. München 2004. S. 105 ff.
160 ASP Akt 3058, Rückstellung 1945–48 (allg.). Protokollschreiben der Rückführungsstelle v. 16.8.1945.
161 ASP Akt 3058, Rückstellung 1945–48 (allg.). Schreiben des Notars Alois Nekarda o.J.
162 ASP Akt 3058, Rückstellung 1945–48 (allg.). Schreiben des Stiftes St. Peter an die FLD v. 12.3.1947.
163 ASP Akt 3065, Rückstellung Aiglhof 1950–57. Schreiben des Stiftes St. Peter an die Finanzprokuratur Wien v. 7.4. 1953.
164 ASP Akt 3065, Rückstellung Aiglhof 1950-57. Protokoll der mündlichen Verhandlung und Vergleichsanbot v. 3.2.1956.
165 ASP Akt 3065, Rückstellung Aiglhof 1950–57. Stift St. Peter, undatierte Darstellung des Rechtsstandpunktes.
166 Ebd.
167 Ebd.
168 ASP Akt 3065, Rückstellung Aiglhof 1950–57. Schreiben des Anwaltes des Stifts St. Peter an den gegnerischen Anwalt v. 25.2.1950. Wie niedrig dieser Preis war, zeigt der Umstand, dass vergleichbare, anschließende Gründe bereits um 55 S verkauft worden seien.
169 ASP Akt 3065, Rückstellung Aiglhof 1950–57. Schreiben des Ministerialrates Franz Latzka im Finanzministerium an den Leiter der Rückstellungskommission v. 30.10.1950.
170 ASP Akt 3065, Rückstellung Aiglhof 1950–57. Schreiben des Erzabtes von St. Peter an den Rechtsanwalt Dr. Asamer v. 8.7.1955.
171 ASP Akt 3065, Rückstellung Aiglhof 1950–57. Zweites Schreiben des Erzabtes von St. Peter an den Rechtsanwalt Dr. Asamer v. 8.7.1955.
172 ASP Akt 3065, Rückstellung Aiglhof 1950–57. Schreiben des Rechtsanwalts Dr. Asamer an den Erzabt von St. Peter v. 22.2.1957.
173 Neue Heimat für neue Familien. Salzburg 1959. Ohne Pag.
174 Geschäftsbericht der gswb zum Jahresabschluss 1983. Archiv der gswb. S. 7.
175 Geschäftsbericht zum Jahresabschluss 1985. Archiv der gswb. S. 5. Erkenntnis des VwGH v. 26.9.1985.
176 ASP Akt 3058, Rückstellung 1945–48. Niederschrift der Rückführungsstelle am 16.8.1945.
177 ASP Akt 3064, Rückstellung Weichselbaumhofgründe Parsch, Aigen 1945–54. Schreiben des Landeshauptmannes Rehrl an Erzabt Reimer v. 26.1949. Schreiben des Bürgermeisters von Salzburg an denselben v. 22.6.1949.
178 ASP Akt 3064, Rückstellung Weichselbaumhofgründe (Parsch, Aigen) 1945–54. Internes Konzept des Stiftes St. Peter, ungezeichnet, undatiert, vermutlich um Juni 1950.
179 ASP Akt 3064, Rückstellung Weichselbaumhofgründe (Parsch, Aigen) 1945–54. Schreiben des Stift-Anwaltes Dr. Asamer an RA Dr. Michael v. 6.6.1950.
180 ASP Akt 3064, Rückstellung Weichselbaumhofgründe (Parsch, Aigen) 1945–54. Schreiben des Stifts an den Apostolischen Nuntius v.7.9.1950.
181 ASP Akt 3064, Rückstellung Weichselbaumhofgründe (Parsch, Aigen) 1945–54. Berufungsbescheid des Finanzministeriums v. 27.1.1955.
182 ASP Akt 3064, Rückstellung Weichselbaumhofgründe (Parsch, Aigen) 1945–54. Undatiertes Briefkonzept des Stiftes St. Peter, um 1955.
183 ASP Akt 3064, Rückstellung Weichselbaumhofgründe (Parsch, Aigen) 1945–54. Beschwerde von St. Peter an den VwGH v. 8.3.1955.
184 Bauer/ Weidenholzer: Baracken, Flüchtlinge und Wohnungsnot: Salzburger Nachkriegsalltag. In: Wohnen in Salzburg. S. 39.
185 Waltraud M. Mann: 40 Jahre Salzburger Wohnbauförderungsfonds (1950–1990). Entstehung, Auswirkung und Analysen. In: 40 Jahre Salzburger Wohnbauförderungsfonds. Schriftenreihe des Landespressebüros. Salzburg Dokumentationen Nr. 101. Salzburg 1990. S. 32–33.

186 Statistisches Jahrbuch des Landeshauptstadt Salzburg 1956.
187 Franz Roth: Die Volksdeutschen in Salzburg. In: Hans Bayr u. a. (Hg.): Salzburg 1945–1955. S. 147.
188 Waitzbauer: Displaced Persons in Salzburg S. 157–164.
189 Franz Roth: Die Volksdeutschen in Salzburg. In: Hans Bayr u. a. (Hg.): Salzburg 1945–1955. S. 158.
190 A. K. Gauß/Bruno Oberläuter: Das zweite Dach. Eine Zwischenbilanz über Barackennot und Siedlerwillen 1945–1965. Donauschwäbische Beiträge. Band 72. Salzburg 1979. S. 6.
191 Ebd. S. 27.
192 Bruno Oberläuter: Politik und Praxis des sozialen Wohnungsbaues in der Stadt Salzburg. In: Wohnen in Salzburg. S. 53–55.
193 Ebd. S. 43.
194 Ebd. S. 44.
195 Ebd. S. 59.
196 Heinrich Medicus: 40 Jahre Wohnbauförderung in Land und Stadt Salzburg. In: Wohnen in Salzburg. S. 67.
197 Ebd. S. 68.
198 Christian Dirninger: Der wirtschaftliche Wiederaufbau in Salzburg. In: Hans Bayr u. a. (Hg.): Salzburg 1945–1955. S. 192.
199 Ebd. S. 212.
200 SN v. 9.10.1950.
201 Dirninger: Der wirtschaftliche Wiederaufbau in Salzburg. In: Hans Bayr u. a. (Hg.): Salzburg 1945–1955. S. 214.
202 Waitzbauer: Thomas Bernhard in Salzburg. S. 82. 1951–54 waren von den USFA 355 Mio. S im Land Salzburg – auf von der Republik gemieteten Gründen – verbaut worden. Ein Großteil entfiel auf das Camp Roeder. Vgl. Amtsblatt der Landeshauptstadt Salzburg. Nr. 41 v. 13.10.1954. S. 13.
203 Gerhard L. Fasching/Otto H. Rainer: Die Dislokation der US-Streitkräfte 1945 bis 1955 in Salzburg. In: Salzburg 1945–1955. S. 319/320.
204 Floimair (Hg.): Vom Wiederaufbau zum Wirtschaftswunder. S. 188.
205 Josef Wysocki/Christian Dirninger: Wirtschaft. In: Landeshauptmann Klaus und der Wiederaufbau Salzburgs. Universitätsverlag Anton Pustet. Salzburg 1980. S. 191.
206 Bruno Oberläuter: Salzburger Stadtrandsiedlungen. Forschungsgesellschaft für den Wohnungsbau im ÖIAV. Salzburg 1961. S. 1/2.
207 Ebd. S. 44.
208 Ebd. S. 46 f.
209 Peter Handke: In einer dunklen Nacht ging ich aus meinem stillen Haus. Suhrkamp Verlag. Frankfurt/Main 1987. S. 8.
210 Amtsblatt der Landeshauptstadt Salzburg, Nr. 41 v. 13.10.1954. S. 8.
211 LGS Abt. 11 HRB 26. Schreiben v. 17.5.1945.
212 LGS Abt. 11 HRB 26. Schreiben v. Zonenkommandeur Howard A. Mackenzie an das Landesgericht Salzburg v. 10.1.1947. Alle Geschäftsanteile des DAF waren lt. § 1 des Verfassungsgesetzes v. 8.5.1945 der Republik Österreich verfallen.
213 Neue Heimat für Neue Familien. S. 11.
214 LGS Abt. 11 HRB 26. Schreiben v. Frank an das Landesgericht Salzburg v. 3.8.1945.
215 Neue Heimat für Neue Familien. S. 11.
216 Ebd.
217 LGS Abt. 11 HRB 26. Schreiben v. Frank an das Landesgericht Salzburg v. 8.10.1945.
218 Gespräch des Autors mit Dir. a. D. Arch. Ing. Helmut Till am 29.4.2012 in Salzburg. Till wurde im April 1942 zum Frontdienst, unter anderem als Minenräumer in Tunesien und Libyen, eingezogen. Als Angehöriger des Fallschirmjägerregiments „General Göring" war er auch auf Görings Landsitz in Carinhall zum Wachdienst eingeteilt und für Görings Modelleisenbahn verantwortlich. Aus britischer Gefangenschaft in Casablanca floh er 1943 und fiel in die Hände der Amerikaner, die ihn zum Arbeitsdienst in neun verschiedenen Lagern quer über die USA einteilten. Über Liverpool und London kam er 1946 nach Salzburg zurück.
219 Neue Heimat für Neue Familien. Tabelle S. 16.
220 LGS Abt. 11 HRB 26. Bilanz der „Neuen Heimat" v. 31.12.1950.
221 Gespräch des Autors mit Dir. a.D. Bmstr. Ing. Johann Sandri v. 15.6.2013 in Salzburg.
222 Neue Heimat für Neue Familien. S. 15. 1959 waren 11 319 Menschen im Baugewerbe tätig gewesen. Seit 1945 gab die „Neue Heimat" 8 000 Menschen Beschäftigung.
223 Neue Heimat für Neue Familien. S. 23 f.
224 LGS Abt. 11HRB 478 Bd. 1, Schreiben v. 19.9.1945.
225 15 Jahre WSG. Broschüre. Salzburg 1954. S. 6.
226 Ebd. S. 21.
227 SN v. 18.12.1951, S. 5. Aufsatz von Gastautor und Architekt Paul Geppert: „Streubauweise gefährdet Salzburgs Stadtbild".
228 Monatsberichte des Österreichischen Instituts für Wirtschaftsforschung. 26. Jg (Nr. 10). Beil. Nr. 22. Wien 1953. S. 3 ff.
229 Stellungnahme von LH Klaus in seiner Regierungserklärung. Prot. des Landtages v. 22.12.1954.
230 SVB v. 24.5.1955.
231 Wohnungsamt Salzburg. Wohnungsvergebung und Wohnungssuchende 1956–60.
232 SN v. 21.2.1955. S. 5.
233 AStS, Prot. des Stadtsenats v. 23.4.1957.
234 Amtsblatt der Landeshauptstadt Salzburg Nr. 3/4 v. 20.1.1959.
235 Amtsblatt der Landeshauptstadt Salzburg Nr. 39 v. 25.9.1961.

236 Die Kosten betrugen 383 Mio. S. Vgl. Oberläuter: Das zweite Dach. S. 12–15.
237 Amtsblatt der Landeshauptstadt Salzburg Nr. 40/41/384 v. 15.11.1959.
238 Amtsblatt der Landeshauptstadt Salzburg Nr. 3 v. 21.2.1964. S. 2.
239 Alexandra Jäckel: Taxham. Von der grünen Wiese zur Satellitenstadt. Zur Entstehung eines Salzburger Stadtteiles in den fünfziger und sechziger Jahren. Dipl. Universität Salzburg 1998, S. 69.
240 Ebd. S. 82.
241 Bruno Oberläuter: Wohnungssuchende in Salzburg. Eine Strukturuntersuchung. Magistrat Salzburg. Hektographiertes Manuskript. Salzburg 1964.
242 Ebd. S. 15.
243 Bastei Nr. 3/1964. S. 4.
244 Helmut Keidel: Die Bewahrung der Salzburger Altstadt. In. Bastei Nr. 3/1964. S. 3.
245 Theodor Hoppe: Salzburger Altstadt – wie lange noch? In: Bastei Nr. 2/1963. S. 4–5.
246 Bruno Oberläuter: Politik und Praxis des sozialen Wohnungsbaues in der Stadt Salzburg. In: Wohnen in Salzburg. S. 54–57. Vgl. LGS Gen.Reg. Nr. 1528/Gen.III-228/1. Der Fall wird auch ausführlich geschildert in: Hans Altmann: Wohnbaupolitik und Sozialer Wohnbau in der Stadt Salzburg 1945–1970. Dipl. Universität Salzburg 2012. S. 283–340.
247 Altmann: Wohnbaupolitik und Sozialer Wohnbau in der Stadt Salzburg 1945–1970. S. 293.
248 Ebd. S. 301.
249 SN v. 28.8.1961. S. 3.
250 SN v. 11.10.1961. S. 5. Zu den Bauvorhaben der Gartensiedlung zu Beginn zählten folgende Objekte: Trabrennbahn (500 Wohnungen), Uferstraße (40), Nähe Hauptbahnhof (60), Fordhof (St.-Julien-Straße), Gabelsbergerstraße, Bessarabierstraße (120), Alpenstraße (81), Augustinergasse, Mohrstraße, Buckelreuth, Puch (69), Obertrum, Neualm, Mattsee, Hallein.
251 Somit standen drei Gesellschaften unter der Leitung Thannenbergers – Die „Gartensiedlung Gen.m.b.H" (Bauvolumen 378 Mio. S), die „Gartensiedlung Ges.m.b.H." (118) und der Verein „Bauförderungsgemeinschaft des Bundeslandes Salzburg" (72). Stand Dezember 1964. Daten aus Nr. 132 der Beilagen zum Protokoll des Salzburger Landtags , 6. und 7. Sitzung am 15.12.1964.
252 SN v. 17.11.1964. S. 5.
253 Altmann: Wohnbaupolitik und Sozialer Wohnbau in der Stadt Salzburg 1945–1970. S. 316.
254 Ebd. S. 319. Siehe SN v. 16.3.1966. S. 5.
255 SN v. 9.12.1966. S. 5.
256 SN v. 15.6.1968. S. 7.
257 AStS, Protokoll der Sitzung des Gemeinderats v. 5.11.1956.
258 Amtsblatt der Landeshauptstadt Salzburg Nr. 29 v. 30.9.1957.
259 AStS, Prot. der Sitzung des Gemeinderats der Stadt Salzburg v. 16.9.1957.
260 Amtsblatt der Landeshauptstadt Salzburg. Nr. 37/370 v. 1.12.1958.
261 AStS, Prot. der Sitzung des Stadtsenats v. 18.11.1960.
262 Amtsblatt der Landeshauptstadt Salzburg Nr. 3031 v. 27.9.1961. S. 8.
263 LGS Abt. 11HRB 478 Bd. 1
264 LGS Abt. 11HRB 478 Bd. 1. Protokoll der Gesellschafterversammlung v. 7.5.1957. S. 4.
265 Hans Sedlmayr: Die demolierte Schönheit. Otto Müller Verlag. Salzburg 1965. S. 39.
266 Kurt Straub: Entwicklung und Aspekte zum Salzburger Altstadterhaltungsgesetz. In: Bastei. Bd. 49. Folge 3. Salzburg 2000. S. 3 ff.
267 Johannes Voggenhuber: Berichte an den Souverän. Salzburg: Der Bürger und seine Stadt. Residenz Verlag. 1988. S. 40 ff.
268 Markus Caspers: 70er. Einmal Zukunft und zurück. Utopie und Alltag 1969–1977. Dumont Verlag Köln 1997. S. 57.
269 Salzburger Landesstatistik. Heft XVII. Die Wohnbautätigkeit und Wohnbauförderung in Österreich 1945–1967. Dargestellt nach Gemeindeklassen, Verwaltungsbezirken sowie Städten und Gemeinden mit über 10.000 Einwohnern. Salzburg 1968. S. 4.
270 Ebd. S. 18.
271 Ebd. S. 20.
272 Georg Schwamberger: Chronik der Stadt Hallein 1965–1979. Halleiner Geschichtsblätter. Hallein 1987. S. 37.
273 Ebd. S. 43.
274 Franz Schober: Rif-Land am Fluss. In: Rif-Taxach. Geschichte eines Stadtteils. Edition Tandem. Hallein 2011. S. 22.
275 Hans Lechner: 20 Jahre Wohnungsbau im Bundesland Salzburg. In: Bau- und Bodenkorrespondenz (BBK). Zeitschrift für Wohnbaufinanzierung, Wohnungs- und Siedlungswesen. Nr. 12, Jg. 12/1965.
276 Beilagen zum Prot. der Sitzung des Landtages Nr. 149 v. 25.5.1966.
277 SLZ v. 26.2.1969.
278 DER SPIEGEL 38/1977 v. 12.09.1977.
279 SN v. 5/.12.1970, S. 1–2. Weitere Verflechtungen von Politik und Baugeschäft stellten unter anderem Bürgermeister und Sparkassendirektor Bäck, ÖVP-Klubobmann und Wirtschaftsbund-Obmann Alois Reinthaler, der unter anderem mit dem Verkauf von „Bombenmasken" an Gemeinnützige seine Geschäfte machte, und FPÖ-Klubobmann und Baustoffgroßhändler Franz Rothschädl dar.
280 Herbert Dachs/Roland Floimair/Ernst Hanisch/Franz Schausberger (Hg.): Die Ära Haslauer. Salzburg in den siebziger und achtziger Jahren. Böhlau Verlag. Wien 2001. S. 16.
281 Robert Hoffmann: Salzburg in Salzburg. Zum Verhältnis von Stadt und Land Salzburg. In: Eberhard Zwink (Hg.): Die Ära

Lechner. Das Land Salzburg in den sechziger und siebziger Jahren. Schriftenreihe des Landespressebüros. Serie „Sonderpublikationen" Nr. 71. Salzburg 1988. S. 397.
282 Ebd. S. 400.
283 Ebd.
284 Wilfried Schaber: Bauen und Baugesinnung nach dem Wiederaufbau. In: Die Ära Lechner. S. 514 f.
285 LGS Abt. 11 HRB 26. Notariatsakt zur Verschmelzung von „Neuer Heimat" und „SWB" v. 21.7.1964.
286 Dopsch/Hoffmann: Salzburg. Die Geschichte einer Stadt. S. 599. 1960 hatten die Genossenschaften bereits 56 % Anteil, die Privaten 21 %. Die Wiederaufbautätigkeit und kommunaler Wohnbau spielten keine bedeutende Rolle mehr.
287 Ebd.
288 Gespräch des Autors mit Dir. a. D. Arch. Ing. Helmut Till am 29.4.2012 in Salzburg.
289 Amtsblatt der Landeshauptstadt Salzburg v.15.2.1967. Nr. 4. S. 14.
290 AStS, Amtsbericht v. 3.9.1970 der Mag. Abt. IV.
291 Gespräch des Autors mit Dir. a. D. Arch. Ing. Helmut Till am 29.4.2012 in Salzburg.
292 Schausberger et. al. (Hg.): Die Ära Haslauer. S. 16.
293 Richard Schmidjell: Gemeinnütziger Wohnbau ist teuer! Eine Dokumentation der Salzburger Wirtschaft. Kammer der gewerblichen Wirtschaft für Salzburg. Salzburg 1983.
294 Michael Lehrer: Wohnbaupolitik im Bundesland Salzburg 1945–1984. Phil. Diss. Universität Salzburg. Salzburg 1989. S. 177.
295 Voggenhuber: Berichte an den Souverän. S. 79 f.
296 Ebd. S. 95 f.
297 Die Presse am Sonntag v. 24.3.2013. S. 28/29.
298 Die Presse v. 24.3.2013.
299 www.salzburg.orf.at v. 30.12.2011. Vgl. OÖN v. 4.2.2012. S. 10.
300 Herbert Dachs: Die Salzburger Parteiarena 1975–1989. In: Franz Schausberger et. al. (Hg.): Die Ära Haslauer. S. 110 f. Ausschlaggebend dürfte aber der (nachweisbare) Wohnungskauf durch Reschen aus dem WEB-Imperium gewesen sein.
301 Alfred Holoubek: Konsequenzen aus dem Salzburger „Wohnbau-Skandal". In: Wohnen + Siedeln. Fachzeitschrift für das gemeinnützige Wohnungswesen. Heft 3/1989. S. 3–5.
302 Franz Eder/Josef Raos: Wohnen im Bundesland Salzburg. Amt der Salzburger Landesregierung. Landesamtsdirektion, Referat 0/03: Landesstatistischer Dienst. Salzburg 1993. S. 6 ff.
303 Ebd. S. 14.
304 Ebd. S. 86.
305 Geschäftsbericht zum Jahresabschluss 1988. Archiv der gswb. S. 1.
306 Dopsch/Hoffmann: Salzburg. Die Geschichte einer Stadt. S. 633.
307 Stefan Tschandl/Stefan Veigl: Grünlandschutz vs. Wohnungsnot in der Stadt Salzburg. In: Herbert Dachs/Roland Floimair: Salzburger Jahrbuch für Politik 2007. Böhlau Verlag Wien/Köln/Weimar 2008. S. 75.
308 Dopsch/Hoffmann: Salzburg. Die Geschichte einer Stadt. S. 612.
309 Wolfgang Amann/Ursula Rischanek/Sandra Bauernfeind: Benchmarking Wohnbauförderung. Optimierung der Salzburger Mietwohnungs- und Sanierungsförderung. Studie der Forschungsgesellschaft Wohnen, Bauen und Planen, Wien. Im Auftrag der Wirtschaftskammer Salzburg. Wien 2001, S. 3.
310 Ebd. S. 20.
311 Ebd. S. 32.
312 Ebd. S. 45.
313 Geschäftsbericht zum Jahresabschluss 1981. Archiv der gswb. S. 4.
314 Geschäftsbericht zum Jahresabschluss 1982. Archiv der gswb. S. 12.
315 Geschäftsbericht zum Jahresabschluss 1983. Archiv der gswb. S. 4.
316 Bauen & Wohnen. 60 Jahre GSWB 1939–1999. Wohnen in Geborgenheit. Jubiläumsschrift der GSWB –Gemeinnützige Salzburger Wohnbaugesellschaft m.b.H. Salzburg 1999. S. 9.
317 Geschäftsbericht zum Jahresabschluss 1984. Archiv der gswb. S. 4.
318 Raimund Gutmann: gemeinsam planen & wohnen. „Entwicklung sozialen Lebens" am Beispiel der Neubausiedlung Salzburg-Forellenweg". Verlag Grauwerte im Institut für Alltagskultur. Salzburg 1990. S. 15.
319 Ebd. S. 38.
320 Zeitungsinserat der gswb in: Salzburger Fenster (SF) Nr. 13/1988.
321 Gutmann: gemeinsam planen & wohnen. S. 76.
322 Gespräch des Autors mit Dir. a. D. Bmstr. Ing. Johann Sandri v. 15.6.2013 in Salzburg.
323 Roman Höllbacher: Architektur.Stadt.Landschaft. Allegorie und Politik in Salzburg von 1970–1990. In: Schausberger et. al. (Hg.): Die Ära Haslauer. S. 601 f.
324 50 Jahre gswb 1939–1989. Broschüre. S. 1. Die 16 000 Wohnungen in 53 Gemeinden des Landes gliedern sich in 10 656 Miet- und 4 375 Eigentumswohnungen, davon 6 521 und 2.252 in der Stadt Salzburg.
325 Bauen & Wohnen. 60 Jahre GSWB 1939–1999. Wohnen in Geborgenheit. Jubiläumsschrift der GSWB –Gemeinnützige Salzburger Wohnbaugesellschaft m.b.H. Salzburg 1999. S. 4.
326 Ebd. S. 19. Von den 18 000 Wohnungen befanden sich 10 128 in der Hauptstadt, 1 709 im Flachgau, 1451 im Tennengau, 3 505 im Pongau, 1 074 im Pinzgau und 212 im Lungau.
327 Geschäftsbericht zum Jahresabschluss 2000. Archiv der gswb. S. 15.

328 Geschäftsbericht zum Jahresabschluss 1996. Archiv der gswb. S. 4.
329 Weitere größere Bauvorhaben waren (mit Angabe der Wohneinheiten, ohne Anspruch auf Vollständigkeit): 1983: Sam (37), Altenmarkt (17), Ramingstein (15), 1983/84: Kendlerstraße (222), 1984: Sam (44), Altenmarkt 14), 1985: Anif (14), 1986: Haslbergerweg (96), Tamsweg (19), 1988–90: Forellenweg inkl. Kulturpavillon (179), 1991/92: Wals (52), 1993: Seekirchen (14), Schwarzach (50), 1994: Badgastein (30), Siebenbürgerstr. 2-4 (20), Puch (5), Filzmoos (6), Alpenstraße (12), St. Johann (12), St. Veit (12), Saalachstraße (22), Personalwohnhaus Hallein (48), Weihergasse (10), Kendlerstraße (22), Neumarkt (21), 1995: Seniorenwohnhaus Hallein (25), Liefering (25), Schützenstraße 15 + 17 (27), Altenmarkt (4), Saalfelden (20), St. Georgen (39), 1996: Saalachstraße 14 (10), Rupertgasse (28), Personalwohnhaus Landesnervenklinik (28), Saalfelden (40), Ratsbriefstraße (19), Bergheim (10), Pichlergasse (13), Saalfelden (60), Altenmarkt (16), Aigen (14), 1997: Schopperstraße (18), Bischofshofen (8), Bessarabierstraße 21–27 (24), 1998: Scherzhausen (99), Bischofshofen (13), St. Johann (44), Oberndorf (21), 1999: Scherzhausen (54), Paris-Lodron-Straße (33), Bischofshofen (11), Personalwohnhaus Hallein (20), Puch (20). Quelle: Bautenübersicht von Bmstr. Walter Loach/Techn. Leiter der gswb, Gespräch mit Walter Loach am 29.5.2013 in Salzburg. Stand: Juni 2013
330 SIX-Salzburger Immobilienindex des Immobilienbüros Hölzl & Hubner, zit. in: SF Nr. 18 v. 16.5.2012. S: 12/13. Bei Durchschnittswerten ist zu beachten, dass Betriebskosten und Steuern fehlen und der tatsächliche Wert für durchschnittliche und gute Lagen meist weit höher ist!
331 SN v. 19.4.2012. S. 12/13.
332 Stefan Tschandl/Stefan Veigl: Grünlandschutz vs. Wohnungsnot in der Stadt Salzburg. In: Salzburger Jahrbuch für Politik 2007. S. 81.
333 Dopsch/ Hoffmann: Salzburg. Die Geschichte einer Stadt. S. 636.
334 Ihre eigenen rund 400 Immobilien – Schulen, Wohn-, Amts- und Geschäftsbäude – verwaltet die Stadt Salzburg in der „SIG" („Stadt Salzburg Immobilien GmbH"), gegr. 2008.
335 Profil Nr. 13 v. 25.3.2013. S. 24.
336 SN v. 23.6.2012. S. 21.
337 Österreich v. 21.5.2013. S. 29.
338 Der Standard v. 5.3.2013. S. 1. S. 7.
339 Salzburg.orf.at/m/news/stories/2527329/
340 SN v. 10.3.2012. S. 65.
341 In ganz Österreich gibt es (Stand Mitte 2013) 4,14 Mio. Einheiten, 58 % sind im Eigentum, 40 % in Miete. Private Mietwohnungen: 600 000. Stadt Wien: 220 000 eigene Wohnungen in „Gemeindebauten". Bis zu 400 000 Wohnungen fallen unter die „Richtwert-Mieten". Die Gemeinnützigen verwalten 554 000 Mietwohnungen und 150 000 Eigentumswohnungen. Pro Jahr entstehen bis zu 50 000 Wohnungen neu. In: SN v. 6.4.2013. S. 33.
342 WKO Immo-Preisspiegel April 2013.
343 Salzburger Wirtschaft (SW) Nr. 16 v. 19.4.2013. S. 7.
344 Univ. Prof. Friedrich Schuster: Österreichweite Betriebskostenstudie Mai 2013. Energieinstitut an der Johannes-Kepler-Universität Linz. Linz 2013.
345 SN v. 9.6.2012. S. 10/11.
346 SN v. 21.4.2012. S. 16.
347 Salzburg.orf.at/m/news/stories/2436184/. Eine Steuer auf Eigentum wäre wohl auch verfassungswidrig.
348 SN v. 21.2.2012. S. 2. Lt. dem ehem. Stadtplaner Gerhard Doblhamer ist der Anteil an Mietwohnungen in Salzburg einfach zu gering – er beträgt nur 50 %, in Linz 72 %, in Wien 76 %. Infrastrukturabgabe – seit 2009 können Aufschließungskosten bereits bei der Baulandwidmung und nicht erst bei der tatsächlichen Bebauung eingehoben werden, was das Horten von Bauland verhindert. Da politisch nicht opportun, verzichten die Gemeinden auf die vorzeitige Einhebung.
349 Immo-DEX von immobilien.net, Vergleich Juli 2011–Juni 2012.
350 SN v. 15.11.2012. S. 13. Durch die von Vermietern verlangten Aufschläge auf den Richtwertmietzins ist dieses System in weiten Teilen intransparent und ineffektiv geworden.
351 Leserbrief von Veronika Berndl-Richtinger am 27.12.2012 in den SN, S. 20. Der Anteil der Wohnkosten liegt nach einer Studie der Nationalbank 2013 im Schnitt bei 25 % des Haushaltsnettoeinkommens, bei Mietern bei 34 %, bei Wenigverdienern bei 51 %. Vgl. Kurier v. 29.5.2013, S. 9.
352 Salzburg Krone v. 17.4.2012, S. 16.
353 SN v. 9.8.2013. S. 1–3.
354 SN v. 17.3.2012. S. 49.
355 Selbstverständlich gilt für alle Beteiligten vor Abschluss eines Ermittlungs- und Gerichtsverfahrens die Unschuldsvermutung.
356 Gespräch des Autors mit Dir. a. D. Bmstr. Ing. Johann Sandri v. 15.6.2013 in Salzburg.
357 Die Idee der „Nachverdichtung" von nur als Parkplätzen genutztem Raum sollte der gswb im großen Stil erst z. B. beim Projekt „Lanserwiese" an der Salzburger Moosstraße gelingen (2007).

358 Bericht des Rechnungshofes. Gemeinnützige Salzburger Wohnbaugesellschaft m.b.H. Reihe Salzburg 2007/8. Ziel der Prüfung war der Einfluss betriebswirtschaftlicher Kenngrößen auf die Miethöhe. Im Wesentlichen beanstandete der RH, dass Gewinne bzw. Rücklagen zugunsten niedrigerer Mieten verwendet werden sollten. Die gswb widersprach, dass bei seit über zehn Jahren gleichbleibenden Förderhöchstsätzen Eigenmittel dringend erforderlich und etwa Grundstückskäufe ausschließlich mit Eigenmitteln zu tätigen seien. Die Landesregierung schloss sich dieser Argumentation an. Der RH empfahl dennoch,

bei einem eventuellen Zielkonflikt niedrigeren Mieten den Vorrang einzuräumen.
359 Die Presse.com: „Causa Grasser. Dubiose Bareinzahlungen" v. 29.9.2011.
360 Der Standard.at: „Bei BUWOG patzte der Gesetzgeber" v. 6.3.2012.
361 Der Zeitpunkt des „Opting-in für die Gemeinnützigkeit der gswb" ist zeitlich mit dem Brief der Geschäftsführung Dir. Hubert Mitter und Dir. Ing. Hannes Sandri an die Salzburger Landesregierung v. 26.3.2001 einzuordnen. Archiv der gswb.
362 Ebd. S. 19.
363 Gswb. Wohnbau in Salzburg. Sonderbeilage der gswb in den SN v. 24.12.2012. S. 3.
364 Einen Einblick ins Lehen von damals und heute gibt anschaulich u. a. Petra Burgstaller (Hg., et. al.): von Lehen 2. Rund um das Stadtwerk. Edition Eizenbergerhof. Salzburg 2011.
365 SF Nr. 17 v. 15.5.2013.2012 übergaben alle Gemeinnützigen in Salzburg: Stadt: 61 Whg. (45 Miete, 16 ETW), Land: 731 Whg. (516 Miete, 123 Miete-Kauf, 92 ETW). Schriftliche Mitteilung des gbv-Pressesprechers Alexander Tempelmayr v. 10.11.2013 an den Autor.
366 SF Nr. 11 v. 21.3.2012. S. 1.
367 Um den historischen Wert dieser Siedlungen ist gerade in Vorarlberg und Tirol eine Diskussion entbrannt. Wärmeverluste und Hellhörigkeit sind die bautechnischen Nachteile, gepaart mit schlechter Bauweise durch Hilfsarbeiter und minderwertige Materialien. Allerdings ist die Baudichte gering und die Wohnqualität dadurch sehr hoch. Viele Bürgermeister in den beiden Bundesländern sehen diese Siedlungen als Kulturgut an. Vgl. Hannes Schlosser: „Sanieren oder doch nicht?" In: wohnen plus. Fachmagazin der Gemeinnützigen Bauvereinigungen Nr. 3/2012. S. 14.
368 Weitere Wohnbauten von 2000 bis 2014 (ohne Anspruch auf Vollständigkeit): 2000–02: Puch (11), Mittersill (18), Golling (69), 2001: St. Koloman (12), Höglwörthweg (8), 2003: Hallein (37), Grödig (18), Hallein (18), 2004: Höglwörthweg (27), Rottmayergasse (5), Personalwohnhaus der CDK (44), Mauterndorf (8), St. Johann (9), Oberalm (12), Aigen (56), 2005: Neumarkt (15), St. Johann (15), Neukirchen (12), Aigen (59), Schloss Arenberg (53), St. Johann (15), Hallein (49), 2006: Wartelsteinstiftung (32), Schwarzach (36), Saalfelden (1), Alpensiedlung (31), St. Johann (12), Saalfelden (1), Hallein (38), Puch (27), Strobl (13), Bergheim (12), Höglwörthweg (9), Strobl (8), 2007: Mattsee (16), Siezenheim (56), Puch (28), Altenmarkt (70), Maishofen (54), Mauterndorf (8), Plainstraße (46), Lanserwiese (82), Faistenau (15), Ofnerstraße (91), Puch (9), 2008: Bischofshofen (23), Hallein (22), Lamprechtshausen (51), Oberndorf (54), Hallein (30), Peter-Pfenningerstraße (9), Brunnhausgasse (5), Siezenheim (9), Badgastein (28), 2009: Postimmobilien Bahnhof (104), Straßwalchen (54), Sam (29), Schwarzach (20), Aigen (77), Alpenstr. 16 (5), Paradiesgarten (30), Aigen (9), Bischofshofen (26), Zauchensee (19), Aribonenstraße (894), 2010: Paradiesgarten (20), Obertrum (21), Taxenbach (15), Hallein (29), Obertrum (36), Altenmarkt (10), Oberndorf (39), Seitenbachweg (7), Bürmoos (11), Liefering (13), St. Veit (815), Liefering-Laufenstraße (30), Thalgau (10), Piesendorf (27), 2011: Wals (9), Elisabethstraße (15), Thalgau (30), Seekirchen (64), Schwarzach (26), Stadtwerke (203), Thalgau (27), St. Johann (844), Bürmoos (9), Röcklbrunnstr. (24), 2012: Zell am See-Einödsiedlung (21), Siezenheim (83), St. Johann (31), Seniorenheim Saalfelden (180 Betten), Kaprun (12), Scherzhauserfeldstraße 32 (3), Piesendorf (21), St. Veit (6), Aigen (41).
Quelle: Bautenübersicht von Bmstr. Walter Loach/Techn. Leiter der gswb, Gespräch mit Walter Loach am 29.5.2013 in Salzburg. Stand: Juni 2013.
369 SN v. 10.8.2013. S. 5. Im Jahr 2012 steckte das Land Salzburg 241 Mio. Euro in den Wohnungsbau. Seit dem Jahr 2000 ist der einst dominierende Eigentumsbau rückläufig und liegt zum Teil weit unter dem Mietbau.
370 SN v. 15.12.2012. S. 29.
371 SN v. 22.12.2012. S. 29. Die Prinzipien der Kostendeckung (keine Gewinnmaximierung), Vermögensbindung (Erträge bleiben gemeinnützigen Zwecken gewidmet) und Geschäftskreisbeschränkung (keine Tätigkeit außerhalb des Wohnbaues, Prüfung durch Revisionsverband, dafür Befreiung von der Körperschaftsteuer und der Gewerbeordnung) sind im § 1 des WGG (Wohnungsgemeinnützigkeitsgesetz) geregelt.
372 SF Nr. 03 v. 30.1.2013. S. 15. 2011 hatten die gewerblichen Bauträger 700 Wohnungen bzw. Reihenhäuser um 258 Mio. € realisiert.
373 Die Räumung des Areals durch das Bundesheer hat bis Mai 2015 zu erfolgen. Die gswb wird auf dem Areal 110 geförderte Mietwohnungen, die UBM 50 Eigentumswohnungen errichten. 25 % sind Mietkauf-Wohnungen. Weiters entstehen Geschäfte und Büros, eine Tiefgarage und ein öffentlicher Park.

Die Bautechnik im gemeinnützigen Wohnbau

Johann Sandri

Im Laufe ihrer 75-jährigen Geschichte errichtete die gswb von 1940 bis 1993 rund 22 500 Wohnungen und für die Nahversorgung rund 760 Geschäftslokale, zentrale Heizwerke und Waschanlagen sowie eine große Zahl kommunaler Einrichtungen wie Schülerheime, Kindergärten, Seniorenheime, Pflegeheime, Tagesheimstätten für Senioren, Schulgebäude und Sportanlagen. Insgesamt wurden dafür 1,600 450 m^2 Nettonutzfläche geschaffen. Dieser Beitrag bietet eine Übersicht über die konstruktiven Ausführungen der Gebäude und der Innenausbauten.

Erdarbeiten, Fundament und Kellergeschoss

In den Vierzigerjahren sind Erdbewegungsmaschinen noch nicht im Einsatz. In der Regel erfolgt der Baugruben- und Fundamentaushub für die Streifenfundamente noch händisch. Die Streifenfundamente werden aus vor Ort hergestelltem Beton (um Zement und Kies zu sparen, oft auch mit Steineinlagen) ausgeführt. Das tragende Kellermauerwerk ist 25 bis 30 cm dick und wird aus unbewehrtem Beton mit beidseitiger Schalung aus Holzbrettern hergestellt. Die Betongüte ist ab 1942/43 kriegsbedingt oft von minderer Qualität. Auf Außenabdichtungen der Keller-Außenwände wird verzichtet, wodurch bei etlichen Kellern in der Folge Feuchteprobleme auftreten. Kellerdecken werden als Stein-Eisen-Hohlkörperdecken, zum Teil auch als bewehrte Ortbetondecken ausgeführt. Die lichte Raumhöhe der Keller ist auf 2,30 m beschränkt. Die Stiege zum Keller wird aus Ortbeton hergestellt. Die Kellerräume (ein Abteil pro Wohnung) werden mit Betonestrich versehen, weiters werden ein Waschraum mit einem Waschgranter aus Beton sowie Waschkesselofen eingebaut. Bei einigen Wohnsiedlungen in der Stadt Salzburg werden kriegsbedingt auch Schutzräume errichtet.

Nach dem Krieg, in den Fünfziger- und Sechzigerjahren, wurden im Geländebereich der Siedlung Lehen I von der damaligen Salzburger Firma Eder Schotter und Kies abgebaut. Fur die deshalb erforderlichen Planierungsarbeiten leisteten US-Truppen Anfang der Fünfzi gerjahre mit riesigen Planierraupen einen Beitrag zur Kostenminderung. Raupenfahrzeuge, Radlader, Bagger etc. werden aber schon bald vom Baumaschinenmarkt angeboten. Der Baugrubenaushub wird deshalb maschinell bewältigt. Der Aushub für Streifenfundamente erfolgt in den frühen Fünfzigerjahren oft noch händisch, später aber weitgehend auch maschinell. Das trifft ebenso für den Aushub für Kanalisationen, Sicker- und Kläranlagen zu. Oft fehlt noch ein öffentliches Kanalnetz. Für die Baugrunderkundung und Bodenbeurteilung treten neue Ö-Normen in Geltung. Es werden Streifenfundamente hergestellt, die z. B. beim Projekt Lehen I teilweise bis auf das gewachsene Niveau der ehemaligen Schottergrube

(bis zu 2,5 m unter Kellerfußboden) geführt werden müssen. Bei erdberührten Außenmauern werden Bitumenanstriche zur Abdichtung aufgebracht. Für das tragende Betonmauerwerk und bewehrte Ortbetondecken kommen industriell gefertigte Schalungsmaterialien (häufig verwendet und bekannt als Doka-Schalung) zur Anwendung. Die Stahlbetondecken weisen Stützweiten von maximal 5 m auf und die Deckenstärken werden mit nur 13 bis 15 cm bemessen. Anfangs werden auch noch bei einigen Objekten Hohlkörperdecken ausgeführt. Als erstes Bauwerk der gswb kommt 1957 beim Wohnhochhaus in Salzburg-Lehen mit 14 Geschossen eine wasserdichte Stahlbeton-Fundamentplatte zur Ausführung.
Wegen der stets schwierigen Baugrundbeschaffung und der geologischen Verhältnisse im Salzburger Raum gelangten ab den Siebzigerjahren bis heute oft nur wenig tragfähige Böden zur Bebauung. Deshalb und auch weil inzwischen die Herstellung von kostengünstigem Werkbeton möglich ist, kann auf Streifenfundierung weitgehend verzichtet werden. Es werden fast nur mehr bewehrte Betonfundamentplatten gebaut. Der Baugrubenaushub wird hierzu bis auf Plattensohle bzw. auf die Sohle für die Bodenverbesserung geführt. Häufig kommen auch entsprechende behördliche Auflagen aus wasserrechtlichen Verfahren zum Tragen. Stahlbeton-Fundamentplatten bieten bei unterschiedlichen Bodenverhältnissen die statisch geforderte Sicherheit. Aus schalltechnischen Gründen und weil auch immer größere Stützweiten geplant werden, stellt man Stahlbetondecken nicht mehr unter 18 cm Stärke her. Bei erdberührten Außenwänden wird etwa ab 1980 die Außendämmung mit extrodierten Hartschaumstoffplatten verbessert. Circa ab 1975 errichtet die gswb bei großen Wohnsiedlungen Tiefgaragen, um weniger Pkw-Verkehr in die Wohnanlagen zu bringen und mehr Grünfläche zu erhalten. Ab den Neunzigerjahren werden tragendes Kellermauerwerk und Betondecken immer öfter in Betonwerken maßgenau als Betonfertigteile produziert und vor Ort versetzt. Für den Keller wurden z. B. 1998 beim Wohnbau am Bolaring in Salzburg-Taxham zweischalige Betonelemente verwendet, die mit Füllbeton ausgegossen werden. Die Massivdecken sind ebenfalls aus Betonfertigteilen, wodurch eine Verkürzung der Bauzeit erreicht wird. Bei Grundwassergefahr kommen zwischen Fundamentplatte und aufgehendem Mauerwerk Fugenbänder zum Einsatz, in der Qualität als wasserundurchlässiger Beton ausgeführt.

Konstruktive Ausführung der Wohngeschosse

In den Vierzigerjahren wird das tragende, 25 cm dicke Geschossmauerwerk aus gebrannten Vollziegelsteinen oder zementgebundenen Einkornbetonsteinen mit bis zu 5 cm dicker Heraklith-Wärmedämmung errichtet. Die lichte Raumhöhe beträgt meistens nur 2,35 m. Die Geschossdecken werden als Holztramdecken (Spartramdecke) ausgeführt. Für die Raumheizung mit Einzelöfen werden mit gebrannten NF-Steinen gemauerte Rauchfänge im Bereich der Wohn- und Schlafräume vorgesehen. Die Geschosstreppen werden als Holztreppen mit Tritt- und Setzstufen und mit seitlichen Wangen mit Stabgeländer aus Holz ausgeführt.
In den Fünfzigerjahren setzt man auf neue Bauformen. Das tragende Geschossmauerwerk wird beispielsweise bei der größten Wohnsiedlung Lehen I in der damals neuen Technik der BINO-Bauweise mit Schüttbeton aus Hüttenbims mit je 2,5 cm Heraklith an der Innen- und

Außenseite ausgeführt. Die lichte Raumhöhe beträgt 2,50 m in den Wohngeschossen. Die Geschossdecken werden als Hohlkörperdecken mit Aufbeton ausgeführt. Für die Einzelofenbeheizung werden Rauchfänge aus gebrannten Tonrohren mit Betonummantelung hochgezogen. Beim Wohnhochhaus in Lehen wird das tragende Mauerwerk in Splittbeton-Schüttbauweise 25 bis 30 cm stark, das Außenmauerwerk mit innenseitig 2,5 cm Heraklithdämmung gebaut. Die allgemein äußerst sparsam ausgeführten, nur 2,40 m breiten Stiegenhäuser weisen kostensparende Fertigteiltreppen aus übereinandergesetzten Stiegenwangen ohne Spindel mit Terrazzostufen (System Feichtinger) sowie einem Terrazzoboden auf den Haupt- und Zwischenpodesten auf. Ähnliche Treppenanlagen werden bei vielen Objekten der gswb eingebaut. In den Landgemeinden kommen für das Geschossmauerwerk zumeist gebrannte oder Einkornbeton-Hohlblocksteine mit 25 cm Wandstärke zum Einsatz, wobei Außenmauern außenseitig mit 5 cm Heraklith wärmegedämmt werden. Ab den Sechzigerjahren bis etwa zur Jahrtausendwende setzt sich Mantelbetonmauerwerk (ISO-Span, Durisol) durch, weil es kostengünstig und mit geringer Mauerstärke versehen ist, wodurch bei unveränderten Außenmaßen eine größere Wohnnutzfläche erreicht wird. Anfangs werden Mantelsteine für das Außenmauerwerk noch mit 25 cm Stärke verwendet, nach der ersten Energiekrise mit 30 cm Stärke, bei gleich starkem Betonkern, aber größerer Dämmstärke der Außenschale. Später kommen noch diverse alternative Dämmstärken und Dämmeinlagen der Hersteller hinzu, die bessere Schalldämmwerte für Wohnungstrennmauern und bessere Wärmedämmwerte für Außenwände ermöglichen. Ab Mitte der Siebzigerjahre, in der Zeit des „Ölschocks", achtet man besonders auf die Vermeidung von sogenannten „Wärmebrücken" bei Decken, Fenster- und Türanschlüssen. Noch später beachtet man auch die thermische Trennung von auskragenden Deckenplatten. Etwa ab 1980 werden bei Wohnungstrennwänden schalldämmende Vorsatzschalen verwendet, um die geforderten Luftschalldämmwerte zu erreichen. Durch stichprobenweise vorgenommene Messungen werden Luftschallwerte bei Wänden und Trittschalldämmwerte bei Deckenkonstruktionen durch Normmessungen überprüft. Seit der Wohnbauförderung 1990 führen stets aktualisierte Verordnungen für Mindestanforderungen beim Wohnbau und steigende Fördersätze für energiesparende Ausführungen zu entsprechender Qualität, aber auch zu steigenden Baukosten. Geschossdecken werden anfangs noch vor Ort betoniert, später jedoch immer öfter aus Stahlbeton-Fertigelementen verlegt. Im Stiegenhaus werden für die Treppenanlage Stahlbetonlaufplatten mit aufgesetzten Terrazzostufen eingesetzt. Heute baut man beim Außenmauerwerk Mantelsteine, gebrannte Hohlblockziegel, aber auch Schwerbetonmauern mit entsprechender Außendämmung mittels bis zu 20 cm dicken Hartschaumstoffplatten ein, um die angestrebten Dämmwerte zu erreichen.

Der Gebäudeausbau

Zu Beginn der Bautätigkeit der „Neuen Heimat" und „SWB" werden nicht tragende Zwischenwände aus 7 bis 12 cm dicken gebrannten Mauerziegelsteinen oder aus 7–10 cm dicken Einkorn-Betonsteinen hergestellt, Wände und Decken grob und fein mit „KZ-Mörtel" verputzt, mit Hohlkehle in der Deckenichse. Später, von den Fünfziger- bis etwa Ende der

Siebzigerjahre, mauern die Poliere die Zwischenwände mit 10 cm dicken Einkorn-Betonsteinen. Beim Verputz von Wänden und Decken kommen ca. ab Mitte der Sechzigerjahre bereits Putzmaschinen zum Einsatz. Der trockene Fertigputz wird in Silos gelagert, über Zwangsmischer zubereitet, zu den Verarbeitungsstellen gepumpt und maschinell aufgebracht, was die Arbeit ungemein schneller macht. Nur noch der Feinputz wird von fachkundigen Händen aufgebracht.
Ab den Achtzigerjahren wird der Innenausbau immer rationeller: Bis heute werden Zwischenwände fast ausschließlich in Trockenbauweise als sogenannte Gipskarton-Ständerwände ausgeführt. Auch tragende Bauteile werden vermehrt mit Gipskarton-Vorsatzschalen bekleidet oder gespachtelt, sodass Baufeuchte verursachende Verputzarbeiten fast gänzlich wegfallen. Der Deckenverputz wird durch Spachtelung glatter Betonuntersichten der Fertigdecken ersetzt. Auf den Vollwärmeschutz wird durchgefärbter Fertigputz aufgebracht. Als Vorsatzschalen werden auch Holzverkleidungen, Kunststoffplatten, Aluplatten etc. verwendet.

Die Dachkonstruktionen

Die Satteldächer erhalten in den Vierzigerjahren einen einfachen Pfettendachstuhl, der wegen der Brandbombengefahr mit einer Brandschutzimprägnierung versehen wird. Auf der Holzlattung wird die Dachdeckung mit gebrannten Strangfalz-Dachziegeln aufgebracht.
Als Dachstuhl kommen bei den meisten Objekten in der Stadt Salzburg in den Fünfzigern sogenannte Fachwerksbinder (Sparbinder) für die flachen Walmdächer mit voller Schalung und Blechdeckung zur Anwendung. Der Dachboden ist über eine Einschubtreppe vom Stiegenhaus aus zugängig. In den Landgemeinden sind es weiterhin Satteldächer (ortsbedingt gelegentlich auch mit Krüppel/Walm), die bevorzugt mit Welleternit auf Lattung gedeckt werden.
In den Sechziger- und Siebzigerjahren achtet man nach einigen Sturmereignissen auf sichere Dachstuhlverankerungen. Dachkonstruktionen werden nun immer mit voller Dachschalung und Dachpappe geschützt. Eine Vielfalt von Deckungsarten entsteht, mit verzinktem Stahlblech, Kupferblech, Welleternit, Eternit-Dachplatten, gebrannten Tondachziegeln und Betondachziegeln. Beim Wohnhochhaus in Lehen wird 1959 erstmalig ein Flachdach (Warmdach) mit Bekiesung und verschweißten Bitumenbahnen auf wärmedämmendem Leichtbeton-Gefällsestrich ausgeführt. Negative Erfahrungen ergeben sich bei Flachdächern und Terrassen bei einer großen Wohnanlage in Salzburg-Sam mit Abdichtungen aus reinen Kunststoffbahnen, die sich trotz Bekiesung nicht als UV-beständig erweisen.
Ab den Achtzigerjahren werden trotz der klimabedingten Problematik vor allem in der Stadt Salzburg Projekte realisiert, die Flachdächer und große Terrassenflächen aufweisen. Für die Wärmedämmung der obersten Geschossdecke werden Dämmstärken bis zu 25 cm ausgeführt, Kunststoff-Bitumenbahnen zur Abdichtung verwendet und bekiest oder auch mit einer sogenannten Extensivbegrünung versehen. In den Landgemeinden ist diese Entwicklung erst etwa zehn Jahre später eingetreten.

Die Ausführung von Böden und der Bodenkonstruktion

Die Bewohner der Vierzigerjahre traten in den Wohn- und Schlafräumen auf Schiffböden aus Fichtenholz mit Polsterhölzern, die auf Beschüttung verlegt wurden. Eine spezielle Schalldämmung ist damals noch kein Thema. Bei den Bädern wird ein Terrazzoboden mit Hohlkehle als Wandanschluss aufgebracht. Eine Einschiebetreppe führt zum Dachboden, der oft für die Wäschetrocknung nutzbar ist. Im Dachboden wird ein Leichtbetonestrich auf Beschüttung, ohne Wärmedämmung auf der Tramdecke ausgeführt. Ein Jahrzehnt später wird etwa bei der Siedlung in Salzburg-Lehen direkt auf die Hohlkörperdecke ein Aufbeton aufgebracht und als Beschüttung werden kostengünstige Fernheizwerk-Schlacken verwendet, darauf liegt der Betonestrich. In den Wohn- und Schlafräumen werden sogenannte „Leitgeb"-Hartfaserplatten mit Oberflächenversiegelung als Bodenbelag verlegt, im Flur und in der Küche ein PVC-Belag, im Bad gibt es einen Terrazzobelag. Bei Objekten in den Gemeinden des Landes ist anfangs noch ein Schiffboden auf Polsterhölzern und Beschüttung üblich, später werden schwimmende Estriche (Randstreifen) ausgeführt, darauf im Wohnzimmer Klebeparketten verlegt, in den Schlafzimmern, im Flur, Bad, WC und der Küche PVC-Böden. In Nassräumen wird eine Bodenabdichtung bei Betondecken mit Bitumenanstrich angebracht.
In den Sechziger- und Siebzigerjahren werden Klebeparketten auch in Schlaf- und Kinderzimmern verlegt, bei einigen Objekten Teppichböden und Beläge aus Linoleum. Auf der Beschüttung wird eine Trittschalldämmung mit Dämmplatten ausgeführt. Nassräume erhalten zusätzlich zum Bitumenanstrich eine Abdichtung mit Bitumenbahnen.
Erst in den Achtzigerjahren sind in WC und Bad keramische Boden- und Wandverfliesungen Standard, wobei sich weiße Oberflächen rasch durchsetzen. Im letzten Jahrzehnt kommen auch Fertigparketten in Wohn- und Schlafräumen zur Ausführung.

Elektrische und sanitäre Ausstattung und Raumheizung

Wie sah die elektrische Ausstattung eines Wohnhauses im Krieg aus? Installationen werden in einfachster Weise mit nur einem bis zwei Lichtstromkreisen und einem zentralen Stromverteiler im Stiegenhaus eingerichtet. Es gibt keine separaten Wohnungsverteiler, nur einfache Stromsicherungen und Zählereinrichtungen im Stiegenhaus auf Putz, ein bis zwei Steckdosen je Wohn- und Schlafraum, lediglich einen Lichtauslass je Raum, Klingeltaster nur vor der Wohnungstür, keine Beleuchtung in den Kellerabteilen. Freileitungsanschlüsse sind üblich.
Die sanitäre Installation besteht aus einem Kaltwasserauslass mit Spüle in der Küche oder Wohnküche. Im Bad sind ein mit Holz beheizbarer Badeofen mit Kalt-Warmwasser-Auslass, eine frei stehende Sitz- oder Liegewanne, häufig noch kein separates Waschbecken vorgesehen. Das WC wird mit Hochspülkasten oder Druckspülung ausgestattet. Die Abflussleitungen bestehen aus Bleirohren, die in Eternit-Fallrohre münden.
Die Raumheizung in Wohnküchen erfolgt durch einen Holz-Kohle-Herd mit seitlichem Wasserschiff für Warmwasser, komfortable Elektroherde gab es noch nicht. Schlafräume beheizt man mit Einzelöfen. Nur in der Stadt Salzburg gibt es bei der Wohnsiedlung im Aiglhof eine Gasversorgung für Gasöfen und Gasherde.

Nach dem Krieg sind die Elektroinstallationen der Wohnungen mit ein bis zwei Steckdosen je Raum und ebenso vielen Lichtstromkreisen, einem E-Herd-Anschluss und einem Anschluss für den Warmwasserboiler ausgeführt. Es gibt noch keine Gemeinschaftsantenne, aber bereits eine Leerverrohrung für den Telefonanschluss im Flur. Im Stiegenhaus befindet sich der Unterputz-Verteilerschrank für die Wohnungsstromzähler und für die Sicherungen. Beim Wohnhochhaus in Lehen wird die Installation allerdings bereits deutlich verbessert und es wird auch eine Gemeinschaftsantenne für Rundfunk und Fernsehen errichtet.
Abflussleitungen im Boden werden nach wie vor als Bleirohre und die Abfallrohre aus Eternitrohren verlegt. Die Zuflussleitungen sind aus verzinkten Stahlrohren. Als Ausstattung werden im Bad eine frei stehende Sitzbadewanne und ein Waschtisch mit Kalt- und Warmwasserauslass vorgesehen. Je nach Wohnungsgröße bedient ein 80- bis 120-Liter-Elektro-Warmwasserspeicher Küche und Bad, WCs haben einen offenen Wandspülkasten. In den Küchen werden ein frei stehender Elektroherd und eine Spüle eingerichtet. Bei den Wohnsiedlungen in Salzburg-Lehen überrascht eine sehr einfache, durch Möbeltischler gefertigte Kücheneinrichtung ohne Kühlschrank die Benutzer. Bei innenliegendem Bad und WC wird eine Einzellüftung aus Eternit bis über das Dach geführt.
Für die Raumheizung mit Einzelöfen wird im Wohnzimmer und in den Schlafzimmern ein Dauerbrandofen aufgestellt. Als erstes Objekt wird in der Stadt Salzburg das Wohnhochhaus Lehen 1959 mit Fernwärme versorgt und die Wohnungen mit einer Radiatorenheizung ausgestattet. Eine zentrale Versorgung bringt Nutzwarmwasser in alle Wohnungen.
Die Elektroinstallation wird in den Sechziger- und Siebzigerjahren laufend verbessert und Stromverteiler werden im Stiegenhaus in jedem Geschoss angeordnet. Neue Sicherungsautomaten, Fehlerstromsicherung, mehr Lichtstromkreise, Auslässe und Steckdosen je Raum, Gemeinschaftsantenne für Rundfunk und TV, eine Klingelanlage beim Hauseingang und vor der Wohnungstür sind Standard. Ab den Siebzigerjahren werden auch Torsprechanlagen vorgesehen. Innenliegende WCs und Bäder erhalten elektromechanische Lüftungen. Die Stiegenhaus- und Außenbeleuchtung wird weniger sparsam ausgestattet. Erdverkabelungen reichen bis ins Haus.
Als sanitäre Abflussleitungen werden etwa ab Mitte der Sechzigerjahre nur mehr Polokalrohre verlegt, die Fallleitungen sind aus Stahlguss, Rohrisolierungen werden qualitativ besser ausgeführt. Viele Objekte werden bereits über Fernwärme oder Zentralheizungen versorgt. Wo wirtschaftlich vertretbar, wird Fernwärme der Vorzug gegeben. In den Achtzigerjahren kommen weitere Verbesserungen bei der E-Installation: Innerhalb der Wohnungen werden nun Subverteiler mit den Sicherungsautomaten für die Wohnungsstromkreise installiert. In den Kellerabteilen sind eine Steckdose und ein Lichtauslass vorgesehen. Für den Fernsehempfang werden Satellitenanlagen installiert, wo eine Gemeinschaftsversorgung nicht möglich oder wirtschaftlich nicht sinnvoll ist. Ab etwa 2005 werden Installationen für einen Internetanschluss in der Wohnung durchgeführt.
Die Zuflussleitungen für Wasser innerhalb der Wohnungen werden mit Trinkwasser-geeigneten Kunststoffrohren verlegt, sämtliche Rohrleitungen wesentlich besser wärme- und schallgedämmt, Kalt- und Warmwasserauslässe nur mehr mit Mischerarmaturen ausgestattet. Sonnenkollektoranlagen werden zur Unterstützung der Warmwasserbereitung bei fast

allen Objekten auf dem Dach montiert. Auch eine unterirdische Regenwasserspeicherung wird bei einigen Objekten (zum Beispiel beim Modellwohnbau Radstadt) vorgesehen. In den Wohnungen werden ab den Neunzigerjahren dezentrale Stationen für die Versorgung mit Wärme für Raumheizung und für Warmwasser installiert.

Die Ansicht von außen – Fenster, Türen und Anstriche

Die Vierzigerjahre sehen Holzfensterrahmen als Pfostenstock mit Innen- und Außenflügel ohne Dichtung, einfach verglast, mit weißem Deckanstrich, ergänzt durch nach außen zu öffnende Fensterläden aus Holz vor. Weiß lackiert sind auch die einfachen Holzfüllungsinnentüren. Alle Türschlösser weisen noch einfache Schließungen auf. Auch die Haustüren bestehen aus Holz. Die Wände und Decken erhalten Kalk-Leimfarben. Simpel sind auch die Fassaden getüncht worden, zumeist mit Spritzwurf und Kalkfärbelung.
Auch in den folgenden 20 Jahren blieben die Fenster einfach gehalten, als Holzverbundfenster mit einfacher Verglasung ohne Flügeldichtungen. Eine Novität sind 1967 eingebaute sogenannte Pearsonfenster aus Tropenholz mit doppelten Schiebegläsern, etwa bei Objekten auf den Hirth-Gründen in Salzburg, die sich aber nicht bewähren. Innentüren sind immer noch einfache Holzfüllungstüren mit Holztürstöcken mit weißem Lackanstrich, später mit furnierter Oberfläche in Stahltürzargen. Es gibt noch keine Zentralsperre für Haus- und Wohnungstüren. In den Wohnungen auf Wänden und Decken klebt Leimfarbe, im Bad und in der Küche sowie im Stiegenhaus abwaschbarer, strukturierter 150 cm hoher Wandanstrich. Die Fassaden werden meist mit Oberflächen-Reibputz und Dispersionsanstrich hergestellt. Praktisch ist ein abwaschbarer Wandsockel in Bad, WC und Küche.
In den Siebzigerjahren galt als en vogue: lackierte Holzfenster, teilweise auch Tropenholzfenster mit zweifacher Isolierverglasung, ebenso bei Hebe-Schiebetüren zu den Loggien, industriell gefertigte Vollbautüren in Stahlzargen. Wände und Decken trugen Dispersionsfärbelung. PVC-Wandfliesen prangten in Bad und WC und in der Küche. Die Haustürelemente werden aus Stahl oder Alu gefertigt, oft mit integrierter Brieffach-Klingel- und Sprechanlage.
Erst in den Achtziger- und Neunzigerjahren tat sich Entscheidendes bei der Fenstertechnologie. Statt Holzfenstern kommen vermehrt Kunststofffenster mit Isolierglasscheiben mit Gasfüllung, später auch mit 3-fach-Isolierverglasungen und schalldämmenden Isoliergläsern. Wegen der hohen Kosten werden nur in wenigen Fällen Holz-Alufenster verwendet. In Bad und WC machen sich keramische Wandverkleidungen breit.
Seit dem Jahrtausendwechsel werden die Fenster wegen des inzwischen bis auf 0,6 W/m^2K verbesserten Wärmedämmwertes (U-Wert) immer größer. Rationeller werden auch die vorgefertigten Stiegenanlagen aus Betonfertigteilen hergestellt.

gswb
H.GROSSI

BERGER

Neue Wege – nachhaltige Energiegewinnung im Wohnbau

Franz Loidl
Alexander Tempelmayr

Eines der zentralen Themen im Wohnbau ist die Frage der Energieversorgung. Seit einigen Jahrzehnten spielen dabei nicht mehr nur die Kosten von Anlagen und Energieträgern eine Rolle, sondern auch die Frage der ökologischen Nachhaltigkeit wird immer wichtiger. Die gswb setzt sich seit Langem mit technologischen Innovationen im Bereich nachhaltiger Energiegewinnung auseinander. Bei neuen Bauprojekten stehen Energiekostenreduktion und Anlagen zur nachhaltigen Energiegewinnung im Zentrum der Planungen. Nicht zuletzt bei der Nutzung von Solarenergie spielte die gswb eine Vorreiterrolle.
Die Gemeinnützige Salzburger Wohnbaugesellschaft (gswb) ist heute der größte Betreiber von Solaranlagen im Bundesland Salzburg. Bereits in den Siebzigerjahren gab es erste Versuche, Sonnenenergie für Heizung und Warmwasser zu nutzen. Architekten und Sonderfachleute widmeten sich in den folgenden Jahren verstärkt dem Thema der alternativen Energieformen, neue Methoden und Technologien entstanden und wurden weiterentwickelt. In den Neunzigerjahren war die technologische Entwicklung schließlich so weit fortgeschritten, dass Solartechnologie in größerem Maßstab eingesetzt werden konnte.

Ökologisches Gesamtkonzept – das Projekt Radstadt West

Ein Meilenstein in der Entwicklung der alternativen Energieformen war das Projekt Radstadt West. Anfang der Achtzigerjahre wurden konkrete Überlegungen angestellt, wie man die Liegenschaft östlich der Südtirolersiedlung für eine Wohnbebauung nutzen könnte.
Mit der Wahl zum Modellwohnbau durch das Land Salzburg wurde der Startschuss für ein Modellprojekt der EU gegeben. Radstadt war damit eines von elf ausgewählten Projekten aus neun EU-Ländern im Netzwerk der „European Green Cities".
Der Schwerpunkt des gesamten Projektes lag auf Ökologie und Energie. Die klar definierten Qualitätsziele wurden in einer Vereinbarung zwischen dem Bauherrn gswb und der Stadtgemeinde, dem Architekten und dem Salzburger Institut für Raumordnung und Wohnen (SIR) festgeschrieben und waren letztlich die Voraussetzung für die im Jahr 1996 gewährte Förderung durch die EU.
Um im sozialen Wohnbau neue Wege einzuschlagen, wurde eine Studie über ein „ökologisches und ökonomisches Gesamtkonzept" erstellt.
Die Kernpunkte dieses Konzepts waren:
Mischbauweise mit Ziegelmauerwerk und Holzleichtbauweise
Fernwärmeversorgung durch das nahe gelegene Hackschnitzelheizwerk
Warmwasseraufbereitung mittels ins Dach integrierter Solarkollektoren
Eine kontrollierte Wohnraumlüftung mit Wärmerückgewinnung
Regenwassernutzung mittels Zisternen

Im Modellwohnbauvorhaben Radstadt West wurden in vielerlei Hinsicht neue Wege im sozialen Wohnbau begangen. Zwangsläufig sind derartige neue Wege mit gewissen Unsicherheiten und Vorurteilen verbunden, der Erfolg dieser Anlage gibt uns jedoch recht.

Größer und effizienter – Solaranlagen im Wohnbau

Im Jahr 1999 wurde in Gneis-Moos in der Stadt Salzburg die von Architekt Georg Reinberg geplante Wohnanlage an die Bewohner übergeben. Die eingebaute Solaranlage hat ein 410 m^2 großes Solardach, der dazugehörige Pufferspeicher fasst 100 000 Liter.

Stadtwerk Lehen

Was für damalige Verhältnisse eine Riesenanlage war, nimmt sich im Vergleich zu den jüngsten Projekten fast bescheiden aus. Die Kollektorenfläche in der 2012 eröffneten Wohnanlage auf dem Areal der Stadtwerke etwa beträgt 2 500 m^2. Hinzu kommt noch eine 250 m^2 große Fotovoltaik-Anlage, die Sonnenenergie in elektrische Energie umwandelt.

Heute werden in gswb-Wohnanlagen jährlich bereits mehrere Millionen Kilowattstunden an Energie durch Solartechnik gewonnen. Dies bedeutet nicht nur geringere Kosten für die Bewohner, sondern wirkt sich auch positiv auf die Umweltbilanz aus. Schon jetzt werden durch den Einsatz dieser neuen Technologien Hunderte Tonnen an Kohlendioxid weniger ausgestoßen als dies bei herkömmlichen Anlagen der Fall wäre.

Der Anteil an Energiegewinnung aus Solaranlagen in gswb-Bauten steigt ständig. Derzeit beträgt die Gesamtfläche der von der gswb betreuten Solaranlagen 11 788 m². Der Energieertrag wird in einer internetbasierten Datenbank ständig beobachtet und dokumentiert. Im Jahr 2013 betrug der Gesamtertrag 4 332 910 Kilowattstunden. Das entspricht einer Heizölmenge von etwa 485 750 Litern, die durch die gswb-Solaranlagen eingespart werden konnten. Etwa 1 503 Tonnen an CO_2-Emissionen konnten dadurch vermieden werden.

Allerdings können beim heutigen Stand der Technik Solaranlagen nach wie vor nur einen Teil der Energie für das Heizsystem eines Hauses abdecken. Derzeit unterstützen Solaranlagen somit lediglich die primären Heizsysteme. Die gswb sucht aber auch hier stets nach Lösungen, mit denen ein Beitrag zu einer geringeren Umweltbelastung geleistet werden kann. Deshalb kommen im Bereich der primären Heizsysteme bei neuen Bauprojekten häufig Fernwärme und Pelletsanlagen zum Einsatz. Pellets sind ein „nachwachsender" Heizstoff und können demnach als besonders nachhaltige Form der Energiegewinnung bezeichnet werden.
Gleichzeitig errichtet die gswb schon seit Längerem keine neuen Ölheizanlagen mehr. Und auch ältere Anlagen mit Ölversorgung werden – sofern dies technisch möglich und wirtschaftlich sinnvoll ist – auf erneuerbare Energieträger umgerüstet. In diesem Zusammenhang hat sich auch das von der gswb seit Langem umgesetzte Konzept der Errichtung kleinerer Nahwärmenetze gut bewährt. Allfällige Umrüstungen auf erneuerbare

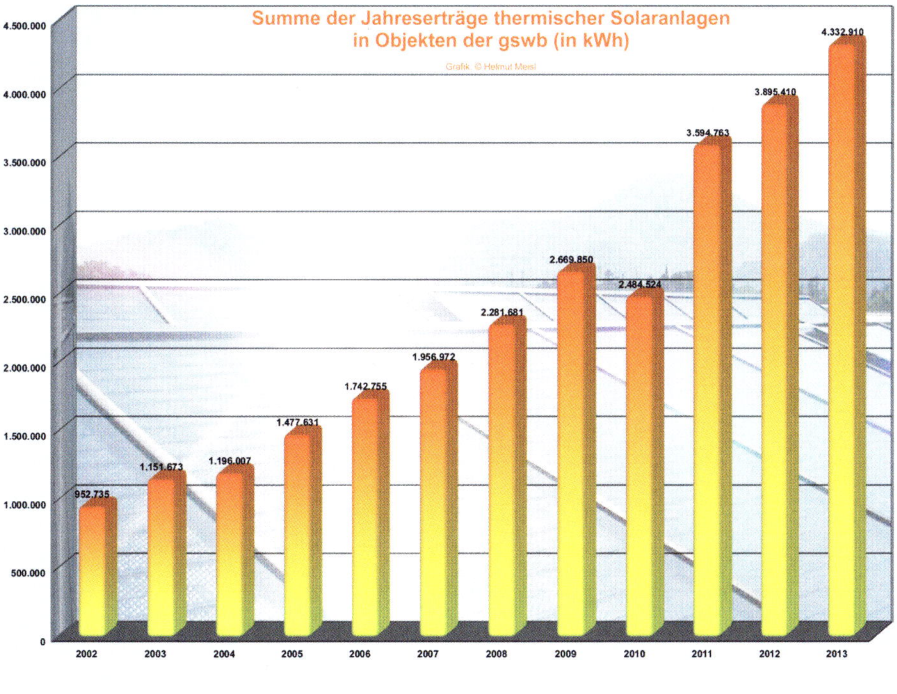

Energieträger müssen in diesen nur einmal durchgeführt werden, damit ganze Siedlungen mit nachhaltiger Energie versorgt werden können.
Auch Fernwärme ist eine Form der Energieversorgung, die zu einem großen Teil auf erneuerbaren Energieträgern basiert. Energielieferanten für die Fernwärmenetze im Raum Salzburg-Hallein sind unter anderem die Firma Kaindl, die Papierfabrik Hallein, die Biomassekraftwerke in Hallein und Wals und das Heizkraftwerk in der Stadt Salzburg. Diese Form der Energieversorgung wirkt sich nicht nur positiv auf die Umweltbilanz, sondern auch auf die Geldbörse jedes einzelnen Bewohners aus, da die Kosten geringer sind als bei Ölanlagen.

Franz-Ofner-Straße

Die gswb hat in der Landeshauptstadt Salzburg Österreichs größtes Passivenergiehaus errichtet. Mit dem neuen Wohnhaus in der Franz-Ofner-Straße ist es der gswb gelungen, eine Anlage zu errichten, die in jeglicher Hinsicht Vorbildwirkung hat: Außergewöhnliche Architektur vereint sich mit Energieeffizienz. Attraktiv sind auch die niedrigen Kosten von nur 6,97 € pro Quadratmeter der auf dem ehemaligen Kohlelager der Salzburg AG errichteten Anlage mit insgesamt 91 Wohnungen. Speziell beim Heizen kann im neuen Passivhaus enorm eingespart werden: Hierfür sorgt das integrativ abgestimmte, nachhaltige Gebäudekonzept: ein Niedertemperatur-Heizsystem mit kontrollierter Lüftung und Wärmerückgewinnung in Verbindung mit hochwertiger, wartungsfreier Außenfassade mit optimierter Wärmedämmung sowie dem hauseigenen „Sonnenkraftwerk" auf dem Dach des Gebäudes.

Energy Globe für Passivhaus

Die gswb ist führend, wenn es um die Umsetzung innovativer Energiekonzepte geht. Im Rahmen der Energiegala 2007 wurde die Gemeinnützige Salzburger Wohnbaugesellschaft gleich für zwei Projekte mit dem begehrten Energieumweltpreis ausgezeichnet. Prämiert wurde neben dem revitalisierten Wohnhaus in der Plainstraße auch das gswb-Bauprojekt „Franz-Ofner-Straße".

Der Selbstversorger in Wals

Ein weiteres herausragendes Beispiel für eine energieeffiziente Bauweise ist die neue Volksschule in Wals. Im Herbst 2012 wurde der Neubau eröffnet. Bei dem Gebäude handelt es sich um das erste energieautarke Schulhaus Österreichs. Hauptsächlich für die Energiegewinnung zuständig ist eine Erdwärmepumpe. Die Energieversorgung für die Volksschule samt Turnsaal wird mit einer Erdwärme-Sole-Wärmepumpe sichergestellt. Die oberflächennahe Erdwärme ist zu 98 % gespeicherte Sonnenenergie. Die Erdtemperatur hält dabei auch an sehr kalten Wintertagen das notwendige Niveau für einen wirtschaftlich optimalen Betrieb. Um die Energie aus dem Erdreich zu gewinnen, wurden an acht Stellen Sonden in etwa 150 Meter Tiefe eingebracht. Durch die Erdsonden zirkuliert das Wärmeträgermedium und nimmt Wärme aus dem Erdreich auf.
Das umweltfreundliche System liefert für die Aufbereitung von Warm- und Heizungswasser rund vier Mal mehr thermische Energie, als an elektrischer Energie für den Betrieb der Wärmepumpe benötigt wird. Zusätzlich wurde zur Sicherstellung in Spitzenzeiten eine

Erdgas-Brennwertfeuerungsanlage eingebaut. Die Anlage wird hauptsächlich für den bestehenden Turnsaal verwendet, kann aber auch die Notversorgung der Volksschule übernehmen.

Eigenes Mikronetz – VS Taxham

Für die Volksschule und den Turnsaal hat die gswb ein Mikronetz realisiert, das sich durch höchste Effizienz auszeichnet. Um einen möglichst hohen Wirkungsgrad des hauseigenen Mikronetzes zu erzielen und einen fallweise zusätzlichen Energiebedarf aus der Erdgas-Brennwert-Feuerungsanlage möglichst gering zu halten, wurden Heizung, Lüftung und Warmwasserbereitung so geplant, dass tiefstmögliche Rücklauftemperaturen sichergestellt sind. Damit wird eine optimale Ausnutzung der Energie aus der Solaranlage gewährleistet.
Das von der gswb mit entwickelte System der Warmwasseraufbereitung gewährleistet eine hocheffiziente – und ohne chemische Hilfsmittel – legionellensichere Versorgung.
Im Zuge des Neubaus der Volksschule hat die Gemeinde entschieden, den bestehenden Turnsaal thermisch zu sanieren. Diese Entscheidung war auch für die Planung des Energiesystems sehr wichtig und der Turnsaal wurde in das System eingebunden.
Auf dem Dach der neuen Volksschule und des Turnsaals wurde zudem eine Fotovoltaikanlage errichtet. Mit dem Strom, der durch die Kollektorflächen gewonnen wird, betreibt die Schule Beleuchtung, Heizung, Lüftung und etwa 100 Computer in den EDV-Räumen. Produziert die Solaranlage Energie, die nicht benötigt wird, kann diese in das Netz der Salzburg AG eingespeist werden.
Natürlich wurde nicht nur das Gebäude der Walser Volksschule nach neuesten bautechnischen Erkenntnissen errichtet, auch die Innenausstattung entspricht dem aktuellen Stand pädagogischer und ergonomischer Erkenntnisse.

Zahlreiche Auszeichnungen

Für ihr Engagement im Bereich nachhaltiger Energiegewinnung und -nutzung hat die gswb bereits mehr als ein Dutzend Auszeichnungen erhalten. Neue Solaranlagen und andere energieeffiziente Installationen, aber auch Sanierungsprojekte wurden etwa mit dem Österreichischen Solarpreis und jeweils mehrere Male mit dem Landesenergiepreis und dem Energy Globe prämiert.
Die Gemeinnützige Salzburger Wohnbaugesellschaft ist führend, wenn es um die Umsetzung innovativer Energiekonzepte geht.

Energiepreise, die der gswb verliehen wurden

2001 Österreichischer Solarpreis (Eurosolar Austria)
2002 Landesenergiepreis (Sonderkategorie)
2002 Energy Globe – Bundeslandsieger
2003 Die schönste Solaranlage Österreichs – Nominierung (Architekturstiftung Österreich)
2004 Landesenergiepreis (Kategorie Sanierung)
2005 Landesenergiepreis (Kategorie Nicht-Wohngebäude)

2005 Landesenergiepreis (Kategorie Sanierung)
2005 Landesenergiepreis (Sonderpreis an gswb-Mitarbeiter Helmut Meisl)
2007 Energy Globe (Kategorie Wohnbau/Franz-Ofner-Straße)
2007 Energy Globe (Kategorie Sanierung/Plainstraße)
2008 Nominierung Österreichischer Klimaschutzpreis
2009 Energy Globe (Kategorie Feuer/Wohnanlage Engelbert-Weiß-Weg)
2009 Nominierung Österreichischer Klimaschutzpreis
2010 Energy Globe (Kategorie Luft/Wohnanlage Aribonenstraße)
2010 Nominierung Österreichischer Klimaschutzpreis

Architekturpreise, die der gswb verliehen wurden

2004: Architekturpreis des Landes Salzburg: Anerkennungspreis für die gswb-Wohnanlage „Gartenstadt Aigen" in der Stadt Salzburg
2008: Anerkennungspreis für die gswb-Wohnanlage „Lanserwiese" in der Stadt Salzburg

WOHN.BAU.ARCHITEKTUR

Arch. Dipl. Ing. Leonhard Santner

75 Jahre gswb: im Spannungsfeld zwischen leistbarem Wohnen und Wohnqualität

Seit der Gründung der „Neuen Heimat" im Jahre 1939 bis zur aktuellen Diskussion um die Gefahr einer „neuen Wohnungsnot" in Salzburg stand die gswb immer im Zentrum der Wohnbaupolitik. Als Gesellschaft im Eigentum von Stadt und Land Salzburg war es stets vordringlichste Aufgabe der gswb, leistbaren Wohnraum zu schaffen und damit eine sozial ausgewogene Entwicklung des Landes, seiner Städte und Gemeinden zu sichern.
Spannend ist der Rückblick mit dem Fokus, welche Bewertung in all diesen Jahren die Qualität der städtebaulichen und ortsplanerischen Lösungen sowie die Architekturqualität der Einzelobjekte gegenüber der Notwendigkeit, leistbare Miet- und Eigentumswohnungen zu schaffen, fand. In Anbindung an die Festschrift „60 Jahre gswb (1939–1999)" liegt der Schwerpunkt dieser Ausführungen auf dem Zeitraum ab dem Jahre 2000.
Nun kann man über das Thema Architektur und Städtebau bzw. Ortsplanung trefflich streiten. Messbare, allgemein anerkannte Kriterien fehlen bzw. sehen völlig unterschiedlich aus, je nachdem, ob man den Wohnbau als Teil der Baukunst oder als rein technische und funktionelle Aufgabe sieht. Unbestritten muss aber in jedem Fall die Zufriedenheit der Kunden der wichtigste Maßstab sein. Wie sieht also der Versuch aus, Kriterien für Wohnqualität bzw. Wohnzufriedenheit im sozialen Wohnbau aufzustellen?

10 Forderungen an eine nachhaltige Wohnqualität

praktische, funktionelle und flexible Grundrisse
Orientierung der Gebäude nach Licht, Luft und Sonne sowie bestmögliche Abschirmung gegen vorhandene Lärmquellen
Barrierefreiheit, Energieeffizienz, Ökologie
Wohnungen mit Außenbezug durch Gärten, Balkone und Terrassen
leistbare Mieten und Betriebskosten
Infrastruktur in fußläufiger Entfernung: Nahversorger, öffentlicher Verkehr, Kindergärten, Volksschule
Bewohner- und kinderfreundliche Wohnumfeldgestaltung
Identifikation durch zeitgemäße Architektur
attraktive verkehrsfreie Kommunikationsräume: halböffentlich und öffentlich
Angebote für spezielle Wohnformen: z. B. betreutes bzw. betreubares Wohnen im Alter, junges städtisches Wohnen, Wohngruppen etc.

links: Solarsiedlung Gneis-Moos, rechts: Lanserhofwiese

Architekturqualität schafft Lebensqualität

Sozialer, geförderter Miet- und Eigentumswohnbau eignet sich weder als Spielfeld für experimentelle Architektur noch zur Schaffung von Baudenkmälern für das Ego von Architekten und Bauträgern. Das heißt aber keineswegs, dass auf Kreativität, Innovation und hohe Qualität in Städtebau und Architektur verzichtet werden muss.
Wie sehr Bewohner eine zeitgemäße, attraktive äußere Erscheinung ihres Wohnobjektes bzw. ihrer Wohnumgebung schätzen, kommt in zahlreichen Rückmeldungen bei Übergaben von neuen Wohnobjekten zum Ausdruck oder wenn in älteren Siedlungen durch Generalsanierung nicht nur die Wohnungen, sondern auch die Fassaden und das Wohnumfeld modernisiert wurden.
Andererseits muss festgestellt werden, dass die laufend steigenden Anforderungen an energiesparendes und ökologisches Bauen oder die Barrierefreiheit und aufwendige Tiefgaragenlösungen, vor allem aber die enormen Grundstückspreise in Stadt und Land Salzburg die Wohnbaukosten an die Grenze des für den Durchschnittsverdiener Leistbaren getrieben haben. Es besteht die Gefahr, dass Architekturqualität in diesem Zusammenhang daher von vielen nicht mehr als Mehrwert gesehen wird, sondern als weiterer Kostentreiber.

Wo ist die Architektur
des Lachens
des Weinens
des Spielraumes
des Freiraumes
des Zwischenraumes
der Heimat
der Geborgenheit
der Erotik
der Emotion?
Wo ist die Architektur der Sinne?
Ottokar Uhl 1979[1]

Qualität durch Wettbewerb

Ein probates Mittel, die beste Lösung zu finden, stellte bei vielen der in der Folge vorgestellten gswb-Projekten die Durchführung von Architekturwettbewerben oder Gutachterverfahren dar. Voraussetzungen für ein erfolgreiches Ergebnis sind neben einer ausführlichen Vorbereitung ein positives, partnerschaftliches Arbeitsklima zwischen Bauträger, Baubehörde und Architekten in einer gut besetzten Jury. Bei größeren und komplexeren Projekten bewährte

sich auch die Suche nach Teams, in denen der Architekt bereits in der Planungsphase von Fachleuten aus dem Bereich der Freiraumgestaltung, Ökologie und Energieeffizienz sowie Facility Management unterstützt wird. Interessenten, betroffene Bürger und Nachbarn haben die Möglichkeit, sich im Laufe des Wettbewerbes ausreichend zu informieren. Mittlerweile ist die Architekturfindung durch Wettbewerbe bei allen größeren Projekten Standard in der gswb. Aus mehreren Vorschlägen kann die beste Lösung zum Zuge kommen. Es ist erfreulich festzustellen, dass sich auch bei von der gswb ausgelobten Wettbewerben mit internationaler Beteiligung sehr oft Salzburger Architekten durchsetzen konnten.
Die folgenden Beispiele zeigen eine kleine Auswahl an gelungenen Projekten aus Stadt- und Landgemeinden, die aus Architektenwettbewerben heraus entstanden sind:

Gartenstadt Aigen

Großzügige Gärten, Balkone und Terrassen; Freiflächen und ein Gemeinschaftshaus für Miet- und Eigentumswohnungen. Eine Besonderheit stellte das von der gswb initiierte und finanzierte Projekt „Aigen Initiative" dar. Mit soziologischer Begleitung wurde den Bewohnern der Gartenstadt angeboten, sich als neue Nachbarn kennenzulernen und zu organisieren. Dabei entstand eine Reihe von Aktivitäten, die im Gemeinschaftshaus als Kommunikationszentrum Platz fanden.

Arch. Wimmer + Zaic/Forsthuber/Scheithauer

Sonnenpark Aigen: Bauplatz zwischen Villen und geschütztem Grüngürtel

Von vielen guten eingereichten Projekten ragte das Siegerprojekt nach Meinung der Jury, an der übrigens auch ein gewählter Vertreter der Projektnachbarn aus der Umgebung teilnahm, besonders hervor. Moderne Bauformen definieren den neuen Stadtrand und schaffen mit sensibler Rücksichtnahme auf die Maßstäbe und Bebauungsstruktur des bestehenden Villenviertels den Übergang in die offene geschützte Landschaft. Mit diesem Projekt konnte durch die Anlage eines in die Freiraumplanung integrierten Bachlaufes und Retentionsbeckens zusätzlich ein Oberflächenwasserproblem gelöst werden. Auch in dieser 1-A-Lage wurde ein Mix aus Eigentumswohnungen und Mietwohnungen sowie einem Mietkauf-Objekt umgesetzt.

Arch. Schwarzenbacher/Oberholzer

Bürgerdiskussion Wettbewerb Sonnenpark Aigen

links: Gartenstadt Aigen: Miet- und Eigentumswohnungen in TOP-Lage,
rechts: Sonnenpark Aigen: Bauplatz zwischen Villen und geschütztem Grüngürtel.

Oberndorf Ziegelhaiden

Das Projekt entstand auf einer Betriebsfläche, die bereits ringsum von Wohnbebauung umgeben war. Es stellte sich die Aufgabe, zwischen der vorhandenen Wohnbebauung mit dichter Blockbebauung und frei stehenden Einfamilienhäusern ein Bindeglied zu erstellen. Im Zentrum der Anlage liegt eine verkehrsfreie Erholungs- und Begegnungszone mit gestalteten Grün- und Spielflächen.

Planung: Arch. Thonet

Obertrum

In fußläufiger Entfernung zum Marktzentrum mit allen Infrastruktur- und Versorgungseinrichtungen wie Nahversorger, Schulen und Kindergarten wurde eine neue, moderne Wohnsiedlung mit Eigentums-Mietwohnungen errichtet. Die Jury überzeugte vor allem „die ebenso klare wie einfache Anordnung der Baukörper und die dadurch gebildeten Freiräume. Die klare Ausrichtung und Orientierung aller Wohnungen nach Süden bzw. Westen mit Einbeziehung des Naturraumes entlang des Mattigbaches und die angebotenen Grundrisstypen schaffen eine hervorragende Wohnqualität. Die Feingliedrigkeit der Baukörper fügt sich sehr gut in das Orts- und Landschaftsbild ein."

Planung: Arch. Eitzinger

Vornehmes Grau oder fröhliche Farben

Oftmals entzündet sich die Architekturdiskussion an der Ausgestaltung der Fassaden. In den letzten Jahren setzte sich immer wieder die Ansicht durch, ein schönes Grau oder Schwarz biete den besten Hintergrund: Farben kommen ohnehin durch die Bewohner und die Natur ins Projekt. Die Erfahrung bei vielen Projektbeispielen zeigt aber, dass Farben von den Bewohnern als willkommene Aufwertung des Wohnambientes und als Identifikationsmöglichkeit gesehen und begrüßt werden.

Wohnbau.Baukunst

Architekturführer: Baukunst Salzburg seit 1980

Die gemeinnützige Wohnungswirtschaft im Allgemeinen und die gswb im Speziellen hatte in den letzten Jahrzehnten immer eine Führungsrolle im Wohnbau inne. Im Folgenden soll beispielhaft an gswb-Projekten aufgezeigt werden, wie in jedem Einzelfall ein akzeptabler Kompromiss zwischen hoher Qualität und Leistbarkeit gefunden wurde.

Im kürzlich erschienenen Architekturführer „Baukunst in Salzburg seit 1980“[2] sind eine ganze Reihe von gswb-Projekten aus Stadt und Land Salzburg zu finden. Obwohl Baukunst per se kein prioritäres Ziel im gemeinnützigen Wohnbausystem ist, sind viele Wohnprojekte darunter, die im Rahmen des „ganz normalen“ geförderten Wohnbaues entstanden sind:

gswb-Wohnprojekte

1987–1990 Forellenweg: Arch. Oswald Maria Ungers u. a.
1993 Streckhof: Arch. Fritz Brandstätter
1996–2008 Sam Alterbach: arch. mayr + seidl
1997 Schopperstraße 16: Arch. Max Rieder
1998 Modellwohnbau Radstadt: Arch. Hanns Peter Köck
2000 Solarsiedlung Gneis-Moos: Arch. Georg W. Reinberg
2004–2012 Stadtwerk: transparadiso,
Feichtinger architects, forsthuber – scheithauer . architekten
2005 Gartenstadt Aigen: Arch. forsthuber – scheithauer;
Arch. Wimmer + Zaic
2007 Ofnerstraße: arch. mayr + seidl
2007 Lanserhofwiese: Arch. Wimmer + Zaic
2009 Engelbert-Weiß-Weg: kofler architects
2009 Sonnenpark Aigen: archsolar
2010 Paradiesgarten: kofler architects

oben: Oberndorf-Ziegelhaiden, Mitte: Obertrum. unten links: Engelbert-Weiß-Weg: Fassade zum Wohnpark, unten rechts: Fassade zum Hauptbahnhof Salzburg.

gswb-Kommunalprojekte

1998 Kindergarten Aigen: Arch. Max Rieder
2002 Kindergarten Gebirgsjägerplatz: Arch. Halle 1
2007 Seniorenheim Altenmarkt: kadawittfeldarchitektur
2008 HTL Saalfelden: Arch. Peter Schwinde
2008 Gesundheitszentrum Seekirchen: SEHW Architektur

Preise, Auszeichnungen und Anerkennung für beispielgebende gswb-Projekte

Eine ganze Serie von Landesenergiepreisen und energy globes sowie Preise, Anerkennungen und Nominierungen beim Bundesklimaschutzpreis und Landesarchitekturpreis legen Zeugnis davon ab, dass die gswb seit der Jahrtausendwende eine besondere Pionierstellung in der Integration von Ökologie und Klimaschutz mit zeitgemäßer Architektur innehat.

2000 Landesarchitekturpreis Kindergarten Aigen; Max Rieder
2001 Österreichischer Solarpreis (Eurosolar Austria)
2002 Landesenergiepreis (Sonderkategorie)
2002 Energy Globe Bundeslandsieger: für die innovative Online-Überwachung der in Betrieb befindlichen Solaranlagen
2003 Die schönste Solaranlage Österreichs: Nominierung Architekturstiftung Österreich: Wohnanlage Gneis-Moos: Arch. Georg W. Reinberg
2004 Architekturpreis des Landes Salzburg: Anerkennungspreis für die gswb-Wohnanlage „Gartenstadt Aigen": arch. forsthuber – scheithauer; Wimmer + Zaic
2004 Landesenergiepreis Berufsschulinternat mit Multifunktionshalle in Hallein (Kateg. Sanierung): Arch. Ingrid Bauer
2005 Landesenergiepreis für das Kur- und Wellnesszentrum „Samsunn" in Mariapfarr (Kateg. Nicht-Wohngebäude): Arch. Richard Nikolussi
2005 Landesenergiepreis für Personalwohnhaus der Christian Doppler Klinik (Kateg. Sanierung)
2005 Landesenergiepreis (Sonderpreis an gswb-Mitarbeiter Helmut Meisl)
2007 Energy Globe (Kategorie Wohnbau) für das Passivhaus „Franz-Ofner-Straße": arch. mayr + seidl
2007 Energy Globe (Kateg. Sanierung) Objekt Plainstraße: Arch. Dr. Volkmar Burgstaller, Salzburg
2008: Architekturpreis des Landes Salzburg: Anerkennungspreis für die gswb-Wohnanlage „Lanserhofwiese" in der Stadt Salzburg: Arch. Wimmer + Zaic
2008 Nominierung Österreichischer Klimaschutzpreis für das ganzheitliche Solarkonzept der gswb
2009 Energy Globe (Kategorie Feuer) für die Energieampel in der Wohnanlage Engelbert-Weiß-Weg: kofler architects
2009 Nominierung Österreichischer Klimaschutzpreis für die Energieampel Engelbert-Weiß-Weg
2010 Energy Globe (Kateg. Luft) für die Solarwärmepumpe in der Wohnanlage Aribonenstraße: Arch. Sitka + Kaserer
2010 Nomin. Österr. Klimaschutzpreis für die Solarwärmepumpe, Wohnanlage Aribonenstraße

links: Ofnerstraße, rechts: Energy Globe 2007 für das Passivhaus Franz-Ofner-Straße.

Nachhaltige Sanierung und Revitalisierung

Nachhaltigkeit im Wohnbau bedeutet sowohl im Neubau als auch in der Sanierung eine möglichst gleichwertige Beachtung der wirtschaftlichen, ökologischen und sozialen Aspekte. Dieses Ziel gilt für die Modernisierung von Einzelbauwerken wie auch bei der Sanierung und Revitalisierung im Rahmen städtebaulicher Projekte. Kommen der Denkmalschutz und in der Stadt Salzburg der besondere Altstadtschutz und das UNESCO-Weltkulturerbe dazu, so erhöht sich die Komplexität um weitere Stufen und es muss ein Kompromiss zwischen den Zielen der Erreichung einer zeitgemäßen Wohnqualität und denen der Erhaltung geschützter Bausubstanz und des Klimaschutzes gefunden werden.
Die gswb mit ihrem großen Bestand an Mietwohnobjekten legte auf die Modernisierung des Altbestandes und die Revitalisierung und Erneuerung älterer Siedlungen in den letzten Jahrzehnten einen wichtigen Schwerpunkt. Mit wenigen Ausnahmen, wo aufgrund des schlechten Bauzustandes ein Abbruch und Neubau erforderlich waren, konnte durch Sanierungs- und Revitalisierungsmaßnahmen wieder eine zeitgemäße Wohnqualität erreicht werden. Als positiver Nebeneffekt muss eine durchschnittliche Energieeinsparung bis zu einem Drittel besonders erwähnt werden.

Hallein Schöndorferplatz – Sanierung Listhaus

Mit der Sanierung dieses denkmalgeschützten Objektes unterstützte die gswb die Revitalisierungsoffensive der Stadt Hallein am Schöndorferplatz. Die strengen Auflagen der Denkmalschutzbehörde führten zu großen Einschränkungen im Bereich des Klimaschutzes. Es war verständlich, dass wegen der Erhaltung der historischen Fassade keine Außendämmung möglich war. Aber auch eine an die Struktur des Blechdaches angepasste teilweise oder gänzliche Solarnutzung des Grabendaches mit entspiegeltem Glas, Glasteilung im Abstand der Blechbahnen, die nur aus der Luft einsehbar gewesen wäre, wurde vom Denkmalschutz abgelehnt. Als Ergebnis musste akzeptiert werden, dass der auf die Energie fallende Betriebskostenanteil nach der Sanierung doppelt so hoch ist wie bei einem zeitgemäßen Neubau.

Bauzeit 2002–2003

Arch. Scheicher

Sanierung Schloss Arenberg

Das Schloss ist seit dem Jahre 2001 im Eigentum der Salzburg Stiftung der American Austrian Foundation (aaf) und wird als internationales Kultur- und Bildungszentrum mit über 50 Wohnungen für Professoren und Studenten geführt.
Um den neuen Nutzungsanforderungen gerecht zu werden, wurde das Gesamtobjekt in den Jahren 2003–2005 von der gswb als Baurechtsnehmer generalsaniert. Auch in diesem Fall mussten die funktionellen Erfordernisse mit den strengen Auflagen des Denkmalschutzes abgestimmt werden. Ein Brand im Jahre 2009 zerstörte den gesamten historischen Dachstuhl aus dem 17. Jahrhundert, der in der ersten Sanierung nicht angerührt werden hatte dürfen, sodass eine weitere umfassende Sanierung erforderlich wurde. Dabei konnten alle brandschutztechnischen Erfordernisse und ein funktioneller Dachbodenausbau umgesetzt werden.
Arch. Kaschl/Scheicher

Revitalisierung Südtirolersiedlung Schwarzach

Die Neue Heimat als Vorläufer der gswb hatte auch in Salzburg eine Reihe von sogenannten Südtirolersiedlungen gebaut. Ein damals fortschrittliches planerisches Konzept kam auch in die Jahre und erforderte neue städtebauliche Maßnahmen. Die fallweise äußerst schlechten Baumaterialien erforderten obendrein dringend eine bauliche Sanierung, die im Einzelfall nur durch Abbruch und Neubau lösbar war. Die Stadt Schwarzach, als eine der räumlich kleinsten Gemeinden des Landes Salzburg, sah in der Revitalisierung und maßvollen Verdichtung der Südtirolersiedlung eine Chance, eine bautechnische Sanierung mit einer städtebaulichen Aufwertung und der dringend notwendigen Schaffung von neuem Wohnraum zu verbinden.
Arch. Robert Schmid

Wohnbau braucht Bauland

Logischerweise konzentrierte sich die Wohnbautätigkeit der gswb in den letzten Jahrzehnten auf die Stadt Salzburg und die zentralen Orte des Landes. In diesen Gemeinden war die Kernfrage: Bauen auf der grünen Wiese versus Siedlungsentwicklung nach innen.
Allerdings stoßen viele Gemeinden, z. B. Oberndorf, Schwarzach, Zell am See und in gewissem Maße auch die Stadt Salzburg, bereits an ihre Entwicklungsgrenzen. Für die Zukunft sind daher dringend neue Lösungsansätze und Instrumente erforderlich, die ausreichende Flächen für den sozialen Wohnbau sichern, wobei ein gewisser kommunalpolitischer Mut zur Anwendung der in Gemeindekompetenz liegenden Raumordnungsinstrumente unabdingbar erforderlich ist.

Regionale Lösung statt Kirchturmpolitik gefragt

An Zielen und Konzepten fehlt es nicht. Das Land Salzburg hat sich bereits vor Jahren ein „Betriebs- und Wohnstandortekonzept“ verordnet. Damit sollte die Entwicklung einer

„dezentralen Konzentration", also die Bildung von starken Zentren auch außerhalb der Stadt Salzburg, initiiert und gefördert werden. Dabei muss über die Gemeindegrenzen hinaus gedacht und geplant werden. In den verordneten regionalen Entwicklungsprogrammen der Regionalverbände – z. B. Stadt Salzburg und Umgebungsgemeinden – obsiegte jedoch meistens wieder das Kirchturmdenken. Auch die Euregio Salzburg – Berchtesgadener Land – Traunstein befasste sich mit diesem Problem und erstellte einen Masterplan mit einem Trendszenario für 2030 sogar über die Staatsgrenze hinweg.

gswb setzt Raumordnungs- und Wohnbaupolitik um

Die gswb verstand sich immer als Flaggschiff der Wohnbaupolitik von Stadt und Land Salzburg. In Übereinstimmung mit den städtischen Entwicklungszielen konnten durch die gswb und andere gemeinnützige Wohnungsgesellschaften gerade im letzten Jahrzehnt große innerstädtische Brachflächen, z. B. Stadtwerkeareal, Postareal am Bahnhof, Ofnerstraße sowie die Struber- und Riedenburgkaserne, für den sozialen Wohnbau gesichert werden. Ein weiterer Schwerpunkt war die Nachverdichtung. Mit dem Paradiesgarten in Nonntal,

links: Altstadt Hallein, rechts oben: Schloss Arenberg, rechts unten: Südtirolersiedlung Schwarzach – Modell.

von oben nach unten: Lanserhofwiese, Paradiesgarten, Stadtwerk, Struberkaserne: Freiraum Maxglan.

dem Sonnenpark in Aigen oder der Lanserwiese in der Moosstraße wurde bewiesen, dass auch auf diesem Wege höchste Wohnqualität und sogar eine Aufwertung bestehender Wohnquartiere geschaffen werden können.
Ähnliche Schwerpunkte konnten auch in den Landgemeinden umgesetzt werden, z. B. Nachverdichtungen der Südtirolersiedlungen in Schwarzach, Kaprun und Zell am See.

Forellenweg: Stadterweiterung auf der grünen Wiese

Von heftigen öffentlichen Diskussionen wurde Mitte der Achtzigerjahre die „letzte" Stadterweiterung am Forellenweg begleitet. Heute steht die Siedlung, nach einem städtebaulichen Konzept von Prof. Oswald Ungers von einer Reihe internationaler und österreichischer Architekten errichtet, als begehrter Wohnstandort außer Diskussion.

Stadtwerk: „Ein Stück neue Stadt" mit Quartiersmanagement

Einen sehr ambitionierten Ansatz gab es seitens der Stadt Salzburg beim über 4 ha großen Stadtwerkeareal. Etwa die Hälfte der im Eigentum der Salzburg AG befindlichen Fläche sollte von der gswb und der Heimat Österreich mit gefördertem Mietwohnungsbau, die andere Hälfte von einem privaten Projektentwickler, der Firma PRISMA, genutzt werden. Der Masterplan „innerstädtisches Leben" von Arch. Max Rieder gab als Ziel ein „Stück neue Stadt" vor. Darauf aufbauend folgte ein dreistufiger internationaler Architekturwettbewerb. Die für Salzburg hohe Dichte mit einer GFZ von 1,6 und ein besonderes Modell für die Erdgeschosszone sollten ein pulsierendes innerstädtisches Wohnquartier ermöglichen. Beste Erschließung durch öffentlichen Verkehr und sonstige Infrastruktur, fußläufige Nahlage zur Altstadt und zur Neustadt sowie zum Naherholungsgebiet Salzach und ein engagiertes Quartiersmanagementteam stellen die „assets" dar. Diesen entgegen steht eine in „vornehmes Grau" getauchte, hochverdichtete Gebäudestruktur. Die wesentliche Frage wird sein, ob und wie mit der im Rahmen des Wohnbauförderungssystems praktizierten Wohnungszuteilung die für diesen städtebaulichen Ansatz adäquaten Mieter gefunden werden können.

Arch. transparadiso, feichtinger architects,
forsthuber – scheithauer . architekten

Lanserwiese: Wohnungen statt Parkplätze – Aufwertung eines Wohnquartiers durch Nachverdichtung

Ein gelungenes Beispiel für Nachverdichtung bei gleichzeitiger Aufwertung des Bestandes zeigt das Projekt Lanserwiese in der

Moosstraße in Salzburg. Die Autos parken jetzt in einer Tiefgarage und auf dem bisherigen Parkplatz stehen entlang der Moosstraße in fröhlich-bunter Reihenfolge fünf Objekte mit insgesamt 94 Wohneinheiten. Diese bilden mit der bestehenden Siedlung aus den Siebzigerjahren einen inneren Hof und schirmen obendrein den Lärm von der Moosstraße ab. Ein bunter siebengeschossiger Solitär bildet die Schnittstelle zwischen Alt und Neu und gibt der gesamten Anlage einen Identifikations- und Merkpunkt.

Arch. Wimmer + Zaic

Paradiesgarten Nonntal

Sinnvoll verdichtetes innerstädtisches Wohnprojekt mit höchster Wohnqualität

Arch. kofler architects

von oben nach unten:
Seniorenheim Altenmarkt,
Betreutes Wohnen
Oberndorf,
Tageshospiz Salzburg

Wohnen heißt Vielfalt

Im sozialen Wohnbau ist eine Vielfalt an unterschiedlichen Wohnformen gefragt: vom jungen städtischen Wohnen mit der Sonderform Schüler-/Studentenheime über Bewohnerinitiativgruppen, kindergerechtes Wohnen für Familien und Mehrgenerationenwohnen bis zu Spezialformen des Wohnens im Alter wie z. B. betreubares oder betreutes Wohnen und das Senioren-/Pflegeheim sowie das Tageshospiz. Gerade im Bereich der Seniorenheime haben sich hinsichtlich der funktionellen Erfordernisse in den letzten Jahren große Änderungen ergeben. Die gswb errichtete diese Bauten sowohl als Eigentümer als auch im Baurecht und in Baubetreuung für Gemeinden und Städte.

Schüler- und Studentenheime

Berufsschülerheim Hallein: Arch. Bauer
Schülerheim Saalfelden: Arch. Zinterl
HTL Saalfelden: Arch. Schwinde
Schülerheim Tamsweg: Arch. Nussmüller und Nussmüller

Betreutes und betreubares Wohnen

Badgastein: Arch. Robert Schmid
Oberndorf: Arch. Thonet

Seniorenheime:

Altenmarkt: Arch. Kada-Wittfeld
Seekirchen: SEHW Architektur
Tageshospiz Salzburg: Arch. Scheiber

Besondere Architektur für besondere Bauaufgaben. Architektur als Mehrwert

Architektonische Sonderlösungen für Sonderbauten

Während im Wohnbau architektonische Sonderlösungen nicht zuletzt wegen der Kostenfrage weitgehend ausscheiden, sind sie für einmalige Bauaufgaben der Gemeinden wie z. B. Gemeindeämter, Kindergärten und Schulen sowie sonstige Kultur- und Freizeitbauten im Sinne einer erwünschten Alleinstellung und Identifikation sogar gefragt.
In den folgenden Beispielen konnte daher Architektur neben der Funktionalität auch einen größeren Formenreichtum als Mehrwert einsetzen.

Vital- und Wellnesszentrum Mariapfarr. Solararchitektur pur

Vom SIR, Salzburger Institut für Raumordnung und Wohnbau, vorbereitet, hat die gswb als Baubeauftragte für die Gemeinde Mariapfarr das außergewöhnliche Projekt errichtet.
Mariapfarr als heilklimatischer Kurort und sonnenreichste Gemeinde Österreichs, die ihren Gästen sogar eine Sonnengarantie anbietet, hat in diesem Bereich ein Alleinstellungsmerkmal. Dadurch ist sie prädestiniert, dem neuen Kur- und Wellnesszentrum in einer sichtbaren Solararchitektur Ausdruck zu verleihen. Zwei Drittel des Bauvolumens verschwinden im Hang, die Fassade schwingt dem Sonnenlauf folgend und erzeugt einen spannenden Innenraum mit Licht- und Schattenspielen. Durch passive und aktive Solarnutzung wird obendrein ein Großteil der erforderlichen Energie selbst erzeugt.
Samsunn stellt auch für die gswb in mehrfacher Hinsicht einen Meilenstein dar. Architektur, Energie und Funktion bilden eine perfekte Synthese und ergeben ein stimmiges Gesamtkonzept.

Bauherr: Gemeinde Mariapfarr

Baubeauftragter: gswb

Planung: Arch. DI Richard Nikolussi, Bludenz

Mariapfarr: Vital- und Wellnesszentrum SAMSUNN.

Bad Gastein: Gemeindezentrum und betreutes Wohnen.

Gemeindeamt Bad Gastein: Mittelpunkt des neuen Ortszentrums

Durch den Neubau des bisher in einem Mietobjekt untergebrachten Gemeindeamtes wurde im südlichen Ortsteil zusammen mit dem neuen Seniorenheim und einem Haus für betreutes Wohnen ein neues Ortszentrum geschaffen.

Der markante Bauteil mit dem Gemeindesitzungssaal, der auch als Veranstaltungsraum genutzt wird, prägt das Erscheinungsbild des neuen Ortszentrums der Gemeinde Bad Gastein.

Bauherr: Gemeinde Bad Gastein, Baubeauftragte: gswb

Planung: Arch. DI Robert Schmid, Bischofshofen

Generalsanierung und Umbau der HTL Saalfelden

Die HTL Saalfelden erstrahlt in neuem Glanz und bietet Lehrern und Schülern eine zeitgemäße Arbeitsumgebung. Die gswb erhielt vom Eigentümer der Schule, dem Alpenländischen Technik-Förderungsverein, mit Zustimmung des Bundesministeriums das Baurecht auf 20 Jahre und sicherte damit eine langfristige Finanzierung. In einem internationalen Wettbewerb mit 28 Teilnehmern überzeugte der Entwurf von Arch. Schwinde aus München die Jury. Neben einer Verbesserung der internen Funktionen und einer thermischen Sanierung wurde im Inneren ein transparentes, lichtdurchflutetes Ambiente mit attraktiven Außenraumbezügen geschaffen.

HTL Saalfelden runderneuert.

Ausblick

Dem gemeinnützigen Wohnungswesen im Allgemeinen und der gswb im Besonderen ist zu wünschen, dass auch in wirtschaftlich schwierigeren Zeiten die Versorgung der Bevölkerung mit kostengünstigem Wohnraum durch innovative Lösungen in sozialer, städtebaulicher, architektonischer und energetischer Hinsicht gelingen möge. Kernthemen dafür sind die Lösung der Grundstücksfrage durch verbesserte Raumordnungsinstrumente und die Nutzung von Einsparungspotentialen bei energetischen und bautechnischen Auflagen.

1 Vorgetragen bei einer Architekturveranstaltung der TU Graz im Jahr 1982.
2 Otto Kapfinger/Roman Höllbacher/Norbert Mayr: Baukunst in Salzburg seit 1980. Ein Führer zu 600 sehenswerten Beispielen in Stadt und Land. Herausgegeben von der Initiative Architektur Salzburg. Müry Salzmann Verlag. Salzburg 2010.

Volkswirtschaftliche Analyse der Umwegrentabilität der wirtschaftlichen Aktivitäten der gswb

Friedrich Schneider
Jasmin Voigt

1. Einleitung

In dieser Studie erfolgt eine umfassende volkswirtschaftliche Wertschöpfungsanalyse aller wirtschaftlichen Aktivitäten der Gemeinnützigen Salzburger Wohnbaugesellschaft m.b.H., die im Folgenden mit gswb abgekürzt wird. Die wirtschaftlichen Aktivitäten erstrecken sich über die Bauvolumina der gswb, hier Neubau und Sanierungen, die konsumwirksamen Ausgaben der Beschäftigten der gswb und die Mietpreisersparnis aufgrund der günstigeren Mietwohnungspreise der gswb im Vergleich zu anderen Mietwohnungen.
Im Mittelpunkt der Analyse steht, welche Wertschöpfung aufgrund der Aktivitäten der gswb über den Zeitraum 2002 bis 2012 entsteht. Diese wird in Form von zusätzlichem Bruttoinlandsprodukt im Bundesland Salzburg, zusätzlichen Beschäftigten im Bundesland Salzburg und zusätzlichem Masseneinkommen im Bundesland Salzburg gemessen. Diese zusätzliche Wertschöpfung wird mithilfe eines ökonometrisch geschätzten Simulationsmodells berechnet, mit dem sämtliche Multiplikatoraktivitäten der gerade genannten Wirtschaftsaktivitäten der gswb erfasst und entsprechend dargestellt werden.[1]
Im folgenden Kapitel 2 wird zunächst die gswb als gemeinnützige Salzburger Wohnbaugesellschaft kurz dargestellt (Unterkapitel 2.1) und im Unterkapitel 2.2 werden die Eingangsdaten der gswb kurz beschrieben. In Kapitel 3 wird das ökonometrisch geschätzte Simulationsmodell vorgestellt. Im Kapitel 4 erfolgt die Darstellung der Simulationen, mit der die Wertschöpfungsaktivitäten der gswb umfassend aufgezeigt werden. Das Kapitel 5 enthält eine Zusammenfassung der wichtigsten Ergebnisse und einige wirtschaftspolitische Schlussfolgerungen.

2. Eine kurze Vorstellung der gswb und die Beschreibung der Inputdaten

2.1. Die Gemeinnützige Salzburger Wohnbaugesellschaft m.b.H. (gswb)[2]

Die Leistungen der gswb umfassen die verschiedensten Bauprojekte sowie die Sanierung und Verwaltung ihrer Anlagen. Der Schwerpunkt liegt dabei auf der Errichtung von geförderten Mietwohnungen, Mietkauf-Wohnungen und Eigentumswohnungen im gesamten Bundesland Salzburg. Jährlich werden so mehr als 300 Wohnungen fertiggestellt. Die gswb ist als langjähriger Partner der Salzburger Gemeinden jedoch auch an der Erbauung von Kommunalbauten wie z.B. Kindergärten und Seniorenheimen beteiligt. Die laufende Instandsetzung und Wartung sämtlicher Wohnanlagen soll eine hohe Wohnqualität der Bewohner garantieren. Weiters ist die gswb-Hausverwaltung eine der größten Gebäudeverwaltungen Österreichs, deren Leistungen von der klassischen Hausverwaltung bis hin zum Vermietungsmanagement reichen.

Bei der Bereitstellung der oben erwähnten Leistungen ist die gswb stets an ihre Prinzipien der Kostendeckung, der Gewinnbeschränkung und der Bindung des Eigenkapitals an gemeinnützige Zwecke gebunden. Auch versucht die gswb durch die Verpflichtung befugter Professionisten und die ausschließliche Verwendung von hochwertigen Materialien, ihren Kunden stets gute Qualität und einen hohen Ausstattungsstandard zu garantieren. Dazu zählt auch ein energieeffizienter und ökologischer Baustandard, der unter anderem durch den Beitritt zur klima:aktiv-Partnerschaft des Lebensministeriums garantiert wird. Darüber hinaus werden zwei Drittel aller zentral beheizten Wohnungen mit der umweltfreundlichen Energie aus zum Teil selbst errichteten Fernwärmeheizwerken oder selbst betriebenen Nahwärme- und Mikronetzen versorgt. Auch auf die Verwendung von Solarenergie wird bei der gswb gesetzt.
Abschließend noch einige Zahlen: Die gswb existiert seit über 70 Jahren. Mit einem Personalstand von 317 Beschäftigten (Angestellte und Hausbesorger) und rund 37 600 verwalteten Einheiten ist die gswb die größte gemeinnützige Bauvereinigung Salzburgs. Auch ihr Bauvolumen ist mit circa 70,0 Mio. € sehr beträchtlich.

2.2. Die wichtigsten Inputdaten der gswb

In diesem Unterkapitel werden die wichtigsten Inputdaten der gswb in Form von Tabellen über die Periode 2002 bis 2012 dargestellt. In Tabelle 2.1 sind die Neubauaktivitäten aufgegliedert nach Rohbau, Ausbau, Haustechnik und Planung. Betrachtet man zunächst den Rohbau, dann erkennt man, dass im Jahr 2002 10,4 Mio. € investiert wurden und sich dieser Wert bis zum Jahr 2012 auf fast 23 Mio. € erhöht hat, im Durchschnitt also 20,1 Mio. € in den Rohbau gesteckt wurden. Der Ausbau betrug im Jahr 2002 4,8 Mio. € und erhöhte sich auf 10,5 Mio. € im Jahr 2012. Durchschnittlich wurden in den Ausbau 9,2 Mio. € investiert. Die Ausgaben für die Haustechnik betrugen im Jahr 2002 3,3 Mio. € und erhöhten sich auf 7,2 Mio. € 2012. Im Durchschnitt wurden hier 6,3 Mio. € für die Haustechnik ausgegeben.

Jahr	Rohbau (46 %)	Ausbau (21 %)	Haustechnik (14,5 %)	Planung (18,5 %)	Summe
2002	10,448	4,770	3,294	4,202	22,714
2003	10,357	4,728	3,265	4,165	22,516
2004	14,269	6,514	4,498	5,739	31,020
2005	14,451	6,597	4,555	5,812	31,416
2006	23,357	10,663	7,363	9,394	50,776
2007	25,386	11,589	8,002	10,210	55,188
2008	24,366	11,123	7,681	9,799	52,969
2009	23,785	10,858	7,498	9,566	51,707
2010	25,096	11,457	7,911	10,093	54,557
2011	26,662	12,172	8,404	10,723	57,961
2012	22,987	10,494	7,246	9,245	49,972
Ø	20,106	9,179	6,338	8,086	43,709
Summe	221,166	100,967	69,715	88,947	480,796

Tabelle 2.1: Inputdaten der Bauvolumina Neubau von 2002 bis 2012 in Mio. €.

Quelle: gswb Salzburg, Ansprechpartner Dr. Alexander Tempelmayr, Salzburg 2013.

An Planungsausgaben fielen im Jahr 2002 4,2 Mio. € an und dieser Wert erhöhte sich auf 9,2 Mio. € im Jahr 2012, womit durchschnittlich 8,1 Mio. € an Planungsausgaben getätigt wurden. Betrachtet man alle vier Posten in Summe, so betrug dieser Wert im Jahr 2002 22,7 Mio. € und erhöhte sich auf fast 50,0 Mio. € im Jahr 2012. Im Durchschnitt wurden 43,7 Mio. € für diese vier Posten ausgegeben. Geht man zur Entwicklung über die Zeit, so sieht man, dass bei allen vier Posten Rohbau, Ausbau, Haustechnik und Planung ein genereller Anstieg beobachtet werden kann, von 2005 auf 2006 jedoch ein plötzlicher rasanter Sprung in den Ausgaben erfolgte. Im Jahr 2011 wird in allen vier Sparten ein Spitzenwert bei den Ausgaben konstatiert, welche sich im Jahr 2012 dann wieder verringern. Diese Ausgabenentwicklung beim Neubau ist recht beträchtlich, die Steigerung in Summe der vier Posten beträgt vom Jahr 2002 bis zum Jahr 2011 155,0 %.

In der Tabelle 2.2 sind die Ausgaben für die Wohnbausanierung über die Jahre 2002 bis 2012 aufgeführt. Hier fällt als Erstes auf, dass im Unterschied zum Neubau über die gesamte Periode von 2002 bis 2012 eine jährliche Zunahme stattgefunden hat. Im Baubereich wurden im Jahr 2002 8,9 Mio. € und im Jahr 2012 14,5 Mio. € ausgegeben. Bei der Haustechnik waren es im Jahr 2002 1,8 Mio. € und im Jahr 2012 2,9 Mio. €. Auf die Planung entfielen im Jahr 2002 0,9 Mio. € und dieser Wert erhöhte sich auf 1,5 Mio. € in 2012. In Summe wurden für Sanierungen 11,6 Mio. € im Jahr 2002 ausgegeben und im Jahr 2012 19,0 Mio. €, was einer Steigerung von 63,4 % entspricht.

Im Teil 1 der Tabelle 2.3 sind die Anzahl der Beschäftigten und die Bruttolohnausgaben (Brutto laut Lohnzettel ohne Dienstgeberbeiträge) dargestellt, in Tabelle 2.3 Teil 2 die Nettolohnausgaben abzüglich SV-DN, LSt., BR-Umlage und Gewerkschaftsbeitrag. Ebenso wurden in Tabelle 2.3 noch einmal 65,0 % der gesamten Lohnausgaben dargestellt, die in etwa der marginalen

Jahr	Baubereich (76,5 %)	Haustechnik (15,5 %)	Planung (8 %)	Summe
2002	8,865	1,796	0,927	11,588
2003	9,751	1,976	1,020	12,747
2004	10,497	2,127	1,098	13,721
2005	10,249	2,077	1,072	13,398
2006	9,890	2,004	1,034	12,928
2007	11,223	2,274	1,174	14,670
2008	11,713	2,373	1,225	15,311
2009	14,515	2,941	1,518	18,974
2010	12,713	2,576	1,329	16,618
2011	10,828	2,194	1,132	14,154
2012	14,501	2,938	1,516	18,956
Ø	11,340	2,298	1,186	14,824
Summe	124,745	25,275	13,045	163,065

Tabelle 2.2: Inputdaten der Bauvolumina Wohnbausanierung von 2002 bis 2012 in Mio. €.

Quelle: gswb Salzburg, Ansprechpartner Dr. Alexander Tempelmayr, Salzburg 2013.

Konsumquote entsprechen. Betrachtet man die Entwicklung der Anzahl der Beschäftigten, so betrug diese im Jahr 2002 250 Personen und verringerte sich auf 235 Personen im Jahr 2012. Durchschnittlich hat die gswb 226 Personen vollzeitäquivalent beschäftigt. Die Bruttolohnsumme betrug im Jahr 2002 7,1 Mio. € und erhöhte sich auf 10,3 Mio. €. Im Durchschnitt betrug sie 8,6 Mio. €. Die Nettolohnsumme, im Jahr 2002 4,7 Mio. €, erhöhte sich auf 6,9 Mio. € im Jahr 2012, durchschnittlich betrug sie 5,7 Mio. €. Von diesem Wert werden für die nachfolgenden Simulationen 65 % als wertschöpfungswirksam angenommen, was in etwa der marginalen Konsumquote eines Durchschnittsverdieners entspricht. Dieser Wert betrug im Jahr 2002 3,1 Mio. € und erhöhte sich bis 2012 auf 4,5 Mio. €. Im Durchschnitt betrug er 3,7 Mio. €.

Jahr	Beschäftigte in Personen	Bruttolohn-Summe (BLS) in Mio. €	65% der BLS in Mio. €
2002	250	7,15	4,645
2003	246	7,66	4,980
2004	238	6,5	4,226
2005	203	8,3	5,394
2006	206	8,81	5,726
2007	204	8,96	5,823
2008	223	9,36	6,085
2009	224	9,12	5,929
2010	223	9,26	6,020
2011	231	9,26	6,020
2012	235	10,29	6,690
Ø	226	8,61	5,59

Tabelle 2.3: Inputdaten der gswb-Beschäftigten von 2002 bis 2012. Teil 1: Bruttolohnausgaben

Jahr	Beschäftigte in Personen	Nettolohn-Summe (NLS) in Mio. €	65% der NLS in Mio. €
2002	250	4,700	3,06
2003	246	5,067	3,29
2004	238	4,327	2,81
2005	203	5,511	3,58
2006	206	5,870	3,82
2007	204	5,971	3,88
2008	223	6,182	4,02
2009	224	6,120	3,98
2010	223	6,229	4,05
2011	231	6,148	4
2012	235	6,882	4,47
Ø	226	5,728	3,72

Tabelle 2.3: Inputdaten der gswb-Beschäftigten von 2002 bis 2012. Teil 2: Nettolohnausgaben

Quelle: gswb Salzburg, Ansprechpartner Dr. Alexander Tempelmayr, Salzburg 2013.

In den folgenden Tabellen 2.4 Teil 1 und Teil 2, 2.5, 2.6 und 2.7 werden nun noch die durchschnittlichen Mietpreise der gswb für ausfinanzierte gswb-Mietwohnungen und nicht ausfinanzierte Mietwohnungen dargestellt und es wird ein Vergleich mit Wohnungen durchgeführt, die nicht von der gswb betrieben, errichtet oder vermietet werden. In den Tabellen 2.4 Teil 1 und Teil 2 und 2.5 sind die ausfinanzierten Mietwohnungen sowie die nicht ausfinanzierten Mietwohnungen und gswb-Mietwohnungen (Durchschnitt) dargestellt, wobei bei allen dreien zu den jeweiligen Kaltmieten des Jahres 3,00 € pro m^2 an Nebenkosten zugeschlagen wurden. Betrachtet man zunächst in Tabelle 2.4 Teil 1 die Mietpreise je m^2 Nutzfläche und Monat für ausfinanzierte Mietwohnungen, so gab es im Jahr 2003 4466 Wohnungen und dieser Bestand erhöhte sich bis zum Jahr 2012 auf 7294 Wohnungen. Die durchschnittliche Miete betrug im Jahr 2003 4,98 € pro m^2 und erhöhte sich auf 5,68 € pro m^2 in 2012. Durchschnittlich waren es 5,30 € pro m^2. Die durchschnittliche Nutzfläche stieg vom Jahr 2003 von 57,32 m^2 leicht auf 60,66 m^2 im Jahr 2012 an, im Durchschnitt betrug die Nutzfläche 58,94 m^2. Die durchschnittliche Miete für ausfinanzierte Wohnungen der gswb war im Jahr 2003 285,45 € je Wohnung und dieser Wert erhöhte sich auf 344,55 € je Wohnung im Jahr 2012, der Durchschnittswert betrug 312,48 € pro Wohnung. In der Tabelle 2.4 Teil 2 sind die Mietpreise für nicht ausfinanzierte Mietwohnungen dargestellt. Hier beträgt die Anzahl der Wohnungen im Jahr 2003 6776 und dieser Wert erhöht sich auf 7556 Wohnungen im Jahr 2012. Die durchschnittliche Miete je m^2 betrug im Jahr 2003 6,89 € und erhöhte sich leicht auf 7,09 € im Jahr 2012, im Durchschnitt betrug sie 6,42 € je m^2. Die durchschnittliche Nutzfläche hat sich auch leicht von 66,35 m^2 im Jahr 2003 auf 67,53 m^2 pro Wohnung erhöht. Der Durchschnittswert betrug 66,93 m^2. Die durchschnittliche Miete pro Wohnung betrug im Jahr 2003 457,15 € je Wohnung und erhöhte sich auf 478,79 € je Wohnung. Im Durchschnitt betrug die Miete 429,71 € pro Wohnung.

Jahr	Anzahl an Wohnungen VE	Ø Miete je m^2 in €	Ø Nutzfläche in m^2	Ø Miete je Wohnung in €
2003	4466	4,98	57,32	285,45
2004	4732	4,98	57,96	288,64
2005	5189	5,10	58,15	296,57
2006	5491	5,23	58,49	305,90
2007	5615	5,23	58,82	307,63
2008	5875	5,32	59,20	314,94
2009	6376	5,41	59,18	320,16
2010	6588	5,52	59,19	326,73
2011	7148	5,53	60,44	334,23
2012	7294	5,68	60,66	344,55
Ø		5,30	58,94	312,48

Tabelle 2.4: Mietpreisdaten je m^2 Nutzfläche und Monat von 2003 bis 2012.
Teil 1: ausfinanzierte Mietwohnungen
Quelle: gswb Salzburg, Ansprechpartner Dr. Alexander Tempelmayr, Salzburg 2013.

In Tabelle 2.5 sind abschließend die Mietpreise für gswb-Mietwohnungen im Durchschnitt aufgeführt. Im Jahr 2003 waren es durchschnittlich 11242 Wohnungen und dieser Wert erhöhte sich bis zum Jahr 2012 auf 14850 Wohnungen. Die durchschnittliche Miete pro m^2 betrug im Jahr 2003 5,94 € und dieser Wert erhöhte sich auf 6,39 € pro m^2, durchschnittlich betrug er 5,86 € pro m². Ebenso stieg auch die durchschnittliche Nutzfläche von 61,84 m² 2003 auf 64,10 m² im Jahr 2012 an. Der Durchschnittswert betrug hier 62,93 m². Die durchschnittliche Miete je Wohnung betrug im Jahr 2003 366,99 € und erhöhte sich auf 409,25 € pro Wohnung im Jahr 2012. Der Durchschnittswert betrug 368,85 €.

Jahr	Anzahl an Wohnungen VE	Ø Miete je m² in €	Ø Nutzfläche in m²	Ø Miete je Wohnung in €
2003	6776	6,89	66,35	457,15
2004	6966	5,56	66,07	367,35
2005	6867	5,80	66,20	383,96
2006	7027	5,92	66,53	393,86
2007	6660	6,23	67,20	418,66
2008	6814	6,48	67,56	437,79
2009	7025	6,68	67,61	451,63
2010	6848	6,68	67,10	448,23
2011	6940	6,85	67,10	459,64
2012	7556	7,09	67,53	478,79
Ø		6,42	66,93	429,71

Tabelle 2.4: Mietpreisdaten je m² Nutzfläche und Monat von 2003 bis 2012.
Teil 2: nicht ausfinanzierte Mietwohnungen
Quelle: gswb Salzburg, Ansprechpartner Dr. Alexander Tempelmayr, Salzburg 2013.

Jahr	Gesamtanzahl an Wohnungen VE	Ø Miete je m² in €	Ø Nutzfläche in m²	Ø Miete je Wohnung in €
2003	11242	5,94	61,84	366,99
2004	11698	5,27	62,02	326,82
2005	12056	5,45	62,18	338,85
2006	12518	5,58	62,51	348,49
2007	12275	5,73	63,01	361,05
2008	12689	5,90	63,38	373,94
2009	13401	6,05	63,40	383,22
2010	13436	6,10	63,15	385,18
2011	14088	6,19	63,77	394,74
2012	14850	6,39	64,10	409,25
Ø		5,86	62,93	368,85

Tabelle 2.5: Mietpreisdaten je m² Nutzfläche und Monat von 2003 bis 2012 für gswb-Mietwohnungen (Durchschnitt).
Quelle: gswb Salzburg, Ansprechpartner Dr. Alexander Tempelmayr, Salzburg 2013.

In Tabelle 2.6 sind nun die Mietpreise je m² Nutzfläche und Monat von Nicht-gswb-Wohnungen (Durchschnittswerte) angegeben. Hierbei wird eine durchschnittliche Nutzfläche wie in den gswb-Wohnungen herangezogen, um einen Vergleich durchführen zu können. Die Werte stammen aus dem Dokument der AK Salzburg zur Unterlage „Wohnpreise" vom 10.04.2013. Es handelt sich bei diesen durchschnittlichen Mietpreisen um Mietpreise inkl.

Betriebskosten je m² in der Stadt Salzburg und im Umland. Betrachtet man den Wert der Miete je m² für Nicht-gswb-Mietwohnungen, so sieht man sofort, dass dieser wesentlich über dem der gswb-Wohnungen liegt. Im Jahr 2003 betrug er 10,52 € je m² und erhöhte sich bis 2012 auf 13,48 € pro m². Im Durchschnitt waren es 11,90 € pro m². Die durchschnittliche Nutzfläche betrug 61,84 m² pro Wohnung 2003 und erhöhte sich leicht auf 64,10 m² 2012. Die durchschnittliche Miete je Wohnung betrug im Jahr 2003 650,50 € und stieg auf 864,00 € im Jahr 2012 an. Durchschnittlich waren 749,33 € je Wohnung zu bezahlen.

In der Tabelle 2.7 wird die Ersparnis durch die günstigeren gswb-Mieten dargestellt. Aus der Tabelle geht hervor, dass im Jahr 2003 die Mietpreisersparnis je m² Wohnung bei 4,59 € lag und sich dieser Wert auf 7,10 € 2012 erhöhte. Durchschnittlich war die Ersparnis 6,04 € je m². Die durchschnittliche Mietpreisersparnis je Wohnung betrug im Jahr 2003 283,51 € pro Wohnung. Dieser Wert stieg bis 2012 auf 454,75 € im Jahr 2012 an und betrug durchschnittlich 380,48 € je Wohnung, ein doch ganz beträchtlicher Wert.

Jahr	Miete je m² in €	Ø Nutzfläche in m²	Ø Miete je Wohnung in €
2003	10,52	61,84	650,50
2004	10,56	62,02	654,88
2005	10,83	62,18	673,36
2006	11,31	62,51	706,99
2007	11,61	63,01	731,55
2008	12,18	63,38	771,97
2009	12,38	63,40	784,83
2010	12,59	63,15	795,00
2011	13,49	63,77	860,26
2012	13,48	64,10	864,00
Ø	11,90	62,93	749,33

Tabelle 2.6: Mietpreisdaten je m² Nutzfläche und Monat von 2003 bis 2012 für Mietwohnungen (Durchschnitt).
Quelle: gswb Salzburg, Ansprechpartner Dr. Alexander Tempelmayr, Salzburg 2013.

Jahr	Mietersparnis je m² Wohnung in €	Ø Nutzfläche in m²	Ø Mietersparnis je Wohnung in €
2003	4,59	61,84	283,51
2004	5,29	62,02	328,06
2005	5,38	62,18	334,50
2006	5,74	62,51	358,49
2007	5,88	63,01	370,50
2008	6,28	63,38	398,03
2009	6,34	63,40	401,61
2010	6,49	63,15	409,81
2011	7,30	63,77	465,52
2012	7,10	64,10	454,75
Ø	6,04	62,93	380,50

Tabelle 2.7: Ersparnis durch günstigere Mieten je m² Nutzfläche und Monat von 2003 bis 2012.
Quelle: gswb Salzburg, Ansprechpartner Dr. Alexander Tempelmayr, Salzburg 2013.

In der Tabelle 2.8 ist nun die gesamte Mietpreisersparnis im Vergleich, berechnet auf alle GSWB-Wohnungen, dargestellt. Betrug die Summe aller gswb-Wohnungen im Jahr 2003 11 242, so stieg sie bis zum Jahr 2012 auf 14 850 an, im Durchschnitt waren es 12 825. Die Mietpreisersparnis, auf alle diese gswb-Wohnungen bezogen, betrug im Jahr 2003 3,2 Mio. € und erhöhte sich bis zum Jahr 2012 auf 6,8 Mio. €. Durchschnittlich waren dies 4,9 Mio. €.

Jahr	Summe an GSWB Wohnungen	Ø Mietersparnis je Wohnung in €	Mietersparnis (Gesamt) für alle GSWB Wohnungen in Mio. €
2003	11 242	283,51	3,19
2004	11 698	328,06	3,84
2005	12 056	334,50	4,03
2006	12 518	358,49	4,49
2007	12 275	370,50	4,55
2008	12 689	398,03	5,05
2009	13 401	401,61	5,38
2010	13 436	409,81	5,51
2011	14 088	465,52	6,56
2012	14 850	454,75	6,75
Ø	12 825,30	380,48	4,93
Summe	128 253	3 804,79	49,34

Tabelle 2.8: Gesamte Mietpreisersparnis für alle gswb-Wohnungen von 2003 bis 2012. Quelle: gswb Salzburg, Ansprechpartner Dr. Alexander Tempelmayr, Salzburg 2013.

Die gerade diskutierten Fakten dienen nun als Inputwerte für die Simulationen zur Darstellung der gesamten Wertschöpfungsaktivitäten der gswb, die in Kapitel 4 dargestellt sind.

3. Kurze Beschreibung des ökonometrisch geschätzten Simulationsmodells

Bei dem für die Simulationen verwendeten Modell handelt es sich um ein ökonometrisch geschätztes, mittel- bis langfristig orientiertes und sektoral gegliedertes Simulationsmodell, das 15 Wirtschaftsbereiche enthält. In einem interaktiven System von 64 Verhaltens- und 142 Definitionsgleichungen wird das aus der Theorie abgeleitete und anhand tatsächlicher Gegebenheiten beobachtete Wirtschaftsverhalten der Akteure so authentisch wie möglich abgebildet, wobei auch noch 26 exogene Erklärungsfaktoren verwendet werden. Für die demografische Entwicklung fanden Berechnungen des Instituts für Demografie der Oberösterreichischen Akademie der Wissenschaften Verwendung. Für die wenigen exogenen Variablen, etwa die Sektoren Bergbau und Öffentlicher Dienst, werden Trendextrapolationen oder andere Prognosen angewendet. Alle restlichen Variablen werden – der aufgestellten Modellstruktur entsprechend – endogen im Simulationsmodell bestimmt.

Das Simulationsmodell kann zweifach unterteilt werden: sowohl horizontal in fünf Hauptblöcke, in denen die zentralen volkswirtschaftlichen Kenngrößen, wie Produktion, Beschäftigung, Einkommen usw. abgebildet werden, als auch in 15 verschiedene Wirtschaftsbereiche. Durch diese Unterteilung können mit dem Simulationsmodell detaillierte

Aussagen getroffen werden, die auch eine gezielte Analyse einzelner Branchen erlauben. Das Simulationsmodell ist in folgende Sektoren gegliedert:

1. Sachgüterproduktionsbereiche:
    - Nahrungs- und Genussmittel;
    - Textilien und Bekleidung;
    - Holzbe- und -verarbeitung;
    - Papiererzeugung und -verarbeitung;
    - Chemie und Erdölindustrie;
    - Erzeugung von Stein- und Glaswaren (oder Bauzulieferer);
    - Grundmetalle und Metallverarbeitung

2. Produktionsnahe Dienstleistungsbereiche:
    - Energie- und Wasserversorgung;
    - Bauwesen;
    - Verkehrs- und Nachrichtenwesen und
    - Vermögensverwaltung und Wirtschaftsdienste

3. Klassische Dienstleistungsbereiche:
    - Handel;
    - Gastgewerbe und Beherbergung;
    - Sonstige Dienste und
    - Öffentliche Dienste

Neben dieser sektoralen Gliederung ist das Simulationsmodell in fünf simultan verbundene Blöcke unterteilt. Die Nettoproduktionswerte, die Beschäftigung und die Nominallöhne werden auf regionaler Ebene für alle 15 Wirtschaftsbereiche erklärt. Im Demografieblock werden die Bevölkerung und das Arbeitskräftepotenzial für die Region ermittelt. Dadurch können auch die Zahl der Arbeitslosen und die Arbeitslosenquote endogen im Simulationsmodell bestimmt werden. Die fünf Blöcke lauten:

Produktionsblock: Darin werden die Nettoproduktionswerte nach den einzelnen Wirtschaftsbereichen bestimmt, aus denen sich das Bruttoinlandsprodukt zusammensetzt.

Beschäftigungsblock: Darin werden die Zahl der sektoralen Beschäftigten und die Gesamtbeschäftigung als deren Summe bestimmt.

Investitionsblock: Darin werden die Kapitalstöcke, die Bruttoanlageinvestitionen der Sachgüterproduktionsbereiche bestimmt.

Einkommensblock: Darin werden die sektoralen Nominallöhne, die Bruttolohn- und -gehaltssumme, die Bruttotransfers, die Abzüge, die Arbeitslosenunterstützung und damit das Masseneinkommen bestimmt.

Demografieblock: Darin werden die Nettoimmigration, die Erwerbsquote und das Arbeitskräftepotenzial berechnet.

Die Zusammenhänge zwischen den einzelnen Blöcken sind in nachstehender Figur 3.1. „Flussdiagramm des Simulationsmodells" (Seite 165) aufgezeigt.

Abschließend seien noch einmal die wichtigsten Punkte des ökonometrisch geschätzten Simulationsmodells zusammengefasst:

Das ökonometrisch geschätzte Simulationsmodell beschreibt die Wirtschaft eines Bundeslandes (z. B. Salzburg) oder eines Landes (z. B. Österreich) in detaillierter Weise. Das Modell setzt sich aus 7 Sachgüterbereichen, 4 produktionsnahen Dienstleistungsbereichen und 4 klassischen Dienstleistungsbereichen zusammen. Damit sind alle wesentlichen wirtschaftlichen Bereiche in einem Bundesland bzw. in einem Land erfasst.

Welcher Teil der Wirtschaftsaktivitäten wird nun in diesen Bereichen erfasst? Erstens die Produktion in diesem Bereich, wobei hier die Nettoproduktionswerte in den einzelnen Wirtschaftsbereichen berechnet werden, aus denen sich das (regionale) Bruttoinlandsprodukt zusammensetzt. Als Zweites wäre der Beschäftigungsblock zu nennen, in dem die sektorale Beschäftigung und die Gesamtbeschäftigung, aber auch die Entwicklung der Arbeitslosenquote berechnet werden kann. Danach folgt als Drittes ein Investitionsblock, in dem die Kapitalstöcke, die Bruttoanlageinvestitionen der einzelnen Produktionsbereiche errechnet werden. Viertens werden im Einkommensblock die sektoralen Nominallöhne, die Bruttolohn- und Gehaltssumme, die Bruttotransfers, die Arbeitslosenunterstützungen und das Masseneinkommen bestimmt. Im abschließenden fünften Demografieblock werden die Nettoimmigration, die Erwerbsquote und das Arbeitskräftepotenzial berechnet.

Damit ist es mit diesem Simulationsmodell möglich, alle wesentlichen Wirtschaftsfaktoren in Form von Gleichungen abzubilden und zu modellieren und somit das wirtschaftliche Geschehen in einem Bundesland (z. B. Salzburg) oder in Gesamtösterreich abzubilden. Mithilfe eines derartigen ökonometrisch geschätzten Simulationsmodells ist es möglich, die verschiedensten wirtschaftspolitischen Simulationen durchzuführen. Beispielsweise kann untersucht werden, welchen Effekt eine zusätzliche staatliche Aktivität im Straßenbau, im Hoch- oder Tiefbau hat. Hierzu werden diese zusätzlichen Summen in das Modell eingeschleust und es wird dann berechnet, welche Primär- und Sekundäreffekte dies für das jeweilige Bundesland (z. B. Salzburg) oder für Gesamtösterreich auslöst. Mit diesem Modell können Simulationen bis zu 12 Perioden (Jahre) durchgeführt werden. Ökonometrisch geschätzt heißt in diesem Zusammenhang, dass die geschätzten Koeffizienten der einzelnen Verhaltensgleichungen (z. B. die Bestimmung der Löhne) aufgrund tatsächlich vorliegender Daten für die einzelnen Bereiche in diesen Bundesländern ökonometrisch ermittelt werden.

Deshalb ist das ökonometrisch geschätzte Simulationsmodell für eine Vielzahl von Fragestellungen einsetzbar und es ist mit ihm immer möglich, zwei Szenarien zu berechnen, z. B. einmal mit und einmal ohne staatlichen und/oder exogenen Eingriff. Aus der Differenz kann dann die zusätzliche Wirkung des staatlichen Eingriffs oder des exogenen Schocks berechnet werden.

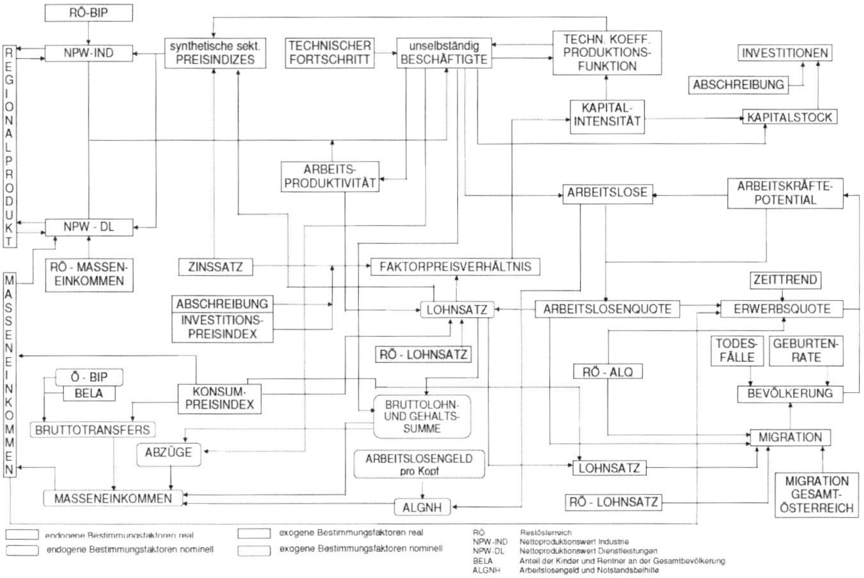

Figur 3.1: Flussdiagramm des Simulationsmodells

4. Die Ergebnisse der volkswirtschaftlichen Wertschöpfungsaktivitäten der gswb

In diesem Kapitel werden entsprechend den genannten Eingangsdaten in Kapitel 2 zunächst einmal einzeln die volkswirtschaftlichen Wertschöpfungsaktivitäten der gswb dargestellt. Wie bereits in Kapitel 1 und 2 erörtert, erfolgt die Darstellung dieser gesamten Wertschöpfungsaktivitäten in zusätzlichem Bruttoinlandsprodukt (BIP), Masseneinkommen und Beschäftigung.

4.1. Wertschöpfungseffekte aufgrund der Neubauaktivitäten der gswb

Wir beginnen mit den induzierten Wertschöpfungseffekten für die Neubauprojekte. Sie sind in Tabelle 4.1 aufgeführt. Betrachtet man zunächst die Wertschöpfungseffekte, die aufgrund der Neubauprojekte der gswb ausgelöst wurden, so betrug das zusätzliche regionale Salzburger BIP im Jahr 2002 29,8 Mio. € und dieser Wert erhöht sich bis auf 65,6 Mio. € im Jahr 2012. Durchschnittlich betrug das zusätzliche BIP 57,4 Mio. €. Das zusätzliche Masseneinkommen betrug im Jahr 2002 12,9 Mio. € und dieser Wert stieg bis 2012 auf 28,4 Mio. €. Im Durchschnitt waren es 24,8 Mio. €. Die zusätzlich erhaltene Beschäftigung betrug im Jahr 2002 240 Beschäftigte. 2012 erhöhte sich dieser Wert auf 528 zusätzlich Beschäftigte oder erhaltene Arbeitsplätze. Durchschnittlich waren es 462 zusätzlich Beschäftigte; ein beträchtlicher Wert. Über den Zeitraum von 2002 bis 2012 hat sich das durch die Neubauprojekte ausgelöste zusätzliche BIP in Salzburg damit um 120,0 % (von 29,8 Mio. € auf 65,6 Mio. €) erhöht.

4.2. Wertschöpfungseffekte aufgrund der Wohnbausanierung der gswb

In Tabelle 4.2 sind die volkswirtschaftlichen Effekte der Sanierungen der gswb dargestellt. Im Jahr 2002 betrug das zusätzliche regionale Salzburger BIP, das durch Investitionen in

Jahr	Investitionen für Neubauprojekte in Mio. €	Zusätzliches BIP in Mio. €1	Zusätzliches Masseneinkommen in Mio. €[1]	Zusätzliche Beschäftigung in Personen[2]
2002	22,71	29,84	12,89	240
2003	22,52	29,58	12,78	238
2004	31,02	40,75	17,61	328
2005	31,42	41,27	17,83	332
2006	50,78	66,70	28,82	537
2007	55,19	72,49	31,33	583
2008	52,97	69,58	30,07	560
2009	51,71	67,92	29,35	547
2010	54,56	71,67	30,97	577
2011	57,96	76,14	32,90	613
2012	49,97	65,64	28,36	528
Ø	43,71	57,42	24,81	462
Summe	480,80	631,57	272,90	5 082

Tabelle 4.1: Wertschöpfungseffekte aufgrund der Neubauaktivitäten der gswb in der Periode von 2002 bis 2012.
Quelle: Eigene Berechnungen.
1) Zuwachs im Vergleich zum Basisszenario: Keine Aktivitäten der gswb.
2) Zusätzlich geschaffene oder gesicherte Arbeitsplätze (durch die Aktivitäten der gswb).

Jahr	Investitionen für Wohnbausanierungen in Mio. €	Zusätzliches BIP in Mio. €[1]	Zusätzliches Masseneinkommen in Mio. €[1]	Zusätzliche Beschäftigung in Personen[2]
2002	11,59	15,22	6,58	122
2003	12,75	16,74	7,24	135
2004	13,72	18,02	7,79	145
2005	13,40	17,60	7,60	142
2006	12,93	16,98	7,34	137
2007	14,67	19,27	8,33	155
2008	15,31	20,11	8,69	162
2009	18,97	24,92	10,77	201
2010	16,62	21,83	9,43	176
2011	14,15	18,59	8,03	150
2012	18,96	24,90	10,76	200
Ø	14,82	19,47	8,41	157
Summe	163,07	214,20	92,56	1 723

Tabelle 4.2: Wertschöpfungseffekte aufgrund der Wohnbausanierungen der gswb in der Periode von 2002 bis 2012.
Quelle: Eigene Berechnungen.
1) Zuwachs im Vergleich zum Basisszenario: Keine Aktivitäten der gswb.
2) Zusätzlich geschaffene oder gesicherte Arbeitsplätze (durch die Aktivitäten der gswb).

Sanierungsprojekte der gswb ausgelöst wurde, 15,2 Mio. € und dieser Wert erhöht sich bis auf 24,9 Mio. € im Jahr 2012. Durchschnittlich betrug das zusätzliche BIP 19,5 Mio. €. Das zusätzlich erzielte Masseneinkommen betrug im Jahr 2002 6,6 Mio. € und dieser Wert stieg bis 2012 auf 10,8 Mio. € an. Im Durchschnitt waren es 8,4 Mio. €. Durch die Sanierung gab es im Bundesland Salzburg im Jahr 2002 zusätzlich 122 Beschäftigte. 2012 erhöhte sich dieser Wert auf 200 zusätzlich Beschäftigte oder erhaltene Arbeitsplätze. Im Durchschnitt waren es 157 zusätzlich Beschäftigte. Über den Zeitraum von 2002 bis 2012 hat sich das durch die Sanierungsprojekte ausgelöste zusätzliche BIP in Salzburg damit um 63,6 % (von 15,2 Mio. € auf 24,9 Mio. €) erhöht.

4.3. Wertschöpfungseffekte aufgrund der Neubau- und Wohnbausanierungsmaßnahmen der gswb

In Tabelle 4.3 sind nun die gesamten Wertschöpfungseffekte, die durch die Bauinvestitionen der gswb, d. h. Neubau- und Sanierungsmaßnahmen, ausgelöst wurden, dargestellt. Dadurch stieg das Salzburger BIP im Jahr 2002 zusätzlich um 45,1 Mio. € und dieser Wert stieg bis 2012 auf 90,5 Mio. € an. Im Durchschnitt waren es 76,9 Mio. €. Das zusätzlich erzielte Masseneinkommen im Bundesland Salzburg betrug im Jahr 2002 19,5 Mio. € und dieser Wert stieg bis 2012 auf 39,1 Mio. € an. Im Durchschnitt waren es 33,2 Mio. €. Auch die Beschäftigungseffekte dieser beiden Maßnahmen sind beträchtlich. Gab es im Jahr 2002 363 zusätzlich Beschäftigte oder erhaltene Arbeitsplätze, so erhöhte sich dieser Wert bis 2012 auf 729 zusätzlich Beschäftigte oder erhaltene Arbeitsplätze. Im Durchschnitt waren es 619 zusätzlich Beschäftigte.

Jahr	Investitionen für die gesamten Bauvolumina in Mio. €	Zusätzliches BIP in Mio. €[1]	Zusätzliches Masseneinkommen in Mio. €[1]	Zusätzliche Beschäftigung in Personen[2]
2002	34,30	45,06	19,47	363
2003	35,26	46,32	20,02	373
2004	44,74	58,77	25,40	473
2005	44,81	58,87	25,44	474
2006	63,70	83,68	36,16	673
2007	69,86	91,77	39,65	738
2008	68,28	89,69	38,76	722
2009	70,68	92,85	40,12	747
2010	71,18	93,50	40,40	752
2011	72,12	94,73	40,93	762
2012	68,93	90,54	39,12	729
Ø	58,53	76,89	33,22	619
Summe	643,86	845,78	365,46	6805

Tabelle 4.3: Wertschöpfungseffekte aufgrund der gesamten Bauvolumina (Neubau + Wohnbausanierung) der gswb in der Periode von 2002 bis 2012.
Quelle: Eigene Berechnungen.
1) Zuwachs im Vergleich zum Basisszenario: Keine Aktivitäten der gswb.
2) Zusätzlich geschaffene oder gesicherte Arbeitsplätze (durch die Aktivitäten der gswb).

4.4. Wertschöpfungseffekte aufgrund der Beschäftigten der gswb

In Tabelle 4.4 werden nun noch die Wertschöpfungseffekte, die durch die bei der gswb Beschäftigten ausgelöst wurden, gezeigt. Im Jahr 2002 betrug das zusätzliche Salzburger BIP 4,0 Mio. € und dieser Wert erhöhte sich auf 5,9 Mio. € im Jahr 2012. Im Durchschnitt über die Jahre 2002 bis 2012 betrug das zusätzlich generierte BIP 4,9 Mio. €. Das zusätzlich erzielte Masseneinkommen im Bundesland Salzburg betrug im Jahr 2002 1,7 Mio. € und dieser Wert stieg bis 2012 auf 2,5 Mio. € an. Im Durchschnitt waren es 2,1 Mio. €. Die dadurch zusätzlich ausgelösten Beschäftigten waren im Jahr 2002 32 Personen und dieser Wert erhöhte sich bis 2012 auf 47 Beschäftigte, durchschnittlich waren es 39 zusätzlich Beschäftigte.

Jahr	65 % der Nettolohnsumme in Mio. €	Zusätzliches BIP in Mio. €[1]	Zusätzliches Masseneinkommen in Mio. €[1]	Zusätzliche Beschäftigung in Personen[2]
2002	3,06	4,01	1,73	32
2003	3,29	4,33	1,87	35
2004	2,81	3,69	1,60	30
2005	3,58	4,71	2,03	38
2006	3,82	5,01	2,17	40
2007	3,88	5,10	2,20	41
2008	4,02	5,28	2,28	42
2009	3,98	5,23	2,26	42
2010	4,05	5,32	2,30	43
2011	4,00	5,25	2,27	42
2012	4,47	5,88	2,54	47
Ø	3,72	4,89	2,11	39
Summe	40,95	53,80	23,25	433

Tabelle 4.4: Wertschöpfungseffekte aufgrund der Beschäftigten der gswb in der Periode von 2002 bis 2012.
Quelle: Eigene Berechnungen.
1) Zuwachs im Vergleich zum Basisszenario: Keine Aktivitäten der gswb.
2) Zusätzlich geschaffene oder gesicherte Arbeitsplätze (durch die Aktivitäten der gswb).

4.5. Wertschöpfungseffekte aufgrund der Mietpreisersparnisse

In Tabelle 4.5 sind nun die volkswirtschaftlichen Wertschöpfungseffekte, die durch die Mietpreisersparnis aufgrund der günstigeren gswb-Wohnungen entstanden sind, dargestellt. Im Jahr 2002 betrug die Mietpreisersparnis berechnet auf alle gswb-Wohnungen 3,2 Mio. € und dieser Wert erhöhte sich im Jahr 2012 auf 6,8 Mio. €. Im Durchschnitt waren es 4,9 Mio. €. Hierbei wird die Annahme getroffen, dass diese Ersparnis in den Konsum für andere Güter fließen kann und dadurch das BIP im Bundesland Salzburg im Jahr 2003 durchschnittlich um 4,2 Mio. € höher war, als wenn es die günstigeren Mieten der gswb nicht gäbe, und dieser Wert auf 8,9 Mio. € 2012 angestiegen ist. Im Durchschnitt über die Jahre 2003 bis 2012 betrug das zusätzlich generierte BIP 6,5 Mio. €. Das durch die Mietpreisersparnis zusätzlich erzielte Masseneinkommen im Bundesland Salzburg betrug im Jahr 2003 1,8 Mio. € und dieser Wert stieg bis 2012 auf 3,8 Mio. € an. Im Durchschnitt waren es 2,8 Mio. €. Es gab dadurch zusätzlich 34 Beschäftigte im Jahr 2003 und dieser Wert erhöhte sich auf 71 Beschäftigte im Jahr 2012, durchschnittlich waren es 52 zusätzlich Beschäftigte.

Jahr	Gesamte Mietersparnis für alle GSWB-Wohnungen in Mio. €	Zusätzliches BIP in Mio. €[1]	Zusätzliches Masseneinkommen in Mio. €[1]	Zusätzliche Beschäftigung in Personen[2]
2003	3,19	4,19	1,81	34
2004	3,84	5,04	2,18	41
2005	4,03	5,30	2,29	43
2006	4,49	5,89	2,55	47
2007	4,55	5,97	2,58	48
2008	5,05	6,63	2,87	53
2009	5,38	7,07	3,05	57
2010	5,51	7,23	3,13	58
2011	6,56	8,61	3,72	69
2012	6,75	8,87	3,83	71
Ø	4,93	6,48	2,80	52
Summe	49,34	64,82	28,01	522

Tabelle 4.5: Wertschöpfungseffekte aufgrund der Mietersparnis durch die niedrigeren Mieten der gswb-Wohnungen in der Periode von 2003 bis 2012.
Quelle: Eigene Berechnungen.
1) Zuwachs im Vergleich zum Basisszenario: Keine Aktivitäten der gswb.
2) Zusätzlich geschaffene oder gesicherte Arbeitsplätze (durch die Aktivitäten der gswb).

4.6. Wertschöpfungseffekte aller Wirtschaftsaktivitäten der gswb

Abschließend sind in Tabelle 4.6 die gesamten volkswirtschaftlichen Wertschöpfungseffekte aller Wirtschaftsaktivitäten der gswb dargestellt. Im Jahr 2002 betrug die Summe der Inputvariablen (Bauvolumina Neubau + Wohnbausanierung, Beschäftigte, Mietersparnis) 37,4 Mio. €, dieser Wert erhöhte sich im Jahr 2012 auf 80,2 Mio. €. Im Durchschnitt waren es 67,2 Mio. €. Durch die gesamten Wirtschaftsaktivitäten der gswb wurden im Jahr 2002 49,1 Mio. € an zusätzlichem BIP generiert. Dieser Wert stieg bis 2012 auf 105,3 Mio. €. Im Durchschnitt über die Jahre 2002 bis 2012 betrug das zusätzlich generierte BIP 88,3 Mio. €. Das durch alle Wirtschaftsaktivitäten zusätzlich erzielte Masseneinkommen im Bundesland Salzburg betrug im Jahr 2002 21,2 Mio. € und dieser Wert stieg bis 2012 auf 45,5 Mio. € an. Im Durchschnitt waren es 38,1 Mio. €. Es gab dadurch zusätzlich 395 Beschäftigte im Jahr 2002 und dieser Wert erhöhte sich auf 847 Beschäftigte im Jahr 2012, durchschnittlich waren es 710 zusätzlich Beschäftigte.

In den Figuren 4.1 und 4.2 sind noch einmal das zusätzlich generierte BIP und die zusätzliche oder erhaltene Beschäftigung aufgrund aller Wirtschaftsaktivitäten der gswb veranschaulicht.

Jahr	Inputvariable in Mio. €	Zusätzl. BIP in Mio. €[1]	Zusätzl. Masseneinkommen in Mio. €[1]	Zusätzl. Beschäftigung in Personen[2]
2002	37,36	49,07	21,20	395
2003	41,74	54,83	23,69	441
2004	51,39	67,51	29,17	543
2005	52,43	68,87	29,76	554
2006	72,01	94,59	40,87	761
2007	78,29	102,84	44,44	827
2008	77,35	101,61	43,90	818
2009	80,04	105,14	45,43	846
2010	80,73	106,05	45,82	853
2011	82,67	108,59	46,92	874
2012	80,15	105,29	45,50	847
Ø	67,19	88,26	38,14	710
Summe	734,16	964,39	416,71	7 759

Tabelle 4.6: Wertschöpfungseffekte aller Wirtschaftsaktivitäten der gswb in der Periode von 2002 bis 2012.
Quelle: Eigene Berechnungen. 1) Zuwachs im Vergleich zum Basisszenario: Keine Aktivitäten der gswb.
2) Zusätzlich geschaffene oder gesicherte Arbeitsplätze (durch die Aktivitäten der gswb).

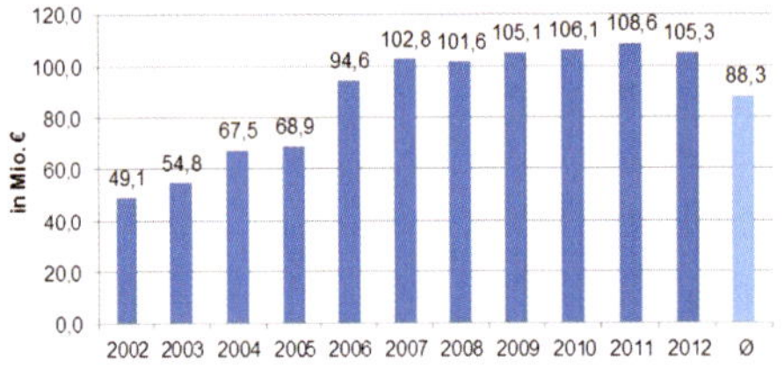

Figur 4.1: Zusätzliches BIP[1] in Mio. € aufgrund aller Wirtschaftsaktivitäten der gswb in der Periode von 2002 bis 2012.
1) Zuwachs im Vergleich zum Basisszenario: Keine Aktivitäten der gswb.

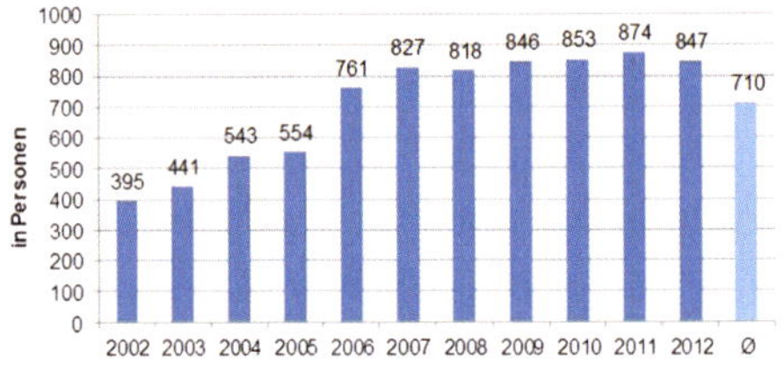

Figur 4.2: Zusätzliche Beschäftigung[1] in Personen aufgr. aller Wirtschaftsaktivitäten der gswb in der Periode 2002–2012.
1) Zusätzlich geschaffene oder gesicherte Arbeitsplätze (durch die Aktivitäten der gswb).

5. Zusammenfassung der Ergebnisse und wirtschaftspolitische Schlussfolgerungen

Wie die Ergebnisse der Simulationen in Kapitel 4 eindeutig zeigen, sind die Wertschöpfungsaktivitäten der gswb für das Bundesland Salzburg beträchtlich. In Tabelle 5.1 sind die Durchschnittswerte der volkswirtschaftlichen Wertschöpfungseffekte für alle drei Inputvariablen (Bauinvestitionen für Neubau und Sanierung, Beschäftigte als auch die Mietpreisersparnis) aufgeführt. Aus Tabelle 5.1 geht eindeutig hervor, dass die Wertschöpfungseffekte der Bauinvestitionen für Neubau und Sanierung mit Abstand den größten Effekt mit 76,9 Mio. € zusätzlichem BIP für das Bundesland Salzburg (Durchschnittswert über 2002 bis 2012) und einem zusätzlichen durchschnittlichen Masseneinkommen pro Jahr über diese Periode von 33,2 Mio. € sowie mit 619 gehaltenen oder zusätzlichen Arbeitsplätzen hat. Die anderen beiden Inputvariablen, die Beschäftigten der gswb und Wertschöpfungseffekte durch die Mietpreisersparnis sind wesentlich geringer. Insgesamt lösen alle Wirtschaftsaktivitäten der gswb über den Zeitraum von 2002 bis 2012 durchschnittlich in Salzburg ein zusätzliches BIP von 88,3 Mio. €, ein zusätzliches Masseneinkommen pro Jahr von 38,1 Mio. € und eine zusätzliche oder gehaltene Beschäftigung von 710 Personen aus; doch ganz beträchtliche Werte.

Jahr	Inputvariable in Mio. €	Zusätzliches BIP in Mio. €[1]	Zusätzliches Masseneinkommen in Mio. €[1]	Zusätzliche Beschäftigung in Personen[2]
Wertschöpfungseffekte durch die Beschäftigten (vom Nettolohn)				
Ø 2002–2012	3,72	4,89	2,11	39
Wertschöpfungseffekte durch Bauvolumina (Neubau + Sanierung)				
Ø 2002–2012	58,53	76,89	33,22	619
Wertschöpfungseffekte durch Mietpreisersparnis				
Ø 2003–2012	4,93	6,48	2,80	52
Gesamt	67,18	88,26	38,14	710

Tabelle 5.1: Durchschnittliche volkswirtschaftliche Wertschöpfungseffekte für alle drei Inputvariablen (Bauvolumina Neubau + Sanierung, Beschäftigte, Mietersparnis).
Quelle: Eigene Berechnungen.
1) Zuwachs im Vergleich zum Basisszenario: Keine Aktivitäten der gswb.
2) Zusätzlich geschaffene oder gesicherte Arbeitsplätze (durch die Aktivitäten der gswb).

Welche Schlussfolgerungen können nun daraus gezogen werden? Es sind die folgenden drei:

Die Ergebnisse zeigen, dass die Wirtschaftsaktivitäten der gswb einen beträchtlichen Wertschöpfungseffekt sowohl für das Bundesland Salzburg als auch für die Stadt Salzburg auslösen und diese somit ein bedeutender Wirtschaftsfaktor für dieses Bundesland sind. Insbesondere durch die Investitionen in Neubau und Sanierung wird ein beträchtliches Volumen an Wirtschaftsaktivitäten ausgelöst, an dem die Salzburger Wirtschaft in Form von zusätzlichem Bruttoinlandsprodukt von durchschnittlich 88,3 Mio. € und in Form von Masseneinkommen von durchschnittlich 38,1 Mio. € pro Jahr profitiert. Ebenso ist der zusätzliche Beschäftigungseffekt von 710 Personen pro Jahr bedeutend.

Darüber hinaus profitiert davon auch der Staat, d. h. insbesondere der Bund und weit weniger die Bundesländer, also hier Salzburg, durch gestiegene Steuer- und Sozialversicherungsbeitragseinnahmen. Unterstellt man einen Mischmehrwertsteuersatz von 12,0 %, so erhalten alle öffentlichen Gebietskörperschaften (Bund, Länder und Kommunen) zusätzlich 10,6 Mio. € an Mehrwertsteuer. Unterstellt man bei den 38,1 Mio. € an zusätzlichem Masseneinkommen einen Gesamtabgabensatz (Lohneinkommensteuer + Sozialversicherung) von 35,0 %, erhalten die öffentlichen Hände dadurch noch einmal 13,4 Mio. € an Steuereinnahmen. Auch dieser Aspekt sollte nicht vernachlässigt werden.

Auch der Umstand, dass die Mieten der gswb-Wohnungen günstiger sind als vergleichbare andere Mietwohnungen, erzeugt eine zusätzliche Wertschöpfung. Aber noch wichtiger ist, dass sich dadurch viele Salzburger eine ihren Bedürfnissen angemessene Wohnung leisten können, was wesentlich zur sozialen Stabilität im Bundesland Salzburg beiträgt.

Welches abschließende Resümee kann nun gezogen werden?

Ein weiterer Vorteil der durch die gswb ausgelösten Wirtschaftsaktivitäten ist, dass die staatlichen Förder- bzw. Investitionsmittel, die die gswb erhält, sich auch in der Hinsicht „amortisierten", dass sie von den laufenden Mieteinnahmen in einem Zeitraum von 30 Jahren wieder „aufgefüllt" wurden. Damit entsteht neben dem kostengünstigen „Wohnen" und der durch die (Instandhaltungs-)Investition ausgelösten Wirtschaftsaktivität der zusätzliche Vorteil, dass die staatlichen Fördermittel wieder ersetzt werden und für weitere Aktivitäten der gswb verwendet werden können. Dies bedeutet, dass die staatliche Förderung der gswb und die dadurch ausgelösten Effekte eine „dreifache" Rendite erzeugen:

Die sowohl durch die Instandhaltungs- als auch Neubauinvestition ausgelösten Wertschöpfungseffekte in Form von zusätzlichem Bruttoinlandsprodukt, Masseneinkommen und zusätzlicher Beschäftigung, die eine bedeutende Größe für das Bundesland Salzburg darstellen;

die günstigen Mieten für die Bewohner der gswb, die dadurch mehr Einkommen für Konsumausgaben zur Verfügung haben, wovon auch die Wirtschaft profitiert, und

die durch die Mietzahlungen entstehenden Rückflüsse an die gswb, sodass diese wieder für Instandhaltungen und/oder Neubauten verwendet werden können.

Eine derartige „dreifache" Rendite ist bei vielen anderen staatlichen Förderungen in diesem Ausmaß nicht gegeben und stellt ein Alleinstellungsmerkmal dar, auf das die gswb stolz sein kann!

Ebenso sei erwähnt, dass kostengünstiges Wohnen in einer qualitativ hochwertigen Wohnung ein Grundbedürfnis erfüllt, das für viele Mieterinnen und Mieter ein wichtiger Grund ist, in Salzburg wohnhaft zu bleiben.

[1] Zur genauen Funktionsweise des Simulationsmodells siehe Kapitel 3.

[2] Diese Kurzfassung ist der Darstellung der gswb auf deren Homepage www.gswb.at entnommen.

Qualität ist kein Zufall! Das Projekt „Kundenzufriedenheit“

Peter Rassaerts

Zur systematischen Analyse der Zufriedenheit unserer rund 24 000 Kunden mit den Leistungen der gswb und zur Verbesserung der Qualität im Neubau, in der Sanierung und in der Verwaltung haben wir im Jahr 2010 unser Projekt „Kundenzufriedenheit“ gestartet. Begleitet wurde das Projekt von Mag. Harald Ronacher, Unternehmensberater und Geschäftsführer von The Rowland Company, Salzburg.

Wesentliche Bestandteile des Projektes sind das Bekenntnis der gswb zum 0-Fehler-Prinzip, das Permanent-Monitoring, der Kontinuierliche Verbesserungsprozess (KVP), die Zertifizierung von Lieferanten und die Umstellung auf das Bestbieterprinzip mit einer Bonuspunkteregelung bei Auftragsvergaben. Entsprechend den Prinzipien des KVP versteht sich das Projekt als laufende Optimierung der Unternehmensprozesse im Sinne einer lernenden Organisation.

Top-Qualität und 0-Fehler

Diese Ansprüche werden nicht nur für die von der gswb selbst erbrachten Dienstleistungen, sondern auch für die von externen Firmen zugekauften Leistungen, insbesondere Bauleistungen erhoben.
Die gswb vergibt jährlich Aufträge in der Höhe von rund 75 Millionen Euro an das Bau- und Baunebengewerbe. Mit rund 55 Millionen Euro entfällt der größere Teil der Aufträge auf den Neubau, rund 20 Millionen Euro werden jährlich in die Erhaltung und Sanierung des Gebäudebestandes investiert. Zu Recht erwarten sich unsere Kunden und natürlich auch die gswb eine erstklassige Ausführung solcher Bauleistungen.

Aus vielen Kundengesprächen wissen wir, dass Kunden die Qualität der Professionistenleistungen der gswb zurechnen. Ist der Kunde vom Verhalten des Professionisten und der Ausführungsqualität der Leistungen begeistert, spiegelt sich dies in seiner Zufriedenheit mit der gswb wider. Das betrifft auch die Dienstleistungen der gswb und den kompetenten und freundlichen Umgang mit dem Kunden. Die nachstehende Grafik verdeutlicht, dass „Unfreundlichkeit und Mangel an Hilfsbereitschaft“ sowie „Mangel an Aufmerksamkeit“ die wichtigsten Gründe für die Unzufriedenheit von Kunden sind.

„Warum sind im Allgemeinen Kunden heute unzufrieden?"

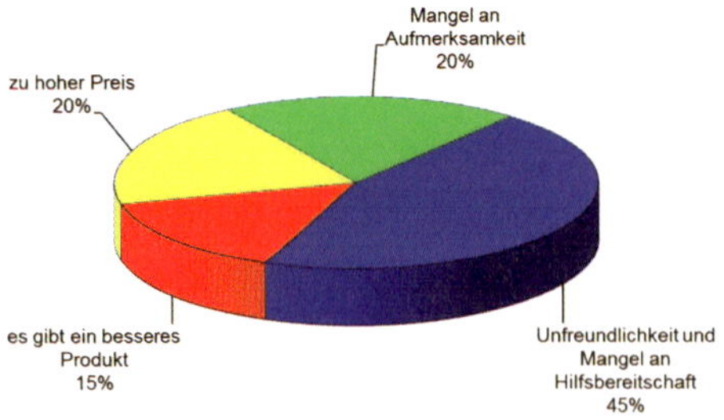

Quelle: The Rowland Company

Permanent Monitoring

Mit laufenden und anlassbezogenen Kundenbefragungen (Permanent-Monitoring) über die Zufriedenheit mit der gswb durch das Linzer Institut für Markt-, Meinungs- und Mediaforschung market werden alle Leistungsbereiche der gswb abgedeckt. Durch diese breit angelegten Befragungen haben wir die Möglichkeit, Veränderungen von Kundenanforderungen, aber auch Qualitätsdefizite bei einzelnen Leistungen gezielt zu erkennen und gezielt darauf reagieren zu können.

Anlässe für Kundenbefragungen sind:

- der Erstbezug einer neu errichteten Wohnung,
- der Abschluss von Gewährleistungsarbeiten,
- die Sanierung eines Wohnhauses,
- der Wohnungswechsel und
- der Versand von Jahresvorschreibung und Jahresabrechnung.

Die Fragebögen der Telefoninterviews wurden in Zusammenarbeit mit market entwickelt, die Bewertung der Zufriedenheit erfolgt durch definierte Leistungsversprechen (Leistungsstandards). Entsprechend den neuesten wissenschaftlichen Erkenntnissen der Meinungsforschung wertet

market die Befragungen nach dem Top-score-Prinzip aus, das heißt, nur wenn der Kunde bei der Bewertung die Note 1 vergibt, gilt er als zufrieden bzw. begeistert. Ab der Note 3 wird der Kunde gebeten, die Gründe, die zu dieser Bewertung geführt haben, bekannt zu geben. Durch diese Angaben erhalten wir genaue Informationen für gezielte Qualitätsverbesserungen.

Fragen	Mieter				
	sehr zufrieden	zufrieden	es geht	weniger zufrieden	sehr unzufrieden
	Note 1	Note 2	Note 3	Note 4	Note 5
Baumeister, Maurer- und Verputzarbeiten	88	13	0	0	0
Elektroinstallation	75	13	13	0	0
Fenster und Balkontüren	100	0	0	0	0
Fliesenverlegung	100	0	0	0	0
Fußbodenverlegung	88	0	13	0	0
Garten und Außenanlagen	88	0	0	0	0
Innentüren	88	13	0	0	0
Malerarbeiten	63	38	0	0	0
Sanitärinstallation in Bad, WC und Küche	75	25	0	0	0
Ergebnisse in Prozent	Zeilendifferenz auf 100% = keine Angabe				

Beispiel einer Auswertung.

Mit den Befragungen über die Zufriedenheit mit der Bauqualität beim Erstbezug, mit der Qualität von durchgeführten Gewährleistungsarbeiten, mit der Transparenz und Verständlichkeit von Vorschreibung und Jahresabrechnung sowie mit dem Ablauf von Sanierungsprojekten und Wohnungswechseln und mit der Zufriedenheit mit dem gswb-Kundencenter und der Hausverwaltung werden alle Dienstleistungen der gswb gemessen und bewertet.

Nutzen der Kundenbefragung

Jährlich finden bis zu 2 000 Kundenbefragungen statt, deren Ergebnisse im Rahmen von KVP-Sitzungen mit den am Prozess beteiligten Mitarbeitern analysiert werden. Das Permanent-Monitoring bietet Vorteile für alle Beteiligten: Die Mitarbeiter und Führungskräfte der gswb, aber auch zertifizierte Lieferanten erhalten detaillierte Informationen über die Zufriedenheit unserer Kunden mit der Qualität der erbrachten Leistungen. Die Kundenbefragungen liefern nicht nur die Basis für Verbesserungsmaßnahmen, sondern sind auch Führungsinstrument und Grundlage von Personalentwicklungsmaßnahmen, wie zum Beispiel die fachliche Aus- und Weiterbildung von Mitarbeitern. Die Befragung unserer Kunden ist selbstverständlich anonym, allerdings erklären sich im Schnitt 69 % der Befragten (Spitzenwert 81 %) damit einverstanden, dass ihr Name in der Auswertung genannt wird.

Der „Kontinuierliche Verbesserungsprozess“ (KVP)

Nur „lernende Organisationen“ sind langfristig erfolgreich. Der Kontinuierliche Verbesserungsprozess ist eine anerkannte Form des Qualitätsmanagements. Für alle an einem Prozess Beteiligten bedeutet das, Kundenmeinungen ernst zu nehmen, eigene Arbeitsweisen zu hinterfragen und daraus notwendige Verbesserungen abzuleiten. So werden die Ergebnisse der Kundenbefragungen mit den Beteiligten analysiert sowie laufend Verbesserungsmaßnahmen gemeinsam mit den Lieferanten erarbeitet und vereinbart. Optimierungsmaßnahmen aus abgeschlossenen Projekten fließen sofort in laufende Projekte ein. Der KVP als fixer Bestandteil des Kundenzufriedenheitsprojektes steht somit für eine „innere Haltung“ aller Beteiligten zur steten Verbesserung der eigenen Leistungen.

Die Zertifizierung von Lieferanten und deren Mitarbeitern

Als Teil des Projektes Kundenzufriedenheit wurden Unternehmen eingeladen, an der Qualitätsoffensive der gswb teilzunehmen. Wir bieten Geschäftsführern, Firmeninhabern und leitenden Angestellten von Unternehmen des Bau- und Baunebengewerbes an, im Zuge eines ganztätigen Zertifizierungsseminars unsere Qualitätsvorstellungen kennenzulernen. Mit der Zertifizierung bekennt sich der Lieferant insbesondere zum 0-Fehler-Prinzip und zur Einhaltung der definierten Qualitätsstandards.
Diese drei Jahre gültige Zertifizierung ist freiwillig und keine Voraussetzung für eine Auftragserteilung. Seit September 2011 haben sich mehr als 100 Unternehmen zertifizieren lassen.

Bei der Umsetzung der Qualitätsstandards kommt den Mitarbeitern der ausführenden Unternehmen, die beim Kunden die Leistung erbringen, eine wichtige Rolle zu. Deshalb führt die gswb auch für Bauleiter, Poliere und Montageleiter von zertifizierten Unternehmen eigene

Zertifizierungsseminar.

Mitarbeiterseminare durch. Im Mittelpunkt stehen dabei nicht nur das Bekenntnis zum 0-Fehler-Prinzip und die Einhaltung der definierten Qualitätsstandards, sondern auch das korrekte Verhalten gegenüber unseren Kunden. In einer eigenen Fibel wird mit Karikaturen von Thomas Wizany erwünschtes und unerwünschtes Verhalten gegenüber dem Kunden humorvoll illustriert.

Bestbieterprinzip und Bonuspunkteregelung

Seit 01.01.2012 wendet die gswb bei der Auftragsvergabe von Leistungen des Bau- und Baunebengewerbes (ausgenommen Planerleistungen), soferne keine Auftragsvergabe nach dem Bundesvergabegesetz erforderlich ist, statt dem bisherigen Billigstbieterprinzip das Bestbieterprinzip an. Hier kommt es zu einer Gewichtung von Preis (Billigstbieter = 95 Punkte) und Qualität (Bonuspunkte = maximal 5 Punkte).

Als großer Auftraggeber im Bundesland Salzburg ist sich die gswb ihrer sozialen Verantwortung bewusst und stärkt Unternehmen, die Lehrlinge ausbilden und ältere Arbeitnehmer (50+) beschäftigen, mit Bonuspunkten (jeweils 0,25 Punkte, wenn Lehrlinge bzw. ältere Arbeitnehmer im Ausmaß von mindestens 5 % der Gesamtbeschäftigtenzahl im Betrieb sind). Diese Bonuspunkte sind unabhängig von einer Zertifizierung.

Zertifizierte Unternehmen erhalten 0,5 Bonuspunkte, wenn sie einen zertifizierten Mitarbeiter auf der Baustelle einsetzen. Weitere Bonuspunkte kann ein Unternehmen bei

Pünktlichkeit

Sauberkeit

0-Fehler

einem guten Ergebnis aus der Kundenbefragung, die seine Leistungen betreffen (2 Punkte: Top-Score ≥ 75 %; 1 Punkt: Top-Score ≥ 50 %), erreichen.
Im Zuge des KVP wird von der gswb die Leistung des Lieferanten ebenfalls nach dem Top-Score-Prinzip bewertet. In der anschließenden partnerschaftlichen Bewertung (Top-Score-Prinzip wie oben) erfolgt eine Selbstbewertung des Lieferanten, die zusammen mit der Bewertung aus dem KVP weitere Bonuspunkte (Mittelwert) bringen kann. Insgesamt sind somit 5 Bonuspunkte möglich.
Bei der Bestbietervergabe hat ein zertifiziertes Unternehmen mit Bonuspunkten aufgrund sehr guter Qualität somit einen klaren Vorteil. Für noch mehr Transparenz bei der Ausschreibung und Auftragsvergabe setzt die gswb seit November 2013 die elektronische Ausschreibungsplattform vemap ein.

Kundenzufriedenheit hat zugenommen

Seit August 2010 werden die Kunden aller Erstbezüge von neu errichteten Wohnanlagen von market befragt. Mehr als 650 Kunden haben an diesen Telefoninterviews teilgenommen, das entspricht einer Teilnehmerquote von rund 60 %. Die nachstehende Auswertung dieser Befragungen nach dem Top-Score-Prinzip (nur die Note 1 zählt) verdeutlicht die positiven Auswirkungen des Projektes „Kundenzufriedenheit": Die Trendlinie (grün) zeigt den Anstieg der Zufriedenheit unserer Kunden beim Erstbezug ihrer Wohnung mit den Leistungen der gswb und ihrer Lieferanten (August 2010: rd. 51 %; Februar 2014: rd. 66 %).

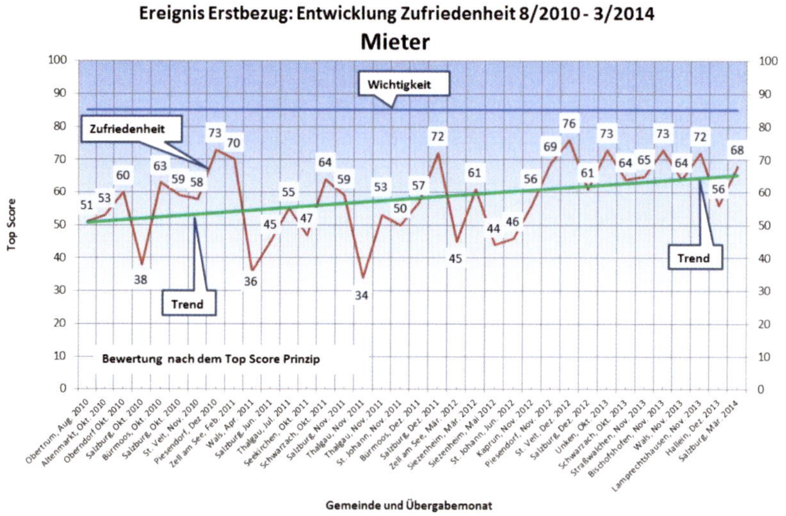

Die bisherige positive Entwicklung zeigt, dass die gswb mit dem Projekt „Kundenzufriedenheit" auf dem richtigen Weg ist. Mit der konsequenten Umsetzung ihrer hohen Qualitätsansprüche wird die gswb auch in Zukunft optimal auf die sich ändernden Kundenerwartungen reagieren können.

Aufsichtsratsvorsitzende der gswb

1964–1967	Landeshauptmann DI DDr. Hans Lechner
1967–1976	RA Dr. Gunther Stemberger
1976–1991	KR Gen.Dir. Dr. Jakob Neuhofer
1991–1997	Gen.Dir. Dr. Kurt Adelsburg
1997–1998	LR a.D. Josef Oberkirchner
1998–2002	Mag. Wolfgang Stier
2002–2004	RA Dr. Lukas Wolff
2004–2010	Mag. Hermann Haberl
2010–2013	AK-Präsident Siegfried Pichler
ab 2013	RA Dr. Lukas Wolff

Geschäftsführer der gswb

1964–1966	Anton Fellinger
1964–1985	Fritz Lauer
1966–1984	Arch. Helmut Till
1984–1991	Ing. Franz Wollner
1985–1996	Dr. Engelbert Fischer
1991–2002	Ing. Johann Sandri
1996–2003	Hubert Mitter
2002–2010	DI Arch. Leonhard Santner
ab 2003	Dr. Christian Wintersteller
ab 2010	Dr. Bernhard Kopf

LITERATURVERZEICHNIS

Gedruckte Quellen:

Monographien und Sammelwerke:

Wolfgang **Amann**/Ursula Rischanek/Sandra Bauernfeind: Benchmarking Wohnbauförderung. Optimierung der Salzburger Mietwohnungs- und Sanierungsförderung. Studie der Forschungsgesellschaft Wohnen, Bauen und Planen, Wien. Im Auftrag der Wirtschaftskammer Salzburg. Wien 2001.

Hans **Altmann**: Wohnbaupolitik und Sozialer Wohnbau in der Stadt Salzburg 19451970. Dipl. Universität Salzburg 2012.

Irene **Bandhauer-Schöffmann**: Entzug und Restitution im Bereich der katholischen Kirche. Vermögensentzug und Rückstellung im Bereich der Katholischen Kirche 1. Veröffentlichungen der Österreichischen Historikerkommission. Bd. 22/1. Oldenbourg Verlag. München 2004.

Hans **Bayr** u.a. (Hg.): Salzburg 1945–1955. Zerstörung und Wiederaufbau. Salzburger Museum Carolino Augusteum. Salzburg 1995.

Thomas **Bernhard**: Der Keller. Eine Entziehung. Residenz Verlag. Salzburg und Wien 1998.

Thomas Bernhard: Die Ursache. Eine Andeutung. Deutscher Taschenbuch Verlag. München 2011.

Petra **Burgstaller** (Hg., et.al.): von Lehen 2. Rund um das Stadtwerk. Edition Eizenbergerhof. Salzburg 2011.

Markus **Caspers**: 70er. Einmal Zukunft und zurück. Utopie und Alltag 1969–1977. Dumont Verlag Köln 1997.

Rudi **Christoforetti**: Rieche, es ist die deutsche Faust. Ein Südtiroler „Optantenjunge" erlebt die NS-Zeit in Wels. Folio Verlag. Wien–Bozen 1991.

Herbert **Dachs**: Wohnen in Salzburg. Geschichte und Perspektiven. Schriftenreihe des Archivs der Stadt Salzburg. Nr. 1. Informationszentrum der Landeshauptstadt Salzburg. Salzburg 1989.

Herbert **Dachs**/Roland Floimair/Ernst Hanisch/Franz Schausberger (Hg.): Die Ära Haslauer. Salzburg in den siebziger und achtziger Jahren. Böhlau Verlag. Wien 2001.

Herbert **Dachs**/Roland Floimair: Salzburger Jahrbuch für Politik 2007. Böhlau Verlag Wien/Köln/Weimar 2008.

Oskar **Dohle**/Nicole Slupetzky: Arbeiter für den Endsieg. Zwangsarbeit im Reichsgau 1939–1945. Böhlau Verlag, Wien/Köln/Salzburg 2004.

Oskar **Dohle**, Christoph Eigelsberger: Camp Marcus W. Orr – „Glasenbach" als Internierungslager nach 1945. Oberösterreichisches Landesarchiv. Linz 2009.

Heinz **Dopsch**/Robert Hoffmann: Geschichte der Stadt Salzburg. Verlag Anton Pustet. Salzburg/München 1996.

Franz **Eder**/Josef Raos: Wohnen im Bundesland Salzburg. Amt der Salzburger Landesregierung. Landesamtsdirektion, Referat 0/03: Landesstatistischer Dienst. Salzburg 1993.

Klaus **Eisterer**/Rolf Steininger (Hg.): Die Option. Südtirol zwischen Faschismus und Nationalsozialismus. Innsbrucker Forschungen zur Zeitgeschichte. Band 5. Haymon Verlag. Innsbruck 1989.

Gerhard **Feitzinger**/Wihelm Günther und Angelika Brunner: Bergbau und Hüttenaltstandorte im Bundesland Salzburg. Landespressebüro Salzburg. Salzburg 1998.

Roland **Floimair**: 40 Jahre Salzburger Wohnbauförderungsfonds. Schriftenreihe des Landespressebüros. Amt der Salzburger Landesregierung, Landespressebüro. Salzburg 1990.

Roland **Floimair** (Hg.): Vom Wiederaufbau zum Wirtschaftswunder. Ein Lesebuch zur Geschichte Salzburgs. Verlag Anton Pustet. Salzburg 1994.

Sepp **Forcher**: Einfach glücklich – was im Leben wirklich zählt. Brandstätter Verlag. Wien 2012.

Herbert **Fux**: Wiederkehr und Abschied. Mein Leben als Schauspieler, Bürgerrechtler und Grünrebell. Otto Müller Verlag. Salzburg–Wien 2008.

A. K. **Gauß**/Bruno Oberläuter: Das zweite Dach. Eine Zwischenbilanz über Barackennot und Siedlerwillen 1945–1965. Donauschwäbische Beiträge. Band 72. Salzburg 1979.

Karl-Markus **Gauß**: Mein Aiglhof. In: Helga Embacher/Ernst Fürlinger/Josef P. Mautner: Salzburg-Blicke. Residenz Verlag Salzburg–Wien 1999.

Karl-Markus **Gauß**: „Das erste, was ich sah". Zsolnay Verlag. Wien 2013.

Raimund **Gutmann**: gemeinsam planen & wohnen. „Entwicklung sozialen Lebens am Beispiel der Neubausiedlung Salzburg-Forellenweg". Verlag Grauwerte im Institut für Alltagskultur. Salzburg 1990.

Rüdiger **Hachtmann**: Das Wirtschaftsimperium der Deutschen Arbeitsfront 1933–1945. Geschichte der Gegenwart. Band 3. Wallstein Verlag. Göttingen 2012.

Peter **Handke**: In einer dunklen Nacht ging ich aus meinem stillen Haus. Suhrkamp Verlag. Frankfurt/Main 1987.

Ernst **Hanisch**: Nationalsozialistische Herrschaft in der Provinz. Salzburg im Dritten Reich. Schriftenreihe des Landespressebüros. Serie „Salzburg Dokumentationen" Nr. 71. Salzburg 1983.

Tilman **Harlander**: Zwischen Heimstätte und Wohnmaschine. Wohnungsbau und Wohnungspolitik in der Zeit des Nationalsozialismus. Birkhäuser Verlag. Basel/Berlin/Boston 1995.

Tilman **Harlander**/Gerhard Fehl (Hg.): Hitlers Sozialer Wohnungsbau 1940–1945. Wohnungspolitik, Baugestaltung und Siedlungsplanung. Reihe Stadt Planung Geschichte Bd. 6. Christians Verlag Hamburg 1986.

Historischer Atlas der Stadt Salzburg. Salzburg 1999 (Schriftenreihe des Archivs der Stadt Salzburg, 11).

Robert **Hoffmann**: „nimm Hack und Spaten …" Siedlung und Siedlerbewegung in Österreich 1918-1938. Österreichische Texte zur Gesellschaftskritik. Band 33. Verlag für Gesellschaftskritik. Wien 1987.

Robert **Hoffmann**: Mythos Salzburg. Bilder einer Stadt. Verlag Anton Pustet. Salzburg/München 2002.

Alexandra **Jäckel**: Taxham. Von der grünen Wiese zur Satellitenstadt. Zur Entstehung eines Salzburger Stadtteiles in den fünfziger und sechziger Jahren. Dipl. Universität Salzburg 1998.

Otto **Kapfinger**/Roman Höllbacher/Norbert Mayr: Baukunst in Salzburg seit 1980. Ein Führer zu 600 sehenswerten Beispielen in Stadt und Land. Herausgegeben von der Initiative Architektur Salzburg. Müry Salzmann Verlag. Salzburg 2010.

Michael **Lehrer**: Wohnbaupolitik im Bundesland Salzburg 1945–1984. Phil. Diss. Universität Salzburg. Salzburg 1989.

Albert **Lichtblau**: „Arisierungen", beschlagnahmte Vermögen, Rückstellungen und Entschädigungen in Salzburg. Veröffentlichungen der Österreichischen Historikerkommission. Vermögensentzug während der NS-Zeit sowie Rückstellungen und Entschädigungen seit 1945 in Österreich. Band 17/2. Oldenbourg Verlag. Wien–München 2004.

Johannes **Lugstein**/Volker Toth: Rif-Taxach. Geschichte eines Stadtteils. Edition Tandem. Hallein 2011.

Waltraud M. **Mann**: 40 Jahre Salzburger Wohnbauförderungsfonds (1950–1990). Entstehung, Auswirkung und Analysen. In: 40 Jahre Salzburger Wohnbauförderungsfonds. Schriftenreihe des Landespressebüros. Salzburg Dokumentationen Nr. 101. Salzburg 1990.

Erich **Marx** (Hg.): Bomben auf Salzburg. Die „Gauhauptstadt" im „Totalen Krieg". Schriftenreihe des Archivs der Stadt Salzburg. 2. Aufl. Informationszentrum der Landeshauptstadt Salzburg 1995.

Erich **Marx** (Hg.): Befreit und besetzt. Stadt Salzburg 1945–1955. Verlag Anton Pustet. Salzburg/München 1996.

Reinhold **Messner** (Hg.): Die Option. 1939 stimmten 86 % der Südtiroler für das Aufgeben der Heimat. Warum? Ein Lehrstück in Zeitgeschichte. Piper Verlag München/Zürich 1989.

Anton **Molling**: Wieder mit Sehnsucht nach Monte Carlo. Die außergewöhnliche Lebensgeschichte eines ladinischen Hotelportiers. Reihe Memoria – Erinnerungen an das 20. Jahrhundert. Edition Raetia. Bozen 2008.

Michael **Mooslechner**: Das Kriegsgefangenenlager STALAG XVIII C. „Markt Pongau". Todeslager für sowjetische Soldaten; Geschichte und Hintergründe eines nationalsozialistischen Verbrechens in St. Johann/Pongau während des Zweiten Weltkrieges. Renner-Institut Salzburg. Salzburg 2005.

Bruno **Oberläuter**: Salzburger Stadtrandsiedlungen. Forschungsgesellschaft für den Wohnungsgau im ÖIAV. Salzburg 1961.

Beat-Klaus **Rünzler**: Wohnzufriedenheit und Eindruckswirkung in Siedlungen des Sozialen Wohnbaus. Eine ökopsychologishe Untersuchung zwischen Theorie und Praxis. Phil. Diss. Universität Salzburg. Salzburg 1993.

Gerhard-Christian **Schäffer**: Wohnverhältnisse, Wohnungsnot und sozialer Wohnbau. Die Wohnsituation der unteren Gesellschaftsschichten in der Stadt Salzburg und Umgebung 1900–1921. Universität Salzburg. Phil. Diss. 1987.

Hans **Sedlmayr**: Die demolierte Schönheit. Otto Müller Verlag. Salzburg 1965.

Richard **Schmidjell**: Gemeinnütziger Wohnbau ist teuer! Eine Dokumentation der Salzburger Wirtschaft. Kammer der gewerblichen Wirtschaft für Salzburg. Salzburg 1983.

Ronald **Smelser**: Robert Ley. Hitlers Mann an der „Arbeitsfront". Eine Biographie. Schöningh Verlag. Paderborn 1989.

Robert **Stadler**/Michael Mooslechner: St. Johann/Pg. 1938–1945 Der nationalsozialistische „Markt Pongau". Eigenverlag. St. Johann/Pg. 1986.
Klaus **Eisterer**/Rolf Steininger (Hg.): Die Option. Südtirol zwischen Faschismus und Nationalsozialismus. Haymon Verlag. Innsbruck 1989.
Franz **Thaler**: Unvergessen. Option, Konzentrationslager, Kriegsgefangenschaft, Heimkehr: Ein Sarner erzählt. Serie Piper. München–Zürich 1991.
Johannes **Voggenhuber**: Berichte an den Souverän. Salzburg: Der Bürger und seine Stadt. Residenz Verlag. 1988.
Margit **Wiesinger**: Der Wohnbau in der Stadt Salzburg (1938–1945) und seine Stadtgeographische Bewertung aus heutiger Sicht. Seminararbeit am Institut für Geographie der Universität Salzburg. Salzburg 1984.
Wolfgang **Wintersteller**: KZ-Dachau-Außenlager Hallein. Vorläufiger Bericht. Broschüre. Hallein 2003.
Josef **Wysocki**/Christian Dirninger: Wirtschaft. In: Landeshauptmann Klaus und der Wiederaufbau Salzburgs. Universitätsverlag Anton Pustet. Salzburg 1980.
Eberhard **Zwink** (Hg.): Die Ära Lechner. Das Land Salzburg in den sechziger und siebziger Jahren. Schriftenreihe des Landespressebüros. Serie „Sonderpublikationen" Nr. 71. Salzburg 1988.

Zeitungen:
Oberösterreichische Nachrichten (OÖN)
Die Presse
Die Presse am Sonntag
Österreich
Salzburger Landeszeitung (SZ)
Salzburger Fenster (SF)
Salzburger Nachrichten (SN)
Salzburger Volksblatt (SVB)
Salzburger Volkszeitung (SVZ)
Salzburger Wirtschaft (SW)
Der Standard

Zeitschriften, Broschüren:
Amtsblatt der Landeshauptstadt Salzburg. Salzburg.
Bastei. Zeitschrift des Stadtvereines Salzburg für die Erhaltung und Pflege von Bauten, Kultur und Gesellschaft. Salzburg.
Bau- und Bodenkorrespondenz (BBK). Zeitschrift für Wohnbaufinanzierung, Wohnungs- und Siedlungswesen. Wien.
Bauen & Wohnen. 60 Jahre GSWB 1939–1999. Wohnen in Geborgenheit. Jubiläumsschrift der GSWB-Gemeinnützige Salzburger Wohnbaugesellschaft m.b.H. Salzburg 1999.
Halleiner Geschichtsblätter. Hallein.
Hefte zur Salzburger Landesstatistik. Salzburg.
Monatsberichte des Österreichischen Instituts für Wirtschaftsforschung. Wien.
Neue Heimat für Neue Familien. 20 Jahre Wohnungsbau. Broschüre. Eigenverlag. Salzburg 1959.
Neue Heimat für Neue Familien. 1939–1989. 50 Jahre gswb. Wohnbau in Stadt und Land im Dienste der Gemeinden. Verlag für Wirtschaftsdokumentation. Bergheim 1989.
DER SPIEGEL. Hamburg.
Statistisches Jahrbuch des Landeshauptstadt Salzburg. Salzburg.
„Südtiroler Heimat". Innsbruck.
Wohnen + Siedeln. Fachzeitschrift für das gemeinnützige Wohnungswesen. Wien.
wohnen plus. Fachmagazin der Gemeinnützigen Bauvereinigungen. Wien.
15 Jahre Wohnsiedlungsgesellschaft 1940-1955. Broschüre. Salzburg 1955.

Ungedruckte Quellen

Mündliche/Schriftliche Interviews:

Hr. Dr. Peter Fabjan, Thomas-Bernhard-Nachlassverwaltung, 21.7.2013

Hr. Dr. Bernhard Judex, Thomas-Bernhard-Archiv, Forschungsinstitut der Thomas Bernhard Privatstiftung, 21.7.2013 und 5.8.2013

Fr. Mag. Christine Kubik, Abt. 10 Wohnungswesen Land Salzburg, 28.5.2013

Dir. i.R. Bmstr. Ing. Johann Sandri, 15.6.2013

Hr. Horst Scholz, Bezirksarchiv Pinzgau, 7.3.2013

Hr. Mag. Robert Schwarzbauer, 23.11.2013

Hr. Dr. Alexander Tempelmayr, gswb, 16.7.2013

Hr. Dir.i.R. Arch. Ing. Helmut Till, 29.4.2012 und 6.6.2012

Hr. Prok. Dr. Peter Rassaerts, gswb, 9.7.2013

Hr. Helmut Wind, gswb, 9.7.2013

Hr. Mag. Markus Berthold, gswb, 9.7.2013

Hr. Dir. Dr. Bernhard Kopf, gswb, 16.7.2013

Hr. Dir. i.R. Arch. DI Leonhard Santner, 10.4.2014

Hr. Dir. Dr. Christian Wintersteller, 23.7.2013

Zeitzeugengespräch mit Südtiroler Auswanderern am 21.11.2012
des „Verbandes der Südtiroler in Salzburg-Stadt" in Salzburg mit:

Kurt Taschler, Herbert Mader, Adolf Munter, Walter Kathriner, Wolfgang Aichner, Margarete Greil, Helmut Molling, Herrmann Ulpmer, Peter Meraner, Gabriela Riener, Amelia Schweighofer, Rosa Sutter, Emmi Gmeilbauer, Sigrid Mayr, Johanna Böckl, Gerda Mühe, Hilde Holzschmid, Carolina Obkircher

Archive:

Archiv der gswb

Archiv der Stadt Salzburg (AStS)

Archiv St. Peter (ASP)

Informationszentrum der Stadt Salzburg

Landesarchiv Tirol

Landesgericht Salzburg (LGS)

Pinzgauer Bezirksarchiv (PB)

Salzburger Landesarchiv (SLA)

homepages:

www.salzburg.com

www.salzburg.orf.at

www.gswb.at

Aktensammlungen und Manuskripte:

„Bauförderungsgemeinschaft des Bundeslandes Salzburg"

Bericht des Rechnungshofes. Gemeinnützige Salzburger Wohnbaugesellschaft m.b.H. Reihe Salzburg 2007/8.

Geschäftsberichte der gswb zum Jahresabschluss 1983–2012.

Bruno Oberläuter: Wohnungssuchende in Salzburg. Eine Strukturuntersuchung. Magistrat Salzburg. Hektographiertes Manuskript. Salzburg 1964.

Protokolle des Salzburger Landtages. Salzburg.

Univ. Prof. Friedrich Schuster: Österreichweite Betriebskostenstudie Mai 2013. Energieinstitut an der Johannes-Kepler-Universität Linz.

WKO Immo-Preisspiegel.

Wohnungsamt Salzburg. Wohnungsvergebung und Wohnungssuchende 1956-60.

50 Jahre gswb 1939–1989. Broschüre.

Biografien

Autoren

Franz Loidl
Prok. Bmstr., trat 1981 in das Unternehmen gswb ein und war von 2003 bis 2012 Leiter des Geschäftsbereichs Technik und Gesamtprokurist.

Peter Rassaerts
Prok. Dr., ist Leiter des Geschäftsbereichs Kaufmännische Dienstleistungen der gswb und Gesamtprokurist.

Johann Sandri
Dir. a. D. Bmstr. Ing., trat 1959 als Bautechniker in die „Neue Heimat" ein. Der Sohn Südtiroler Aussiedler war von 1991–2002 Technischer Geschäftsführer der gswb.

Leonhard Santner
DI Arch., war Geschäftsführer des Salzburger Instituts für Raumordnung und Wohnen (SIR) und von 2002–2010 Technischer Geschäftsführer der gswb.

Friedrich Schneider
o. Univ.-Prof. Dr. DDr. h.c. , Ordentlicher Universitätsprofessor, Institut für Volkswirtschaftslehre, Johannes Kepler Universität Linz.

Christian Strasser
MMag., Mitarbeiter der „Salzburger Nachrichten", ist Autor von zahlreichen kultur- und zeitgeschichtlichen Publikationen.

Alexander Tempelmayr
Dr., ist Leiter für Öffentlichkeitsarbeit der gswb.

Jasmin Voigt
Mag., Assistentin, Institut für Volkswirtschaftslehre, Johannes Kepler Universität Linz.

Herausgeber

Bernhard Kopf
Dr., wurde am 9. September 1953 in Losenstein (Oberösterreich) geboren. Abschluss des Studiums der Rechtswissenschaften an der Universität Salzburg. Von 1981 bis 1990 war er in der Magistratsdirektion der Stadt Salzburg beschäftigt. Seit 1991 ist er in der Bauwirtschaft tätig. Mit 1. Dezember 2010 trat Dr. Bernhard Kopf die Position des Technischen Geschäftsführers der gswb an.

Christian Wintersteller
Dr., wurde 1956 in Radstadt geboren und promovierte an der rechtswissenschaftlichen Fakultät der Universität Salzburg. 1985 trat er als Leiter der Stabsstelle Rechtsreferat in die gswb ein und wurde 1997 zum Gesamtprokuristen mit den Schwerpunkten Marketing und Verkauf, kaufmännische Hausverwaltung und Rechtsangelegenheiten bestellt. Seit 1. 1. 2003 ist er Kaufmännischer Geschäftsführer der gswb und seit vielen Jahren Obmann der Landesgruppe Salzburg der Gemeinnützigen Bauvereinigungen (GBV) und Aufsichtsrat des Österreichischen Verbandes Gemeinnütziger Bauvereinigungen – Revisionsverband.